Bernd W. Klöckner

Rechentraining für Finanzdienstleister

W0049150

Bernd W. Klöckner

Rechentraining für Finanzdienstleister

Altersvorsorge – Sparpläne –
Finanzierungen

GABLER

versicherungs magazin

Die Deutsche Bibliothek – CIP-Einheitsaufnahme
Ein Titeldatensatz für diese Publikation ist bei
Der Deutschen Bibliothek erhältlich

1. Auflage November 2001
Nachdruck April 2002

Alle Rechte vorbehalten
© Betriebswirtschaftlicher Verlag Dr. Th. Gabler GmbH, Wiesbaden 2001

Lektorat: Guido Notthoff

Der Gabler Verlag ist ein Unternehmen der Fachverlagsgruppe BertelsmannSpringer.
www.gabler.de

Umschlaggestaltung: Nina Faber de.sign, Wiesbaden
Foto: Manfred Riege, Nassau
Satz: FROMM MediaDesign GmbH, Selters/Ts.
Druck und Bindung: Wilhelm & Adam, Heusenstamm
Gedruckt auf säurefreiem und chlorfrei gebleichtem Papier
Printed in Germany

ISBN 3-409-11862-4

Achtung

*In diesem Buch geht es ausschließlich um praxisorientierte, ange-
wandte Finanzmathematik, um spannende Geldstrategien und ver-
blüffende Rechenbeispiele für Ihre Beratungsgespräche. Kosten und
Gebühren werden in einzelnen Fragestellungen beispielhaft berücksichtigt und berechnet.*

*Individuelle steuerliche Aspekte können nicht pauschal berücksich-
tigt werden. Hier kann der Anwender bei entsprechender Übung
Näherungslösungen für einzelne Fragestellungen errechnen. Eine individuelle Beurteilung der steuerlichen Auswirkungen der genannten Beispiele ist nicht Gegenstand dieses Buches und nur mit entsprechend komplexer Software nach Erfassung der steuerlichen Ge-
samtsituation des Kunden möglich. Im Zweifel sollte ohnehin ein
Steuerberater die steuerlichen Auswirkungen eines Geldgeschäfts
prüfen.*

*Die Inhalte dieses Buches wurden sorgfältig berechnet und geprüft.
Autor, mitwirkende Autoren und Herausgeber übernehmen dennoch keine Gewähr und haften nicht für mögliche Verluste, die sich
auf Grund der Umsetzung der in diesem Buch beschriebenen Gedanken und Ideen ergeben.*

*Alle Renditeannahmen dienen als Beispiel. Insbesondere beim Ak-
tienfondssparen können wirtschaftliche Entwicklungen in schlechten Zeiten auch zu Kursverlusten führen.*

*Wichtiger Hinweis:
Die Termine von Zahlungen und Zins- und Tilgungsverrechnungen
werden bei Berechnungen mit dem Hewlett Packard Taschenrechner gleichgesetzt. Im Laufe der letzten Jahre hat sich diese Gleich-
setzung als üblich herausgestellt. Nur bei Sparplänen mit mehreren
Raten pro Jahr (zum Beispiel monatlich oder vierteljährlich) und
einmaliger Zinsabrechnung im Jahr kann es gegenüber den mit dem
Hewlett Packard Taschenrechner ermittelten Ergebnissen zu uner-
heblichen Abweichungen kommen.*

Inhalt

Persönliches Vorwort

Finanzmathematik ist ein trockenes Thema. Finanzmathematik, überhaupt Mathematik, ist schlichtweg unverständlich und eigentlich doch in jeder Hinsicht überflüssig – eine Art magische Geheimwissenschaft, bestehend aus zahlreichen Formeln, die sich niemand auf Dauer oder wenn, dann nur der eingeweihte Profi und Insider merken kann. Allen anderen, denen es womöglich gelingen könnte, die Formeln zu behalten, können sie auf Dauer kaum spielerisch anwenden. Zumindest nicht so, dass es auch noch – Finanzdienstleister wie Kunde – Spaß macht.

Überhaupt: Sich intensiv mit Geld zu beschäftigen hat für zahlreiche Menschen etwas Abschreckendes. Das gilt nicht nur für Verbraucher, sondern – eigentlich überraschend – für die Mehrzahl der Finanzdienstleister. Ob Call-Center-Mitarbeiter, Versicherungsvertreter, freier Finanzdienstleister, Fondsspezialist oder Banker: Um Finanzmathematik machen die meisten – obwohl Finanzberater – einen großen Bogen. Nicht wenige hoffen dabei, dass ihre mangelnden Kenntnisse und Fähigkeiten auf diesem Gebiet niemandem auffallen mögen.

Diese Scheu hat dabei für viele mit Erinnerungen an den Mathematikunterricht in der Schule zu tun. Also mit Erlebnissen in einem Unterrichtsfach, das für die meisten graue Theorie blieb – von wenigen Lichtblicken und Aha-Erlebnissen einmal abgesehen. Nicht selten endeten diese mathematischen Kämpfe mit einer Vier oder Fünf auf dem Zeugnis. War die Note gut oder sehr gut in anderen Fächern grundsätzlich realistisch und erreichbar, galten doch für uns alle diejenigen unserer Mitschüler, die in Mathe mit sehr gut glänzten, als kleine Genies. Mathematik, das ist die lebendige Erinnerung an in der Regel schwer verdauliche Unterrichts-Kost, von höheren Mächten ausgedacht, anscheinend nur, um Schüler und Studenten gleichermaßen zu ärgern. Ich erinnere mich persönlich genau an die Hochachtung, die ich meiner älteren Schwester gegenüber empfand, wenn sie mal wieder eine Eins in einer Mathe-Arbeit oder gar im Zeugnis nach Hause brachte. Sie erschien mir in diesen Momenten stets unerreichbar weit weg. Offenbar hatte meine Schwester Zutritt zu einer Welt, die mir in jeglicher Hinsicht verschlossen war.

Damit nicht genug. Bis auf wenige glückliche Momente setzten sich meine eher frustrierenden mathematischen Erlebnisse gleich zu Beginn meines Studiums fort. Bereits in den ersten Stunden ging es los mit Zins- und Zinseszinsrechnungen und unzählige Beispiele prasselten auf mich ein: zu Erbschleicher Bruno Schwindel, der jeden Tag seiner Tante Erna Harmlos eine Prise Arsen verabreicht und mit dem Tod seiner Tante in 2 Jahren rechnet. Er verkauft sein Erbe zu 28 Prozent Zins vorab (Barwert) an einen Mafiosi. Ich erinnere mich ebenso an den Fall des armen Schluckers Hugo Mäuschen und der Kreditvermittlung via Kredithai sowie an die Geschichte des Erblassers Hugo Raffer und des Erbneffen Theobald Lustig.

Während wir Studenten, nachdem wir mühevoll versucht hatten, Zinseszinsformeln zu verstehen und nach beliebigen Variablen aufzulösen, uns nun um Lösungen diverser Spar- und Leasingaufgaben bemühten, hatte offensichtlich unser Professor, dem ich einiges zu verdanken habe, jede Menge Spaß. Nach sorgfältiger Beobachtung wurde mir klar, dass irgendetwas nicht mit rechten Dingen zugeht. Denn: Bereits wenige Sekunden, nachdem er eine Aufgabe gestellt hatte, wusste er deutlich sichtbar und bereits entspannt lächelnd die richtige Lösung. In der Hand hielt er dabei stets einen kleinen Taschenrechner. War ich anfangs noch der Meinung, es sei eine mit den Grundrechenarten ausgestattete übliche Version (umso mehr stieg die mit diesem Irrtum verbundene, ohnehin vorhandene Ehrfurcht des Studenten vor seinem Professor), konnte ich eines Tages den Namen des Herstellers erkennen: Hewlett Packard. Kaum gelesen, schon gehandelt. Zum ersten Mal erlebte ich die Bedeutung des Gewinnerprinzips „Tue es jetzt!". Noch am gleichen Tag besorgte ich mir einen Prospekt der Hewlett Packard Taschenrechner und siehe da, ich stieß auf finanzmathematische Taschenrechner. Ich suchte mir eine günstige Variante aus und wenige Tage später war ich glücklicher Besitzer des HP 10 B. Nach einigen Seiten Handbuchstudium und ersten kleinen Übungen spürte ich den Beginn einer faszinierenden Leidenschaft. Plötzlich verbanden sich Fragestellungen rund ums Thema

Geld mit der Möglichkeit, diese Fragen nach eigenen Grundüberlegungen in Sekundenschnelle zu lösen. Die im Handbuch beschriebenen Beispiele waren für mich einleuchtend, verständlich, praxisorientiert. Aus der wenig spaßigen Theorie wurde plötzlich faszinierende Praxis. Mit jeder richtig gelösten Aufgabe aus dem Handbuch, mit jeder in der Folge selbst ausgedachten und berechneten Aufgabe stieg die Motivation, besser, immer besser zu werden und immer schneller rechnen zu können. Ich erinnere mich noch genau an die nächsten Vorlesungen im Fach Finanzierung und Investition. Zum ersten Mal spürte ich Freude und Neugier auf die nächsten Aufgaben, die mittels der Finanzmathematik zu lösen waren. Und als die Aufgaben kamen, machte mir der Unterricht Spaß wie nie zuvor. Warum erzähle ich Ihnen das so ausführlich? Ich möchte Sie anstecken mit der Faszination der Zahlen. Ich möchte in Ihnen die Leidenschaft für angewandte, praxisorientierte Finanzmathematik wecken. Ich möchte Ihnen damit sagen, dass sich Ihr Leben als Finanzdienstleister erheblich verändern wird, wenn Sie nach Studium dieses Buches und Anwendung der zahlreichen Praxisfälle schneller als je zuvor mit Zahlen „spielen" können. Sie werden bereits nach wenigen Seiten und den ersten Übungen feststellen, dass Sie selbst immer wieder neue Berechnungsvarianten der vorgegebenen Fälle ausprobieren. Sie werden Ihren Beruf als Finanzdienstleister in einem völlig neuen Licht und als völlig neue Herausforderung sehen. Möglicherweise werden Sie, gleich wie lange Sie bereits dabei sind, den Beruf des Finanzberaters erstmals so richtig entdecken.

Glauben Sie mir: Wenn Sie bis heute zu den Menschen zählten, die sich sagten: „Das werde ich niemals spielerisch beherrschen", dann stimmt das nicht. Testen Sie sich und Ihre Einstellung einmal mit meiner so genannten „Wollen Sie das wirklich"-Methode. Fragen Sie sich einfach, ob Sie das mit der praxisorientierten, spaßbringenden Finanzmathematik wirklich niemals beherrschen wollen. Auf diese Frage werden viele von Ihnen antworten „Nein, so war das nicht gemeint. Ich würde schon gern wollen ... ". Diesen Test mache ich im Übrigen auch in allen meinen Seminaren zu diesem Rechentraining. Ich frage in die Runde: „Wer von Ihnen glaubt, praxisorientierte Finanzmathematik niemals ganz zu beherrschen?" Grundsätzlich bejahen diese Frage bis zu 90 Prozent der Teilnehmer. Dann bitte ich, die Hände zunächst oben zu lassen, während ich die zweite Frage stelle. Sie lautet, wie Sie sicherlich längst erraten haben:

„*Wollen* Sie das wirklich niemals beherrschen?" Und schon ziehen fast immer alle Befragten ihr Ja-Wort mit Entschlossenheit zurück. Die Botschaft lautet also: Sie *wollen* es können. Sie *wollen* praxisorientierte Finanzmathematik beherrschen. Verstehen Sie. Sie wollen es!

Mit diesem Buch haben Sie nun erstmals die Möglichkeit, Ihr Wollen mit Tun zu verbinden. Die alles entscheidende Botschaft lautet: Nehmen Sie das Buch und einen Hewlett-Packard Taschenrechner zur Hand und legen Sie los. Ich verspreche Ihnen: Jede der vor Ihnen liegenden rund dreihundert Seiten wird Ihnen Spaß machen.

Ihr Geldtrainer

Bernd W. Klöckner

Einleitung

Geldgeschäfte – alltägliche Notwendigkeit

Immer wieder müssen wir, ob wir wollen oder nicht, in unserem Leben rechnen. Denn: Geldgeschäfte begleiten Sie und Ihre Kunden ein Leben lang. Sie – und Ihre Kunden – legen Geld an, schließen Versicherungen ab, finanzieren Immobilien oder tun sonst was. Geldgeschäfte, im Wesentlichen die beiden Bereiche Geldanlage und Kredite, gehören dazu. Wer hier selbst kein Know-how aufbaut, muss sich stets auf Angaben Dritter verlassen. Das wiederum ist auf Dauer höchst gefährlich. Denn: Am 13. Januar 2000 fällte der Bundesgerichtshof, immerhin das höchste deutsche Zivilgericht, ein Urteil, aus dem sich (auszugsweise) folgende Pflichten bezüglich der Beraterhaftung für Finanzdienstleister ableiten lassen:

1. *Fehlt es einem Anlageberater, einem Finanzdienstleister an Sachkunde, muss er diese fehlende Sachkunde offen legen. Das bedeutet: Können Sie selbst als Finanzdienstleister nicht rechnen, müssten Sie zu Ihren Kunden sagen „Hey, ich kann zwar Sparpläne und Sparplanvariationen nicht unbedingt richtig und sicher berechnen, würde Sie aber gern in Sachen Geldanlage beraten."*

2. *Finanzdienstleister haben vermittelte Finanzprodukte auf die wirtschaftliche Tragfähigkeit hin zu prüfen. – In der Praxis bedeutet das: Sie müssen Angaben im Zweifel auch mal nachrechnen können.*

Fazit: Sie *können* nicht mit dem Rechnen beginnen. Sie *müssen*! Auf jeden Fall müssen Sie mit dem Selbst-Rechnen-können beginnen, wollen Sie auf Dauer als Finanzdienstleister erfolgreich (über)leben. Sie haben richtig gelesen: Es geht auch ums Überleben, also nicht nur darum, dass Sie heute von Ihren Abschlüssen leben können, sondern auch darum, dass Sie so gut beraten, dass Sie nicht übermorgen mit dutzenden von Kundenklagen überzogen werden. Es gilt also für Kunden und Finanzdienstleister: Nicht glauben, rechnen!

Die alles entscheidende Botschaft – ob Sie das gerne hören oder nicht – lautet: Rechnen Sie als Finanzdienstleister. Lernen Sie es. Jetzt! Mit diesem Buch und dem in diesem Buch vorgestellten finanzmathematischem Taschenrechner von Hewlett Packard. Sie haben keine Wahl, es sei denn, Sie wollen statt Finanzberater auf Dauer Finanzrater sein.

Finanzberater & Finanzrater

Als Finanzdienstleister vertrauen Ihnen Ihre Kunden. Ihre Kunden gehen davon aus, dass Sie rechnen, dass Sie mit Zahlen umgehen können. Diese Erwartungshaltung ist selbstverständlich. Schließlich gehen Sie, wenn Sie einen Zahnarzt aufsuchen, auch davon aus, dass dieser Zahnprobleme erfolgreich lösen kann. Welches Vertrauen würde ein Zahnarzt auslösen, der lediglich erklären würde?

„Ich habe hier einige Produkte, mit denen ich Ihre Zähne gern behandeln würde. Ich glaube, dass diese Produkte gut sind, überprüft habe ich jedoch noch nichts davon. Ehrlich gesagt: Ich handele ein wenig aus dem Bauch heraus. Sie sind doch damit einverstanden, oder ..."

Hand aufs Herz. Erstens würden wir fluchtartig die Praxis dieses Zahnarztes verlassen, zweitens würden wir jedem von unserer schlechten Erfahrung berichten. So einfach und einleuchtend uns dieses Verhalten im Fall des Zahnarztes erscheint, umso weniger wird es von Finanzdienstleistern beachtet. Denn: Bei einem Finanzdienstleister, der mit dem Geld seiner Kunden arbeiten will, gehen Kunden zu Recht davon aus, dass dieser Finanzdienstleister selbst rechnen kann. Schließlich ist er ja Finanzberater. Würde er dagegen beim Thema Geldgeschäfte und Rechnen selbst im Dunkeln tappen, wäre es eben kein Finanzberater, sondern, so wie ich es immer nenne, ein Finanzrater.

Finanzrater ⟷ Finanz✗rater

Finanzrater sind also alle die Finanzberater, die gemeinsam mit ihren Kunden beim Thema Geld und Geldprodukte immer mal wieder mehr oder weniger raten, was besser sein könnte.

Die Botschaft an Sie lautet also: Nehmen Sie den Beruf des Finanzberater ernst. Verabschieden Sie sich von allem, was Sie zum Finanzrater stempeln könnte. Wenn Sie beim Thema Finanzen nicht ständig raten wollen, müssen sie nachrechnen können. Und genau das erfahren Sie mit den zahlreichen Praxisfällen in diesem Buch.

Mein Versprechen an Sie ist: Dieses Buch ist ein richtig gutes Geschäft!

In meinem Buch „Die Magie des Erfolges" beschreibe ich meine Definition eines guten Geschäftes. Demnach ist dann grundsätzlich ein Geschäft ein gutes Geschäft, wenn es danach besser geht als davor. Nach diesem Buch geht es Ihnen besser als zuvor. Deswegen ist der Kauf dieses Buches ein wirklich gutes Geschäft. Sie müssen lediglich das tun, was Sie in diesem Buch üben. Dazu sollten Sie jeden Tag zwei oder drei Menschen in das etwas andere, in diesem Buch beschriebene Verkaufsgespräch verwickeln. Ich verspreche Ihnen: Wenn Sie die in diesem Buch genannten Rechenbeispiele, das etwas andere Verkaufsgespräch und die Strategien für das Kundengespräch anwenden, wird die Zahl Ihrer Geschäftsabschlüsse rapide zunehmen. Noch besser: Die Höhe je Geschäftsabschluss wird steigen. Statt mühevoll Sparpläne für 100 oder 150 € zu verkaufen, werden Sie erleben, wie Ihre Kunden freiwillig 200 oder 300 € investieren *wollen* – was wiederum einem Zuwachs von 100 Prozent entspricht. Sie werden mehr Empfehlungen als früher bekommen. Es wird passieren, dass Ihnen Ihre zufriedenen Kunden von sich aus weitere Namen von Freunden und Bekannten nennen, mit denen Sie unbedingt sprechen müssen. Alles, was Sie künftig für diese Form der Überzeugung benötigen, ist ein Blatt Papier, ein Stift und den ganz speziellen Taschenrechner.

Die Botschaft lautet schlicht: Wenden Sie die in diesem Buch beschriebenen Methoden jeden Tag ein oder zweimal in Ihren Gesprächen an. Sie werden dann bereits nach kurzer Zeit mehr Geldgespräche mit interessierten Kunden führen als jemals zuvor. Ich möchte Ihnen, wenn Sie schon ein Buch über ein ganz besonderes Rechentraining lesen, Ihren möglichen Zusatzerfolg einmal ausrechnen. Stellen wir uns vor, Sie führen nach Studium dieses Buches ab sofort jeden Monat mit den in diesem

Buch beschriebenen Methoden und Ansätzen fünf zusätzliche Geldgespräche mit interessierten Menschen. Also im Durchschnitt fünf Geldgespräche mehr als in der Vergangenheit. Von diesen fünf Geldgesprächen entscheiden sich auf Grund Ihres überzeugenden Auftretens und Ihrer praxisorientierten, am Bedürfnis der jeweiligen Kunden ausgerichteten Zahlenbeispielen jeweils drei Gesprächspartner je Monat für den Abschluss eines Sparvertrages, sagen wir einer leistungsstarken, fondsgebundenen Lebensversicherung. Ihre Provision je Vertragsabschluss beträgt 1.500 €. Macht zusammen monatlich 4.500 € Mehreinnahmen. Wenn Sie jetzt eine der wichtigsten Sparregeln „Spare im Überfluss" selbst beachten, legen Sie diese 4.500 € monatlich einfach zur Seite. Nach 10 Jahren, angelegt zu angenommen effektiv 10 Prozent, beträgt Ihr Vermögen bereits rund 900.000 €. Ich garantiere Ihnen: Das in diesem Buch beschriebene Programm kostet Sie bei entsprechend konsequenter Anwendung kein Geld, sondern bringt Ihnen das Vielfache dessen, was Sie für das Buch und den Rechner ausgegeben haben. Das alles ist im Übrigen keine Theorie, sondern von mir selbst in den Jahren 1988 bis 1995 aktiv im Verkauf gelebte Praxis. Meine Hilfsmittel für meine eigenen beachtlichen Verkaufserfolge waren: Ein Stift, ein Blatt Papier und mein HP Taschenrechner.

Die Botschaft für Sie lautet: Das in diesem Buch beschriebene Programm und Know-how ist für Sie ein wirklich gutes Geschäft. Es ist ein Geschäft, bei dem es Ihnen nachher besser geht als zuvor. Sollten Sie bereits eines meiner Seminare zum Thema Rechentraining besucht und den Rechner seitdem regelmäßig angewandt und im Kundengespräch eingesetzt haben, werden Sie das mit dem guten Geschäft bestätigen können.

Ausbildung für Finanzberater & Rechenkenntnisse

Im Folgenden lesen Sie den Originalwortlaut eines Finanzberaters, der 1998 eine Ausbildung zum Fachberater für Finanzdienstleistungen absolvierte.

Brief im Original

„Die Ausbildung 1998 umfasste für den Bereich „*Grundzüge der Finanzmathematik*" 11 so genannte „*Arbeitseinheiten*", die sich in die Unterbereiche „*Zinsrechnung*" und „*Rentenrechnung*" aufteilten.

Alle finanzmathematischen Problemstellungen wurden mittels der entsprechenden mathematischen Formeln behandelt. Bekanntermaßen sind zur Lösung bestimmter Fragestellungen Berechnungen über die so genannte höhere Mathematik notwendig, wenn zum Beispiel Logarithmen berechnet werden müssen. Kursteilnehmer ohne fortgeschrittene Mathematikkenntnisse (ich zum Beispiel besuchte ein mathematisch-naturwissenschaftliches Gymnasium) haben hier ernsthafte Verständnisschwierigkeiten gehabt. Über die Anwendung des HP 10 B, der auch von „*Nicht-Mathematikern*" problemlos genutzt werden kann, konnten aber die komplexen Berechnungsverfahren anschaulich und für den Anwender verständlich gemacht werden. Da der HP 10 B alle finanzmathematischen Berechnungen durchführt, haben wir im Gruppenstudium die Übungsaufgaben sowohl über die Eingabe aller Daten der mathematischen Formeln gelöst, als auch über die Zuhilfenahme der Speicherfunktionen für die praktische Anwendung. Die Lösung musste ja identisch sein.

Diese Form des „doppelten" Lernens mit dem HP 10 B hat nicht nur viel Spaß gemacht (es wurden richtige kleine Wettkämpfe ausgetragen, wer die Lösung zuerst richtig berechnet hatte), sondern bei der schriftlichen Prüfung, war unsere Gruppe zum Teil nach nur einem Drittel der vorgegebenen Zeit fertig, da über die Berechnung mittels der Speicherfunktionen das Ergebnis korrekt war, aber die mühselige Anwendung der Formeln nicht mehr vonnöten war. Aus Sicherheitsgründen wurden die Formeln auswendig gelernt, aber sofort wieder vergessen (Kurzzeitgedächtnis).

Neben den Grundzügen der Finanzmathematik wurden auch in anderen Ausbildungseinheiten finanzmathematische Probleme behandelt. So z. B. in den Arbeitseinheiten über Investment oder zum Bausparen. Die Anforderungen hier waren eher bescheiden. Lösungen wurden immer über den HP 10 B herbeigeführt.

Der Vorteil war eindeutig der, dass die Teilnehmer sowohl komplexe finanzmathematische Zusammenhänge begreifen konnten, als auch schnell den Rechner in seiner immensen Bedeutung für ihre tägliche Praxis schätzen gelernt haben. Kein Kundenberater unseres Hauses geht mehr ohne den HP 10 B zum Kunden."

Warum zitiere ich diesen Brief? Es ist wichtig, dass die Ausbildungsinhalte in Bezug auf Finanzmathematik generell an die Praxis angepasst werden müssen. Der Teilnehmer, der mir den Brief zur Verfügung stellte, hatte den Vorteil, dass er bei einem Seminar in meinem Institut das Rechnen erlernt hatte und innerhalb seiner Ausbildung zum Finanzberater sich eine Gruppe Gleichgesinnter traf. Doch noch immer absolvieren hunderte Finanzdienstleister eine wie auch immer geartete Ausbildung, ohne praxisorientiert rechnen zu lernen. Wir alle können diesen Zustand ein wenig besser machen. Erzählen Sie von diesem Buch und den in Kombination von Buch und Rechner gebotenen Möglichkeiten. Sie sind Finanzdienstleister in der Ausbildung. Dann fordern Sie die in diesem Buch beschriebene Form der praxisorientierten Finanzmathematik.

Wer rechnet, verkauft nicht!

An diesen Spruch glauben bis heute noch so manche Vertriebsprofis. Vermittler dürfen nicht so schlau gemacht werden, lautet häufig der Kommentar unter der Hand, sonst verkaufen sie ja nichts. Irrtum! Ein Finanzdienstleister, der fasziniert von Geld ist, verkauft immer erfolgreicher als derjenige, der beim Verkauf noch den richtigen Sinn sucht. Als Vertriebsvorstand, als Führungskraft lade ich Sie ein: Buchen Sie ein Seminar zum Thema Rechentraining. Schenken Sie Ihren Mitarbeitern das Buch zum Rechentraining und üben Sie. Gestehen Sie sich und für Ihre Organisation ein, dass Sie bis heute nicht locker und leicht rechnen können. Dann handeln Sie. Das sind die Erfolgsschritte eins und zwei. Die Kundentermine und Geschäftsabschlüsse Ihrer Organisation werden steigen. Die Botschaft lautet: Steigern Sie Ihre Umsätze, indem Sie Ihren Mitarbeitern das Rechnen beibringen (lassen). Sie werden auf Dauer nur gewinnen. Im Folgenden möchte ich Ihnen eine Referenz eines Seminarteilnehmer eines Intensiv-Seminar auf Schloss Martinsburg wiedergeben:

- Markus Steiner, Finanzmathematisches Seminar am 24.09.1999 auf Schloss Martinsburg in Lahnstein: *„Sehr geehrter Herr Klöckner, als ich gestern wohl zum letzten Mal in diesem Vertriebsjahr die Produktion zum Versand fertig machte, fiel mir bei der Durchsicht der Unterlagen Folgendes auf: Insbesondere die Aufträge nach dem 24.09.1999 sind bei vergleichbarer Stückzahl zum Vorjahreszeitraum durchschnittlich um 40 Prozent höher. Die Abschlussquote bei reinen Verkaufskontakten hat sich auf ein Verhältnis von fast zwei Aufträgen bei drei Terminen verbessert. Diese erfreuliche Entwicklung lässt sich im Kern auf Ihr Seminar zurückführen!"*

Oder nehmen wir einige weitere, ausführliche Stellungnahmen von Teilnehmern meiner bisherigen in Deutschland, Österreich und der Schweiz durchgeführten Seminare:

- Dr. Harald Mollberg, Lahnstein: *„Sehr geehrter Herr Klöckner, Ihr Seminar am 24.09.1999 war beeindruckend, amüsant und lehrreich. Rechnen konnte ich zwar vorher auch, aber es ist in der Tat beeindruckend, wenn man scheinbar schwierige Ergebnisse nicht mit Hilfe eines PC, sondern eines kleinen Taschenrechners in Sekundenschnelle vorführen kann. Hierfür ganz herzlichen Dank."*

- Hamed M. Samadi, Frankfurt: *„Sehr gut, hat mein Selbstbewusstsein und meine fachliche Ausstrahlung gestärkt sowie meine fachliche Kompetenz erweitert. Der Kunde profitiert."*

- Christoph Ertl, Salzburg: *„Ich kann mir nicht mehr vorstellen, wie ich vorher im Verkauf arbeiten konnte."*

- Wolfgang Wengler: *„Das war heute das beste Seminar, das ich je mitgemacht habe. Es war so informativ und praxisorientiert, wie ich es mir nicht vorstellen konnte. Es lässt die Kapitalanlageberatung in einem völlig anderen Licht erscheinen."*

- Brigitte Bichler, Wien: *„Darauf habe ich lange gewartet."*

Alle diese Teilnehmerstimmen sind ungekürzt und selbstverständlich im Original einsehbar. Bis heute erfreut sich das von mir konzipierte und seit einigen Jahren durchgeführte Rechentraining für Finanzdienstleister und Verbraucher sehr großer Beliebtheit.

Wenden Sie die in diesem Buch beschriebenen Strategien und Methoden an. Sorgen Sie dafür, dass Ihre Mitarbeiter die Strategien und Methoden anwenden und steigern Sie dabei auf seriöse und für die Kunden zuverlässige Weise die Zahl der Verkaufskontakte, die Abschlussquote und letztlich die Umsätze Ihrer Organisation.

Zusammenfassend gilt: Geldgeschäfte gehören in unserem Leben dazu. Ohne Geldgeschäfte geht nichts. Je phantasievoller die Produktnamen der Geldprodukte, je vielfältiger die angebotenen Leistungen und Konditionen, desto wichtiger wird es, Rechnen zu können. Wer als Finanzdienstleister hofft, auf Dauer ohne Rechenkenntnisse auszukommen, verliert jede Menge Geschäft und hat schlichtweg den falschen Beruf (bleibt Finanzrater). Rechnen können ist für Finanzdienstleister wie Verbraucher gleichermaßen wichtig. Nur Finanzdienstleister und Verbraucher, die rechnen, schützen ihr Geld vor falschen Geldentscheidungen. Nur wer rechnet, kann auf die wichtige und bei allen Geldgeschäften wesentliche Frage „Was fließt mir aus der Tasche raus (Auszahlungen) und was fließt mir in die Tasche rein (Einzahlungen)?" eine verlässliche Antwort geben. Qualifizierte Finanzdienstleister rechnen ihren Kunden vor, was eine Geldentscheidung an Gewinn bringt oder bringen kann, signalisieren damit Kompetenz als Basis für auch weiteres Kundenvertrauen und sichern sich das wichtigste Kapital eines jeden Verkäufers: Empfehlungen.

Erlernen Sie den in diesem Buch beschriebenen, spielerischen Umgang mit Zahlen und Geldgesprächen. Dann machen Sie sich ein paar schöne Stunden, machen Sie möglichst viele Termine und erzählen Sie es möglichst vielen Kunden!

Hinweis 1 – Mitarbeit

Wenn Sie selbst, während Sie dieses Buch lesen, auf eigene, nicht in diesem Buch genannte Berechnungsbeispiele kommen oder über spannende Einzelfälle berichten können, die Sie mittels des HP 10 B erfolgreich lösen, schreiben Sie mir von diesen Rechenaufgaben. Ich bitte Sie, mir dann das Recht zum Abdruck zu überlassen.

Wichtiger Hinweis!
Das Rechnen mit dem HP 10 B zeichnet sich dadurch aus, dass Sie grundsätzlich unterschiedlich schnelle Lösungsvarianten zu einer Aufgabe berechnen können. In diesem Buch hat man sich aus Platzgründen auf eine Lösung konzentriert. Betrachten Sie diese Lösung als Leitfaden. Nach einiger Übung werden Sie möglicherweise unterschiedliche Ansätze finden, den genannten Lösungsweg abzukürzen.

Bei der nächsten Auflage dieses Buches werde ich die interessantesten Fälle – falls Sie wünschen unter Angabe Ihres Namens – vorstellen. – Besten Dank!

Hinweis 2 – Eigene Rechenseminare

Hin und wieder nahmen an meinen Seminaren Finanzdienstleister teil, die in Folge eigene Rechentrainings veranstalteten. Leider jedoch ohne die nötige Sicherheit im Umgang mit dem Rechner und ohne die ausreichende Fachkenntnis.

Ich empfehle Ihnen daher: Üben Sie zunächst den in jeder Hinsicht sicheren Umgang mit einem finanzmathematischen Taschenrechner, bevor Sie eigene Seminare veranstalten. Für Basis- und Intensivtrainings stehe ich Ihnen darüber hinaus gern zur Verfügung. Ebenfalls zur Ausbildung als lizenzierter Trainer im Bereich Rechentraining.

Kontakt: mail@berndwkloeckner.de – Besten Dank!

Unsere Ausgangspunkte

Banken – zu doof zum Rechnen

Vorab eine kleine Geschichte:

Treffen sich ein Jurist, ein Ingenieur und ein Finanzberater. Es wird die Frage gestellt, wie viel 12 multipliziert mit 20 ergibt. Der Jurist antwortet: „Unter Abwägen aller Tatsachen und ohne Anerkennung einer Rechtspflicht nenne ich als Vergleichvorschlag den Betrag von 240." Der Ingenieur meint: „Unter Hinzuziehen aller – auch unbekannten – Variablen und Berücksichtigung aller denkbaren möglichen Einflüsse sage ich 240." Darauf antwortet der Finanzberater: „Wissen Sie, sagen Sie mir doch einfach, was in etwa rauskommen soll, und dann biege ich das schon hin."

Diese Geschichte des ratenden Finanzberaters, der mal so, mal so rechnet und eigentlich nicht so recht Ahnung davon hat, wie er mit Zahlen umgehen soll, wiederholte sich abgewandelt in der Praxis vor einiger Zeit.

Tatzeit: Juli 1998. Eine Verbraucherzeitschrift veröffentlicht unter meiner redaktionellen Leitung Testergebnisse eines Beratungstests. Tatort: Durchgeführt wurde der Test bei acht großen deutschen Banken beziehungsweise Sparkassen. Jeweils in fünf Städten wurden Berater der Filialen getestet. Tathergang: Es ging um Fragen zu den Themen Inflation, Kaufkraft, Berechnung von Sparraten und Effektivzinsen von Sparplänen. Auf dem Prüfstand: Das Rechentalent der Banken. Drei Vorgaben waren Gewähr dafür, dass es bei diesem Bankentest in höchstem Maße fair zuging.

1. *Jedes Hilfsmittel zur Lösung der Rechenaufgaben war zugelassen.*

2. *Es gab keinerlei Zeitvorgaben.*

3. *Jederzeit konnten Kollegen oder Vorgesetzte zur Beantwortung hinzugezogen werden.*

Im Folgenden möchte ich Ihnen einige der Fragen nennen. Vielleicht nutzen Sie als aktiver Finanzdienstleister die Möglichkeit und versuchen die Fragen möglichst kurzfristig zu beantworten. Testen Sie sich einfach einmal selbst, dann lesen Sie, was die Banken so alles rechnen konnten (oder auch nicht), und zum Schluss erfahren Sie, welche Eindrücke die Tester der Zeitschrift von der Beratungsqualität der Banken gewonnen haben.

Musteraufgaben

▢ Aufgabe 1 – Sparplan

Wie hoch ist die Sparrate, um in 20 Jahren ein Vermögen in Höhe von 540.000 DM aufzubauen? Annahme: Zins pro Jahr 7 Prozent.

Auswertung: 3 korrekte Antworten von 40 Filialen

▢ Aufgabe 2 – Unterbrechung eines Sparplans

Jemand möchte 540.000 DM in 20 Jahren bei 7 Prozent angenommenem Zins pro Jahr mit der Lösung aus Aufgabe 1 sparen (bei den 37 Filialen, in denen Berater keine Antwort wussten, wurde die Lösung aus Frage 1 vorgegeben). Aus persönlichen Gründen weist er jedoch darauf hin, dass er vom 5. bis zum 10. Jahr mit dem Sparen aussetzen will. Dann spart er weiter vom zehnten bis zum 20. Jahr. Wie hoch ist jetzt die notwendige Sparrate in den letzten 10 Jahren, um das Ziel von 540.000 DM zu erreichen?

Auswertung: 0 korrekte Antworten von 40 Filialen

☐ Aufgabe 3 – Bonussparplan & Effektivzins

In Kopie wurde ein Original eines Bonussparvertrages vorgelegt. Monatlich 500,00 DM Sparrate ergaben laut diesem Sparvorschlag über 25 Jahre inklusive des einmaligen Bonus zum Ende 267.310,00 DM. Gefragt war nach dem Effektivzins des gesamten Bonussparplans.

Auswertung: 1 korrekte Antwort von 40 Filialen

☐ Urteil der Tester

Andrea M.: *„Nach den ersten Bankbesuchen war ich regelrecht schockiert. Statt unsere Fragen zu beantworten, herrschte oft große Hilflosigkeit. Auch wenn wir in Ruhe nachfragten und selbst dann, wenn in der Bank Kollegen zu Hilfe gerufen wurden, zeigten sich viele Lücken. Schlimm ist, wenn Berater stur an ihrem PC-Rechenprogramm festhalten, auch wenn dies keinen Sinn macht. Eine Super-Leistung zeigte der Hypo-Banker in Berlin. In weniger als einer Stunde nannte er fast zu allen Fragen kompetent, freundlich und zuvorkommend die Antworten.“*

Carmen M.: *„Mein persönlicher Eindruck: Nur die wenigsten Berater können individuell auf die einfachen Bedürfnisse und Fragen einer interessierten Kundin eingehen. Sobald eine Frage nicht mehr zu der festen Abfragereihenfolge bankinterner, finanzmathematischer PC-Programme passt, haben viele Berater ein großes Problem und finden keine Antwort mehr. Schlimm fand ich persönlich einen Fall, wo die mangelnde Leistung darauf geschoben wurde, dass die Beraterin soeben erst aus dem Urlaub zurückgekehrt und der PC noch nicht geladen sei.“*

Christoph G.: *„Für mich als gelernter Bankkaufmann mit Berufserfahrung waren die erschreckenden Ergebnisse keine Überraschung. So werden zum Beispiel im Rahmen der Bankausbildung finanzmathematische Kenntnisse nur in geringem Umfang vermittelt. Erschreckend waren die Testergebnisse für mich insbesondere deshalb, weil unsere Fragen durchaus übliche Fragen eines interessierten Kunden waren und den Beratern wirklich Zeit gegeben wurde. Mein Fazit: Es fehlte an einfachem Fachwissen und es mangelt an Sicherheit.“*

Das klare Urteil des gesamten Beratungstests in Sachen Rechenkünste der Finanzdienstleister: Rechnen mangelhaft! Verstehen Sie: Damit meine ich selbstverständlich nicht Sie. Ich meine die anderen. Doch ist es nicht wirklich blamabel für einen Berufsstand? Ohne wenn und aber war das Ergebnis in 30 Prozent aller Filialen die Note mangelhaft. Über 60 Prozent schnitten gerade einmal mit der Gesamtnote ausreichend ab, wobei in diesen Fällen die vereinzelten Wissensfragen die erheblichen Lücken in Sachen Rechenkenntnisse zum Teil ausglichen.

Die Botschaft für Sie: Tun Sie alles und gehören Sie zu denjenigen, die mit Rechen-Know-how und praxisorientierter Finanzmathematik spielerisch umgehen können. Sorgen Sie – insbesondere als verantwortliche Führungskraft – dafür, dass Ihre Mitarbeiter spielerisch rechnen können. Ihre Mitarbeiter werden es Ihnen in Cent und Euro an zusätzlichen Geschäftsabschlüssen zurückzahlen! Aus zahlreichen Seminaren und aus der Praxis darf ich Ihnen versichern: Sie verlieren jedes Jahr immense Umsätze, weil Ihre Mitarbeiterinnen und Mitarbeiter zum großen Teil nicht spielerisch mit den Kunden rechnen können. Rechnen können ist für Finanzdienstleister keine „Kann-Regel". Rechnen können ist ein Muss!

Einzigartige Gelddialoge statt Produktverkauf

Finanzdienstleister tun gut daran, sich öfter einmal in die Lage ihrer Kunden zu versetzen. Denn: Die Vorgehensweise der Gewinner „Die Botschaft muss dem Fisch schmecken, nicht dem Angler" wird regelmäßig von Finanzdienstleistern verletzt. Ich empfehle Ihnen meine eigene Testmethode: Hin und wieder höre ich Finanzdienstleistern aufmerksam zu (etwa bei Gesprächen mit Freunden). Ich halte mich aus dem Beratungsgespräch, in den meisten Fällen aus dem Beratungsmonolog, heraus und höre einfach nur zu. Meistens wird es bereits nach kurzer Zeit unerträglich, wie mühevoll zahlreiche Finanzdienstleister versuchen, ihre Produkte anzupreisen. Spielen Sie selbst auch einmal Kunde! Tun Sie es. Sie werden erleben: Statt einfach nur über Geld, Geldbedürfnisse und Altersvorsorge zu sprechen, wird mit allen Tricks und Argumenten versucht, das eigene Produkt als besonders geeignet darzustellen. Ich empfehle Ihnen wirklich: Nehmen Sie häufiger an solchen Beratungsgesprächen von Freunden teil. Sie werden innerhalb weniger Gespräche mehr über clevere und auch vor allem ungeschickte Verkaufstechnik lernen als auf einem anderen Weg. Die häufigste Erfolgsformel, die verletzt wird, lautet:

Wer fragt, der führt !

Diese Grundregel für Verkaufserfolge – eine der bekanntesten überhaupt – wird in den meisten Fällen schlichtweg verletzt. Statt dessen argumentieren sich die jeweiligen Finanzdienstleister um Kopf und Kragen. Nicht selten aus Unsicherheit und nach dem Motto „Lieber viel erzählen, als den Kunden zu Wort kommen lassen." Fatal daran ist: Je mehr Sie erzählen, desto mehr Nachfragen stellt der Kunde, desto mehr antworten Sie und so weiter und so fort. Jedes neue Detail in Ihrer Antwort löst neue Fragen nach noch mehr Details auf Kundenseite aus. Wie geht denn das? Und was ist dann, wenn …? Was ist denn jetzt der Unterschied zu …? Verstehen Sie! Dieser Kreislauf kann nicht funktionieren. Die Erfolgsschritte lauten eins und zwei: Clevere Finanzdienstleister fragen erstens, und zweitens führen sie auf diese Weise. Wissen Sie, wie viel an Kompetenz Sie ausstrahlen?

Nehmen Sie Abschied vom Produktverkauf und sprechen Sie mit Ihren Kunden einfach über Geld. Sie fragen, der Kunde, die Kundin antwortet. So einfach laufen erfolgreiche Verkaufsgespräche grundsätzlich ab. Verstehen Sie: Es ist Ihre Aufgabe, Ihre Kunden dahin zu führen, wohin sie selbst wollen. Ihre Kunden wollen nicht zu einem wandelnden Fachlexikon werden. Ihre Kunden wollen in der Regel wissen, wie man am besten spart und investiert. Wenn ich schreibe „Sie fragen, der Kunde, die Kundin antwortet", dann meine ich selbstverständlich, dass Kunden jederzeit Fragen stellen sollen. Sicherlich müssen Sie Fragen beantworten. Aber durch „Wer fragt, der führt" beherrschen Sie einen Großteil des Gesprächs und vor allem der Gesprächsrichtung. Fragen Ihrer Kunden wie „Und was geschieht, wenn ich jetzt die gleichen 200 € monatlich statt über 20 Jahre bei 6 Prozent nun über 30 Jahre und angenommen 9 Prozent Rendite anlege? Wie hoch ist dann mein Vermögen?" sollen Sie selbstverständlich beantworten (können). Dennoch werden Sie zu diesem Zeitpunkt das Gespräch führen – und das ist auch gut so.

Grundlagen der Finanzmathematik

Grundlage der Finanzmathematik ist die Berechnung von Zins und Zinseszins. Von einer Verzinsung spricht man, wenn zu einem Kapital zu bestimmten Zeitpunkten ein festgelegter Anteil (Zins) gewissermaßen als Lohn, als Preis für die Überlassung des Geldes hinzugerechnet wird. In der Praxis ist dieses Vorgehen bei jeder Form von Geldanlage oder Darlehen bekannt.

Auf den folgenden Seiten werden die Formeln vorgestellt, mit denen Finanzdienstleister täglich zu tun haben können. Mit diesen Formeln wird auch beispielsweise bei der Ausbildung zum Finanzfachwirt gearbeitet. Immer wieder taucht bei Seminaren die Frage nach diesen Formeln auf, die alle Interessierten auf den folgenden Seiten finden werden. Dazu eine kleine Anekdote. Bei einem meiner zahlreichen Seminare, bei denen zum Schluss die Teilnehmer stets die Möglichkeit haben, einen schriftlichen Kommentar zu Inhalt und Form der Veranstaltung abzugeben, kam es bislang ein einziges Mal vor, dass ein Teilnehmer sinngemäß schrieb:

„Leider sind meine Erwartungen nicht ganz erfüllt worden. Schön wäre es gewesen, einmal die Formeln zu erfahren und mit den Formeln zu rechnen."

Dabei gilt: Niemandem wird es je gelingen, mit diesen Formeln bei Kunden zu arbeiten und gleichzeitig noch faszinierende Geld- und Verkaufsgespräche zu führen. Die Kenntnis der Formeln ist wichtig für das Verständnis der Komplexität des Themas Finanzmathematik. Einzelne Formeln wie die zur Berechnung des Endkapitals bei einer Einmalanlage sind dabei durchaus nachvollziehbar. Ja, ich empfehle Ihnen sogar, die ein oder andere Aufgabe einmal mit Formel und mit Taschenrechner gleichzeitig zu rechnen.

In diesem Zusammenhang wünsche ich mir auch – wie bereits gesagt – für alle denkbaren Ausbildungswege für werdende Finanzdienstleister oder solche, die sich als erfolgreiche Finanzdienstleister fortbilden möchten, dass der Umgang mit praxisorientierter Finanzmathematik Standard wird; sowohl in der einfachen und spielerischen Form – wie in diesem Buch dargestellt – mittels einfacher Finanzrechner als auch in der aufwendigeren Form für kompliziertere und anspruchsvollere Rechnungen mittels entsprechender PC-Programme (meine persönliche Empfehlung, da das Team meines Institutes mit dieser Software arbeitet, ist FIN-PLAN von Harold D. Kraemer, Kontakt: 0 21 73 / 2 30 47).

Die Berechnung von Sparvorgängen

Einmalige Einzahlung eines Kapitals

Ein zu Jahresbeginn eingezahlter Betrag soll jährlich mit einem festen Zinssatz verzinst werden. Die zum Jahresende gutgeschriebenen Zinsen werden mit dem Kapital weiter verzinst.

Das Endkapital nach n Jahren ergibt sich nach der folgenden Formel:

$$K_n = K_0 \cdot \left(1 + \frac{p}{100}\right)^n$$

K_n = Endkapital nach n Jahren
K_0 = Anfangskapital
p = jährliche Verzinsung mit p Prozent
n = Verzinsungsdauer in Jahren

Sind alle Variablen der Formel mit Ausnahme einer Variable bekannt, lässt sich die Unbekannte durch Umstellung der Formel ermitteln.

? BEISPIELE

1. Ein Kapital von 5.000 € soll für 5 Jahre zu einem Zinssatz von 5 Prozent p. a. angelegt werden. Wie hoch ist das Endkapital?

$$K_n = 5.000 \cdot \left(1 + \frac{5}{100}\right)^5$$

$K_n = 6.381,41\ €$

2. Ein Sparer möchte in 10 Jahren über ein Vermögen von 10.000 € verfügen. Dazu möchte er heute eine einmalige Anlage zu einem Zins von 4 Prozent p. a. tätigen. Welches Kapital muss er heute investieren?

$$10.000 = K_0 \cdot \left(1 + \frac{4}{100}\right)^{10}$$

$$K_0 = \frac{10.000}{\left(1 + \frac{4}{100}\right)^{10}} \qquad K_0 = 6.755{,}64 \; €$$

3. Der Sparer aus Beispiel 2 verfügt heute nur über ein Kapital von 5.000 €. Welchen Zins muss er realisieren, um trotzdem nach 10 Jahren über ein Vermögen von 10.000 € verfügen zu können?

$$p = 100 \cdot \left[\left(\frac{K_n}{K_0}\right)^{\frac{1}{n}} - 1\right]$$

$$p = 100 \cdot \left[\left(\frac{10.000}{5.000}\right)^{\frac{1}{10}} - 1\right] \qquad p = 7{,}18 \text{ Prozent}$$

☐ Fortlaufende Einzahlung eines gleichbleibenden Kapitalbetrags

In der Praxis werden viele Anlagen nicht einmalig getätigt, sondern es findet ein gleichbleibender, regelmäßiger Zahlungsfluss statt. Sie haben hier grundsätzlich die Möglichkeit, für jede Sparzahlung separat das Anlageergebnis zu ermitteln und anschließend alle Einzelergebnisse zu addieren, doch es geht auch einfacher, indem alle Zahlungen in einer einzigen Formel zusammengefasst werden.

Das Endkapital einer fortlaufenden Zahlungsreihe bei Einzahlung zum Periodenbeginn:

$$K_n = E \cdot \left(1 + \frac{p}{100}\right) \cdot \frac{\left(1 + \frac{p}{100}\right)^n - 1}{\left(1 + \frac{p}{100}\right) - 1}$$

K_n = Endkapital nach n Jahren
E = regelmäßige Einzahlung
p = jährliche Verzinsung mit p Prozent
n = Einzahlungsdauer

Wird die erste Einzahlung zum Ende der Zinsperiode geleistet, sieht die Formel wie folgt aus:

$$K_n = E \cdot \frac{\left(1 + \frac{p}{100}\right)^n - 1}{\left(1 + \frac{p}{100}\right) - 1}$$

 BEISPIELE

1. Ein Sparer zahlt jährlich zum Jahresende einen Betrag von 500 € in einen Sparvertrag ein. Die Verzinsung beträgt 3,5 Prozent. Wie hoch ist der Kontostand nach 12 Jahren?

$$K_n = 500 \cdot \frac{\left(1 + \frac{3,5}{100}\right)^{12} - 1}{\left(1 + \frac{3,5}{100}\right) - 1} \qquad K_n = 7.300,98 \text{ €}$$

2. Welchen Betrag muss der Sparer einzahlen, wenn er nach 12 Jahren über ein Kapital von 10.000 € verfügen will?

$$E = K_n \cdot \frac{\left(1 + \frac{p}{100}\right) - 1}{\left(1 + \frac{p}{100}\right)^n - 1}$$

$$E = 10.000 \cdot \frac{\left(1 + \frac{3,5}{100}\right) - 1}{\left(1 + \frac{3,5}{100}\right)^{12} - 1} \qquad E = 684,84 \text{ €}$$

3. Wie lange muss der Anleger sparen, um mit einer monatlichen Sparrate von 660 € ein Vermögen von 10.000 € anzusparen?

$$n = \frac{\lg\left(1 + \frac{\left(1 + \frac{p}{100}\right) - 1}{E} \cdot K_n\right)}{\lg q}$$

$$n = \dfrac{\lg\left(1 + \dfrac{\left(1 + \dfrac{3,5}{100}\right) - 1}{660} \cdot 10.000\right)}{\lg 3,5} \qquad n = 12,37 \text{ Jahre}$$

4. Welches Endkapital erreicht ein Sparer, der über 25 Jahre jährlich einen Betrag von 600 € in eine Anlage mit einer Verzinsung von 6 Prozent p. a. einzahlt, wenn zu Beginn der Sparzeit zusätzlich ein Betrag von einmalig 10.000 € angelegt wird?

$$K_n = K_0 \cdot \left(1 + \frac{p}{100}\right)^n + E \cdot \frac{\left(1 + \frac{p}{100}\right)^n - 1}{\left(1 + \frac{p}{100}\right) - 1}$$

K_n = Endkapital nach n Jahren
K_0 = Anfangskapital
E = regelmäßige Einzahlung
p = jährliche Verzinsung mit p Prozent
n = Einzahlungsdauer

$$K_n = 10.000 \cdot \left(1 + \frac{6}{100}\right)^{25} + 600 \cdot \frac{\left(1 + \frac{6}{100}\right)^{25} - 1}{\left(1 + \frac{6}{100}\right) - 1} \qquad K_n = 75.837,41 \text{ €}$$

An dieser Stelle möchten wir Ihnen die Umformungen der Gleichung nach Rate, Anfangskapital und Zinssatz ersparen. Wer möchte, kann sich selbstverständlich gern daran versuchen.

☐ Unterjährige Einzahlung eines gleichbleibenden Kapitalbetrags

Viele Geschäfte sehen nicht nur Zahlungen zum Ende eines Jahres vor, sondern auch laufende Zahlungen während eines Jahres. So werden zum Beispiel viele Sparpläne monatlich bespart. Für diesen Fall muss die Berechnungsformel so angepasst werden, dass eine monatliche Verrechnung der Einzahlungen erfolgt.

Bei einer unterjährig nachschüssigen Einzahlung von Sparraten in einen Sparvertrag ermittelt sich das Endvermögen nach n Jahren nach der folgenden Formel:

$$K_n = K_0 \cdot \left(1 + \frac{p}{100 \cdot m}\right)^{n \cdot m} + E \cdot \frac{\left(1 + \frac{p}{100 \cdot m}\right)^{n \cdot m} - 1}{\left(1 + \frac{p}{100 \cdot m}\right) - 1}$$

K_n = Endkapital nach n Jahren
K_0 = Anfangskapital
E = regelmäßige Einzahlung
p = jährliche Verzinsung mit p Prozent
n = Einzahlungsdauer
m = Anzahl der Zahlungsperioden pro Jahr

Anhand dieser Formel lassen sich alle nachschüssigen Sparvorgänge berechnen.

 BEISPIELE

1. Ein Anleger möchte einmalig einen Betrag von 20.000 € anlegen. In den folgenden 20 Jahren investiert er monatlich einen Betrag von 200 €. Wie hoch ist das Endvermögen, wenn er einen Zins von 7 Prozent mit dieser Anlage erzielt?

$$K_n = 20.000 \cdot \left(1 + \frac{7}{100 \cdot 12}\right)^{20 \cdot 12} + 200 \cdot \frac{\left(1 + \frac{7}{100 \cdot 12}\right)^{20 \cdot 12} - 1}{\left(1 + \frac{7}{100 \cdot 12}\right) - 1}$$

$K_n = 184.960,11$ €

2. Welchen Betrag muss der Anleger monatlich investieren, wenn er ein Endvermögen von 250.000 € erreichen will?

Durch Gleichungsumstellungen ergibt sich aus

$$K_n = K_0 \cdot \left(1 + \frac{p}{100 \cdot m}\right)^{n \cdot m} + E \cdot \frac{\left(1 + \frac{p}{100 \cdot m}\right)^{n \cdot m} - 1}{\left(1 + \frac{p}{100 \cdot m}\right) - 1}$$

die folgende Formel für die Berechnung der notwendigen Sparrate:

$$E = \left(K_n - \left(K_0 \cdot \left(1 + \frac{p}{100 \cdot m} \right)^{n \cdot m} \right) \right) \cdot \frac{\left(1 + \frac{p}{100 \cdot m} \right) - 1}{\left(1 + \frac{p}{100 \cdot m} \right)^{n \cdot m} - 1}$$

Damit ist die Sparrate

$$E = \left(250.000 - \left(20.000 \cdot \left(1 + \frac{7}{100 \cdot 12} \right)^{20 \cdot 12} \right) \right) \cdot \frac{\left(1 + \frac{7}{100 \cdot 12} \right) - 1}{\left(1 + \frac{7}{100 \cdot 12} \right)^{20 \cdot 12} - 1}$$

$$E = 324{,}85 \,€$$

Berechnung von Darlehen

Für die Berechnung von Darlehen benötigen wir eine etwas abgewandelte Zinseszinsformel. Bei der Vergabe eines Darlehens wird zu Beginn ein Betrag S an den Darlehensnehmer ausgezahlt. Dieser Betrag wird anschließend in gleichen Raten (Annuitätendarlehen) an den Darlehensgeber zurückgeführt.

Dieser Vorgang lässt sich für Darlehen mit jährlicher Zins- und Tilgungsleistung in der folgenden Gleichung beschreiben:

$$S_0 \cdot \left(1 + \frac{p}{100} \right)^n = S_n + A \cdot \frac{\left(1 + \frac{p}{100} \right)^n - 1}{\left(1 + \frac{p}{100} \right) - 1}$$

S_0 = ursprünglicher Darlehensbetrag (Bruttodarlehen)
P = Nominalzins des Darlehens
A = Annuität
n = Darlehenslaufzeit
S_n = Restschuld des Darlehens nach einer Laufzeit von n Jahren

Zur Berechnung von Darlehen, die unterjährig bedient werden, muss die Formel noch einmal leicht abgewandelt werden. Sie lautet dann wie folgt:

$$S_0 \cdot \left(1 + \frac{p}{100 \cdot m}\right)^{n \cdot m} = S_n + A \cdot \frac{\left(1 + \frac{p}{100 \cdot m}\right)^{n \cdot m} - 1}{\left(1 + \frac{p}{100 \cdot m}\right) - 1}$$

S_0 = ursprünglicher Darlehensbetrag (Bruttodarlehen)
P = Nominalzins des Darlehens
A = Annuität
n = Darlehenslaufzeit
m = Häufigkeit der unterjährigen Zahlungen
S_n = Restschuld des Darlehens nach einer Laufzeit von n Jahren

Aus dieser Formel lassen sich wiederum die Gleichungen für Restschuld, etc. entwickeln.

Die Restschuld eines Darlehens zum Zeitpunkt n ergibt sich demnach nach der Formel:

$$S_n = S_0 \cdot \left(1 + \frac{p}{100 \cdot m}\right)^{n \cdot m} - A \cdot \frac{\left(1 + \frac{p}{100 \cdot m}\right)^{n \cdot m} - 1}{\left(1 + \frac{p}{100 \cdot m}\right) - 1}$$

 BEISPIELE

---

1. Ein Darlehen von 50.000 € wurde zu einem Nominalzins von 6 Prozent vergeben. Der Darlehensnehmer zahlt monatlich 1.000 € an den Darlehensgeber zurück. Wie hoch ist die Restschuld nach 2 Jahren?

$$S_n = 50.000 \cdot \left(1 + \frac{6}{100 \cdot 12}\right)^{2 \cdot 12} - 1.000 \cdot \frac{\left(1 + \frac{6}{100 \cdot 12}\right)^{2 \cdot 12} - 1}{\left(1 + \frac{6}{100 \cdot 12}\right) - 1}$$

$S_n = 30.926,03 €$

2. Wie lange dauert es, bis der Darlehensnehmer bei gleichbleibender monatlicher Darlehensrate schuldenfrei ist?

$$n = \frac{-\lg\left(1 - \frac{\left(\left(1 + \frac{p}{100 \cdot m}\right)^m - 1\right) \cdot S_0}{A}\right)}{\lg\left(1 + \frac{p}{100 \cdot m}\right)^m}$$

$$n = \frac{-\lg\left(1 - \frac{\left(\left(1 + \frac{6}{100 \cdot 12}\right)^{12} - 1\right) \cdot 50.000}{1.000}\right)}{\lg\left(1 + \frac{6}{100 \cdot 12}\right)^{12}}$$

n = 57,68 Monate

Die Tilgung des Darlehens dauert 57,68 Monate oder 4,81 Jahre.

3. Bei welcher monatlichen Rate ist der Darlehensnehmer bereits nach 3 Jahren schuldenfrei?

$$A = \left[S_0 \cdot \left(1 + \frac{p}{100 \cdot m}\right)^{n \cdot m} - S_n\right] \cdot \frac{\left(1 + \frac{p}{100 \cdot m}\right) - 1}{\left(1 + \frac{p}{100 \cdot m}\right)^{n \cdot m} - 1}$$

$$A = \left[50.000 \cdot \left(1 + \frac{6}{100 \cdot 12}\right)^{3 \cdot 12} - 0\right] \cdot \frac{\left(1 + \frac{6}{100 \cdot 12}\right) - 1}{\left(1 + \frac{6}{100 \cdot 12}\right)^{3 \cdot 12} - 1}$$

Auf den vorangegangenen Seiten haben Sie die wichtigsten Abwandlungen und Umformungen der Zinsesformeln für Sparpläne und Darlehen kennen gelernt. Beherrschen Sie den alltäglichen Umgang mit diesen Formeln, können Sie getrost auf die Anwendung anderer Hilfsmittel verzichten.

Doch wenn wir ganz ehrlich sind, arbeiten auch wir im Alltag nicht mit diesen Formeln, sondern benutzen den finanzmathematischen Taschenrechner als schnelles und weniger fehleranfälliges Hilfsmittel. Bedenken Sie: Es ist zwar ohne weiteres möglich, alle Berechnungen, die wir Ihnen in diesem Buch vorstellen, manuell mit diesen Formeln zu lösen, aber welcher Kunde lässt Ihnen in einem Beratungsgespräch schon die Zeit mit Papier und Kugelschreiber mühsam eine Formel aufzulösen. Daher erfahren Sie auf den nächsten Seiten, wie Sie ein für allemal ohne das Auflösen von Formeln bequem fast jede Frage Ihrer Kunden beantworten können.

Ihr Kunde möchte in den nächsten 20 Jahren monatlich am Monatsende einen Betrag von 200 € in einen Sparplan einzahlen, der jährlich mit 5 Prozent verzinst wird. Zusätzlich zahlt er zu Beginn einen Betrag von 15.000 € als Einmalanlage ein. Über welches Vermögen kann er in 20 Jahren verfügen?

Rechnen Sie einmal mit den oben vorgestellten Formeln.

Haben Sei die richtige Formel gefunden?

$$K_n = K_0 \cdot \left(1 + \frac{p}{100 \cdot m}\right)^{n \cdot m} + E \cdot \frac{\left(1 + \frac{p}{100 \cdot m}\right)^{n \cdot m} - 1}{\left(1 + \frac{p}{100 \cdot m}\right) - 1}$$

$$K_{20} = 15.000 \cdot \left(1 + \frac{5}{100 \cdot 12}\right)^{20 \cdot 12} + 200 \cdot \frac{\left(1 + \frac{5}{100 \cdot 12}\right)^{20 \cdot 12} - 1}{\left(1 + \frac{5}{100 \cdot 12}\right) - 1}$$

$$K_{20} = 15.000 \cdot (1,004167)^{240} + 200 \cdot \frac{(1,004167)^{240} - 1}{1,004167 - 1}$$

$$K_{20} = 15.000 \cdot 2,71264 + 200 \cdot \frac{2,71264 - 1}{0,004167}$$

$$K_{20} = 4.068 + 200 \cdot \frac{1,71264}{0,004167}$$

$$K_{20} = 40.689,6 + 200 \cdot 411,03$$

$$K_{20} = 40.689,6 + 82.206,7 = 122.896,3 \text{ €}$$

Wie lange haben Sie gebraucht, die Aufgabe zu lösen? Selbst ein routinierter Rechner wird nicht unter ein bis zwei Minuten benötigen, das Ergebnis zu ermitteln. Länger wird es dauern, wenn anstelle des einfach zu ermittelnden Endvermögens eine andere Größe wie zum Beispiel die Laufzeit einer Anlage ermittelt werden soll.

Wie lange dauert die gleiche Berechnung mit dem HP 10 B II? In der Folge finden Sie die notwendigen Eingabeschritte.

Eingabe			Display	Erklärung
12	PMT P/YR		12.00	12 Zahlungen jährlich werden durch den Kunden eingezahlt.
Eingabereihenfolge: 12 – gelbe Taste – Taste „PMT"				
20	N × P/YR		240.00	Der Kunde zahlt 20 Jahre lang, also 240 Monate.
Eingabereihenfolge: 20 – gelbe Taste – Taste „N"				
5	I/YR NOM%		5.00	Der Anlagezins beträgt 5 %.
15000	+/– E	PV EFF%	– 15,000.00	Der Kunde leistet zu Beginn der Vertragslaufzeit eine einmalige Zahlung von 15.000 €.
200	+/– E	PMT P/YR	– 200.00	Der Kunde zahlt monatlich einen Betrag von 200 €.
Drücken Sie „FV":	FV AMORT		122,896.34	**Ergebnis:** Der Kunde erhält am Ende der Vertragslaufzeit einen Betrag von 122.896,34 €.

Für diese Eingaben benötigen Sie mit etwas Übung weniger als 30 Sekunden. Mit der gleichen Geschwindigkeit können Sie jede andere gesuchte Größe des Zahlungsstroms ermitteln.

Teil 1:

Der Rechner zum Buch
und zum Seminar

Warum HP 10 B/10 B II?

Ich möchte Ihnen mit wenigen Worten erklären, wieso in diesem Buch der Hewlett Packard 10 B im Vordergrund steht. Denn: Immer wieder sitzen Teilnehmer in meinen Seminaren, die danach fragen, ob nicht auch andere Rechner in Frage kämen. Meine Antwort: Die Eingaberoutine des Hewlett-Packard ist in Sachen Einfachheit und Schnelligkeit nicht zu schlagen. Noch eine Erklärung: Der Rechner 10 B wurde im Jahr 2000 als im Design verändertes Modell herausgebracht. Seitdem lautet die Bezeichnung 10 B II. Von der Funktionsweise sind die ältere und die neue Variante gleich.

Weitere Hewlett-Packard-Modelle

Neben dem in diesem Buch beschriebenen preiswerten Modell 10 B II bietet Hewlett Packard noch einige leistungsstärkere, aber auch teurere finanzmathematische Taschenrechner an.

Das nächst größere Modell, der Typ 12 C, unterscheidet sich vor allem in zwei wesentlichen Punkten vom Modell 10 B. Der Rechner kann selbst programmiert werden und er verwendet als Eingabeverfahren die so genannte umgekehrt polnische Notation. Die Programmierung finanzmathematischer Problemstellungen ist jedoch nur in Ausnahmefällen zu empfehlen, da Sie sich als Berater ansonsten der Gefahr aussetzen, auch für Fehlberatungen, die sich durch einen kleinen Programmierfehler ergeben, haftbar gemacht zu werden. Darüber hinaus lassen sich die meisten Problemstellungen ohne individuelle Programmierungen lösen. Zusätzlich ist die umgekehrt polnische Notation bei der Eingabe von Berechnungen nicht Jedermanns Sache. Benutzer, die sich an dieses Eingabeverfahren einmal gewöhnt haben, schwören darauf. Für den Umsteiger ist es jedoch mit einem gewissen Aufwand verbunden, sich in diese ungewohnte Ausdrucksform einzudenken.

Die beiden größten Modelle 17 B und 19 B unterscheiden sich, was den finanzmathematischen Funktionsumfang angeht, nur wenig voneinander. Das Modell 19 B bietet lediglich einige zusätzliche Komfortfunktionen wie einen Terminplaner und Ähnliches. Bei beiden Modellen kann durch individuelle Programmierung fast jedes mathematische Problem gelöst werden, was aber im Bereich der Finanzmathematik wie bereits erwähnt nur selten oder bedingt – bei entsprechender Sicherheit – zu empfehlen ist. Beide Modelle verfügen über die Möglichkeit, die Ergebnisse von Berechnungen über einen optionalen Drucker auszugeben. Der unserer Ansicht nach größte Vorteil der Modelle 17 B und 19 B liegt in der Form der Datenanzeige. Im Display werden die bereits erfassten Werte einer Berechnung übersichtlich angezeigt, während weitere Daten erfasst werden. Trotz dieses zusätzlichen Komforts ist die Menüführung beider Modelle etwas unübersichtlicher geraten als bei dem einfacheren 10 B. Auf Grund der Vielfalt an Möglichkeiten muss der Nutzer bei einigen Berechnungen zwischen verschiedenen Menüpunkten mehrmals wechseln, was den Ablauf und die Übersicht stört. Nutzer, die diese Nachteile nicht stören, erhalten mit den beiden Modellen 17 B und 19 B ein Berechnungswerkzeug an die Hand, mit dem – entsprechende Übung vorausgesetzt – kaum eine finanzmathematische Frage unbeantwortet bleibt. Meiner Ansicht nach wird der zusätzliche Funktionsumfang in der täglichen Praxis zu selten benötigt, als dass sich der Mehrpreis gegenüber dem Modell 10 B rechtfertigt.

Rechnerbeschreibung

Der HP 10 B II bietet die Möglichkeit einfache Zahlungsströme leicht zu erfassen und zu berechnen. Alle in diesem Buch beschriebenen Berechnungen werden mit der TVM (Time Value of Money)-Funktion des Taschenrechners durchgeführt. Diese Funktion kann für alle Zahlungsströme verwendet werden, deren laufende Zahlungen regelmäßig und in gleicher Höhe anfallen.

In dieser Form lassen sich sehr viele Finanzprodukte darstellen. Gelingt es einmal nicht, ein Geschäft in einem derartigen Zahlungsstrom abzubilden, kann das Produkt in den meisten Fällen durch die Aufteilung der Zahlungen auf mehrere Zahlungsströme, die den genannten Anforderungen entsprechen dargestellt werden.

Der HP 10 B II bietet mit der Möglichkeit zur Cash-Flow-Berechnung noch eine weitere Funktion, mit der auch Zahlungsströme, bei denen unterschiedliche Zahlungen anfallen, in einem Rechenschritt erfasst werden können. Diese Funktion ist jedoch in der Bedienung weit weniger komfortabel als die in diesem Buch angewandte und beschriebene TVM-Funktion. Obwohl diese Funktion in einigen Fällen mehrere Rechenschritte verlangt, ist sie in der Handhabung auch im Gespräch mit dem Kunden einfacher und oft schneller als die Cash-Flow-Funktion.

Zu dieser Funktion und vielen anderen Möglichkeiten des Rechners finden Sie umfangreiche Erläuterungen im mitgelieferten Handbuch.

Die alles entscheidende Botschaft, der erste Schritt lautet: Notieren Sie den Zahlungsstrom! Machen Sie Sich den Zahlungsstrom klar!

Wie bereits oben geschildert lassen sich alle Finanzgeschäfte in Form eines Zahlungsstroms darstellen. Ein Zahlungsstrom erfasst alle Geldflüsse, die während eines Geschäftes auftreten. Zahlungen können dabei entweder vom Kunden abfließen oder dem Kunden zufließen. Zusätzlich zu den Zahlungsflüssen wird ein solcher Zahlungsstrom oder Cash Flow durch die Laufzeit, die Häufigkeit der Zahlungen und einen Zinssatz definiert. Zusätzlich zu den laufenden Zahlungen während eines Zahlungsstroms kann der HP 10 B noch je eine Zahlung zu Beginn und am Ende eines Zahlungsstroms berücksichtigen.

Ein Zahlungsstrom besteht also aus:

1. der Häufigkeit der jährlichen Zahlungen
2. der Dauer des Zahlungsstroms
3. einem Zinssatz/einer Rendite mit der die Zahlungen verzinst werden
4. einer Zahlung zu Beginn eines Zahlungsstroms
5. regelmäßigen Zahlungen während der Dauer des Zahlungsstroms
6. einer Zahlung am Ende des Zahlungsstroms

Möchten Sie Berechnungen zu einem Finanzprodukt anstellen, müssen Sie sich zunächst vergegenwärtigen, wie der Zahlungsstrom des Produkts aussieht. Dies ist am leichtesten, wenn Sie den Zahlungsstrom zunächst einmal grafisch darstellen.

 BEISPIEL

Das Diagramm zeigt den Zahlungsstrom einer Kapitalanlage, bei der ein Anleger zu Beginn eine Einmalanlage leistet und in der Folge regelmäßige Sparzahlungen einzahlt. Am Ende der Anlagelaufzeit erhält er das Ergebnis seiner Kapitalanlage in einer Summe zurückgezahlt. Zusammen mit der Angabe der Laufzeit und der Verzinsung ist die Anlage in dieser Form vollständig beschrieben. Finanzmathematisch lässt sich ein solcher Zahlungsstrom durch eine Zinseszins-Formel beschreiben.

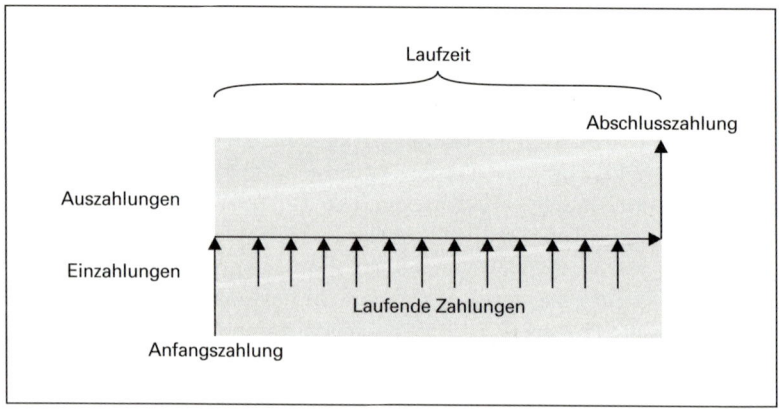

Die hier genannten Informationen müssen bei der Berechnung von Zahlungsströmen bekannt sein. Kennen Sie alle Informationen mit Ausnahme einer Angabe, können Sie die fehlende Angabe ermitteln.

Eselsbrücke fürs Rechnen

Wenn Sie im Folgenden mit dem Hewlett-Packard rechnen, dann wird jeder Zahlungsstrom über die Tasten PV (steht für Present Value = Gegenwartswert), PMT (steht für Payment = Hier werden alle laufenden Zahlungen gespeichert) und FV (steht für Future Value = Zukunftswert) eingegeben beziehungsweise errechnet. Immer wieder passiert es dabei Teilnehmern in meinen Seminaren, dass sie diese Endzahlungen über die Taste PV (Einmalzahlungen zu Beginn) eingeben oder den Gegenwartswert (PV) über die Taste für den Endwert (FV) abfragen wollen. Um das zu verhindern, merken Sie sich bitte die folgende Skizze:

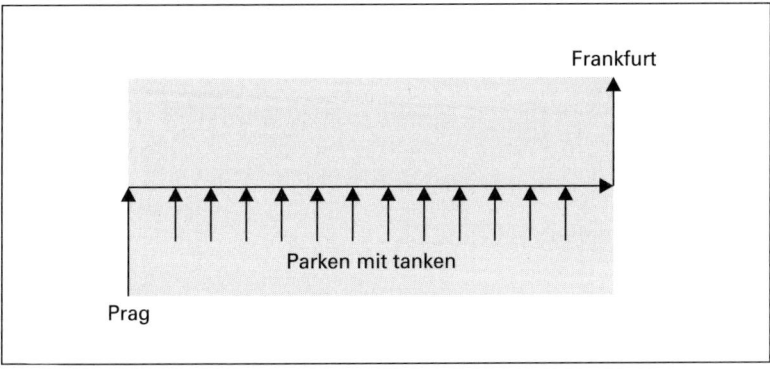

Das bedeutet: Wenn Sie von Prag (Gegenwart = PV) nach Frankfurt (Endstation = FV) fahren, dann müssen Sie zwischendurch parken und tanken (regelmäßige Zahlungen = PMT). Mit anderen Worten: Merken Sie sich für alle in diesem Buch im Folgenden gestellten Aufgaben, dass bei einer Frage nach Berechnung des Endwerts immer nur Frankfurt = FV die Taste ist, die Sie zur Abfrage drücken. Und bei der Frage nach einem zu errechnenden Gegenwartswert kommt nur die Taste Prag (Gegen- wert = PV) in Frage.

Der Taschenrechner HP 10 B II

Wenn Sie sich den Taschenrechner, mit dem wir in diesem Buch gemeinsam arbeiten, zum ersten Mal anschauen, werden Sie vielleicht erschrecken angesichts der vielen Funktionen und mehrfach belegten Tasten, die das Gerät bietet. Oder sind Ihnen Abkürzungen PRC, CST bekannt und vertraut?

Eines versichere ich Ihnen, bevor Sie vor lauter Tastenfrust den Rechner zur Seite legen: Es handelt sich hier nicht um ein hochkompliziert zu bedienendes Wundergerät. Jeder kann sich leicht damit zurechtfinden. Wir benötigen für die von uns vorgestellten finanzmathematischen Berechnungen nur wenige der Funktionen, die das Gerät anbietet.

Legen Sie den Rechner jetzt bei Seite und schauen einmal auf die systematische Darstellung auf der nächsten Seite. Wir werden nur die in dieser Darstellung hervorgehobenen Funktionstasten benutzen. Alle anderen Funktionen und Tasten des Rechners benötigen Sie nicht.

Wie Sie sehen, kein Grund zur Panik, außer den üblichen Grundrechenarten und den Zifferntasten müssen Sie sich lediglich die Funktionen von neun Tasten einprägen. Das genügt bereits, um fast jede (einfache) finanzmathematische Fragestellung zu lösen. Mit Sicherheit stimmen Sie mir zu, dass es leichter ist, sich diese wenigen Funktionen und Bedienschritte einzuprägen, als mit den im vorigen Kapitel dargestellten mathematischen Formeln zu arbeiten.

Teil 2:

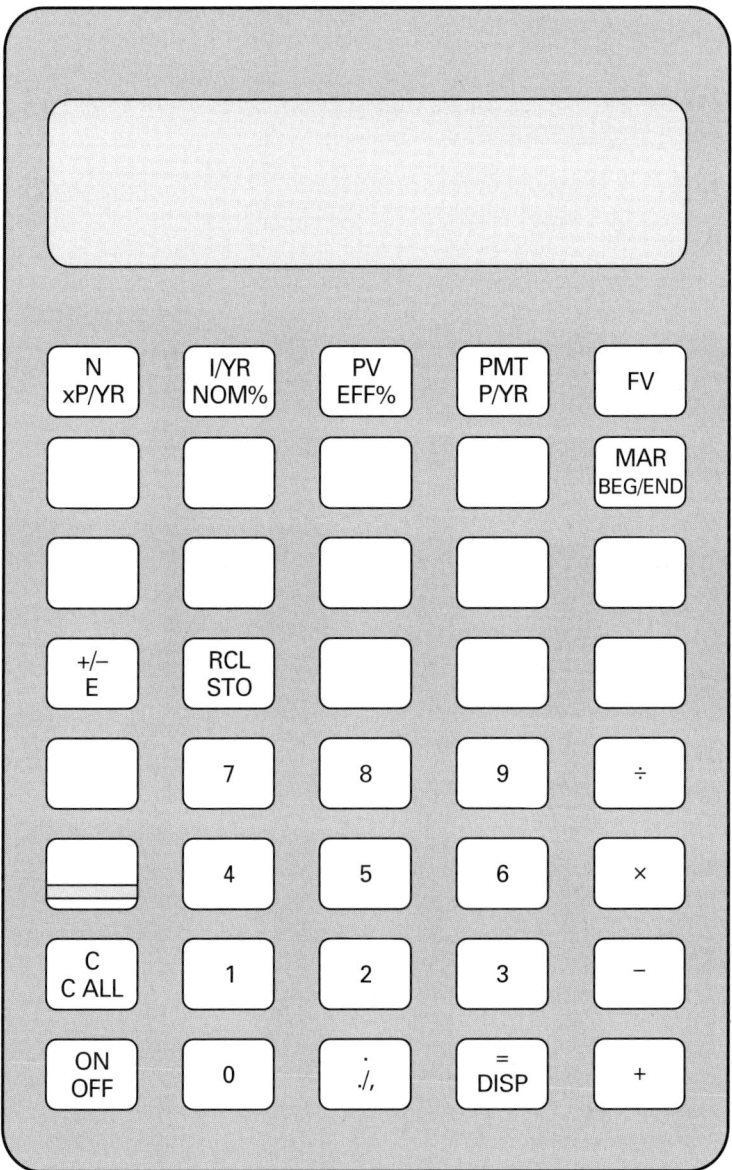

Grundbeispiele

Haben Sie sich den Zahlungsstrom eines Geschäfts wie oben gezeigt verdeutlicht, können Sie die Daten direkt in den Taschenrechner eingeben.

Der HP 10 B II verfügt über eine so genannte TVM (Time Value of Money) Funktion, in der beliebige Zahlungsströme mit gleich bleibenden laufenden Zahlungen erfasst werden können. Sie finden diese Funktionstasten in der ersten Reihe des Tastefeldes.

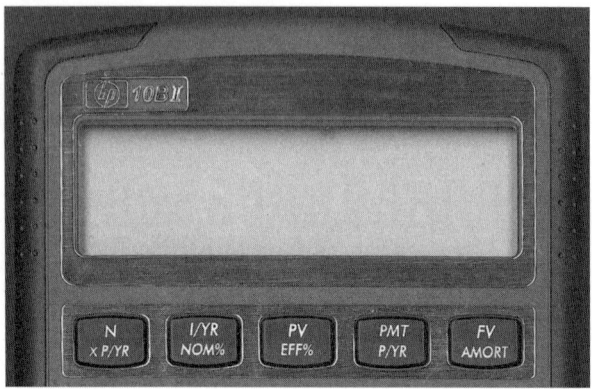

Die einzelnen Tastenbezeichnung und ihre Bedeutung:

N   Dauer der Anlage/des Darlehens, Anzahl Zahlungsperioden
I/YR   Interest per Year, jährlicher Nominalzins
PV   Present Value, Barwert oder Anfangszahlung,
           einmalige Zahlung zu Beginn einer Anlage / eines Darlehens
PMT   Payment, regelmäßige Zahlung während der Laufzeit
FV   Future Value, Zukunfts- oder Endwert einer Zahlungsreihe

Die einzelnen Tasten funktionieren als Speicher, die durch die oben dargestellten finanzmathematischen Formeln miteinander verknüpft sind. Möchten Sie einen Wert abspeichern, geben Sie den Wert über die Zifferntasten ein und drücken anschließend die gewünschte Speichertaste.

Drücken Sie eine Speichertaste ohne vorher über die Zifferntasten einen Wert eingegeben zu haben, ermittelt der Rechner aus den Speicherwerten der übrigen Tasten anhand der oben dargestellten Formeln den Wert.

Zwei der Tasten sind mit Doppelfunktionen belegt, die bei der Erfassung von Zahlungsströmen benötigt werden. Die Taste PMT trägt zusätzlich die Beschriftung:

☐ P/YR

Periods per Year, Perioden pro Jahr/Häufigkeit unterjähriger Zahlungen

☐ xP/YR

Die Taste N ist zusätzlich mit xP/YR beschriftet. Über diese Funktion kann die Dauer eines Zahlungsstroms unabhängig von der ausgewählten Anzahl unterjähriger Zahlungsperioden als Jahreswert angegeben werden, während unter der Bezeichnung N die absolute Zahl der Zahlungsperioden abgelegt wird.

So ordnen Sie den Zahlungsstrom den Speicher-/Tastenbelegungen zu:

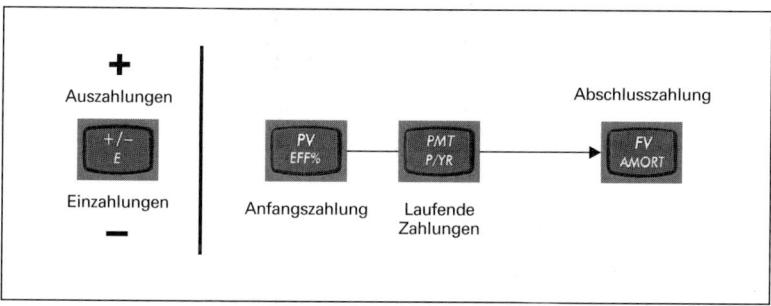

Zahlungen zu Beginn eines Zahlungsstroms werden unter der Speichertaste PV abgelegt.

Laufende Zahlungen werden unter dem Speicher PMT abgelegt.

Zahlungen am Ende eines Zahlungsstroms werden auf dem Speicherplatz FV abgelegt. Erinnern Sie sich im Zweifel, welche Zahl auf welche Taste gelegt werden soll, immer an die kleine Eselsbrücke Prag – parken und tanken – Frankfurt!

Wichtig

Zu jeder Zahlung muss zusätzlich die Information abgelegt werden, ob es sich um eine Einzahlung oder eine Auszahlung handelt. Zahlt der Kunde einen Betrag, wird dieser Wert bei der Eingabe mit einem negativen Vorzeichen versehen. Der Wechsel des Vorzeichens geschieht durch Drücken der Taste +/–.

Beträge, die dem Kunden zufließen, werden demzufolge mit positivem Vorzeichen (keine Vorzeichenanzeige im Display) erfasst.

Jeder Zahlungsstrom muss sowohl aus Einzahlungen als auch aus Auszahlungen bestehen. Denn: Es gibt keine Geschäfte im Finanzbereich, bei denen ein Kunde nur Zahlungen erhält oder leistet. Werden nur Zahlungen in einer Richtung eingegeben, das bedeutet, geben Sie nur positive Zahlen oder nur negative Zahlen ein, gibt der Rechner völlig zu Recht die Fehlermeldung „NO SOLUTION" – keine Lösung – aus.

So einfach dieser Tipp klingt, so wichtig ist es für Sie, ihn zu beachten. Die einfachste Methode, dieser „No-Solutions"-Falle zu entgehen ist, dass Sie sich immer wieder fragen: Fließt eine einzugebende Zahlung aus meiner Tasche raus oder rein?

Fließt eine Zahlung aus Ihrer Tasche, setzen Sie von Beginn Ihrer Rechnungen konsequent ein Minuszeichen vor die Zahl (Achtung: Eingabenreihenfolge: Erst die Zahl, dann das Vorzeichen variieren). Fließt eine Zahlung in Ihre Tasche hinein, dann geben Sie die entsprechende Zahl positiv ein.

Ein letzter Hinweis in dieser Sache: Wenn Sie beispielsweise für Ihren Sparplan, den Sie berechnen wollen, Geld (eine zusätzliche Einmalanlage) von Ihrer Oma erhalten, dann bekommen Sie zwar das Geld in Ihre Tasche, nehmen es jedoch zur Anlage wieder heraus und investieren es in den Sparvertrag. Die entsprechende Einmalzahlung sollte demzufolge mit einem Minuszeichen eingegeben werden.

Bei der Erfassung eines Zahlungsstroms halten Sie sich am einfachsten an ein festes Eingabeschema. Indem Sie diese Reihenfolge der sechs Berechnungsschritte einhalten, vermeiden Sie es, bei der Erfassung eines Zahlungsstroms einen Fehler zu machen. Als Merkhilfe gebe ich Ihnen zu jedem Eingabeschritt eine kurze Frage zu dem Geschäft/Zahlungsstrom, mit der Sie sich leicht die Tastenfolgen und Eingaben merken können.

1. Beginnen Sie immer mit der Eingabe der unterjährigen Zahlungsperioden. Den zugehörigen Speicher erreichen Sie durch die Tastenkombination Gelbe Taste (GT) und PMT. Durch Drücken der gelben Umschalttaste (im Display erscheint „*Shift*") können Sie die gelb dargestellten Funktionen der Tastatur aufrufen.
Fragen Sie sich: Wie oft im Jahr erfolgen regelmäßige Zahlungen? Lautet die Antwort „12" (da es sich um einen monatlichen Sparplan handelt), geben Sie ein 12 – GT – PMT.
Nach dieser Eingabe belegen wir die Speicherplätze, auf denen der Zahlungsstrom abgebildet wird, nacheinander. Damit systematisch vorgegangen wird und keine Eingabe ausgelassen wird, gehen wir dabei am besten von links nach rechts die Tastenreihenfolge durch. Dabei lassen wir die Eingabe der Größe, die wir nicht kennen aus. Diesen Wert kann der Rechner ermitteln, wenn die übrigen Speicher belegt sind.
Gehen Sie entsprechend der zeitlichen Abfolge der Zahlungen von links nach rechts vor, so behalten Sie leicht den Überblick über die Eingaben und Berechnungen.

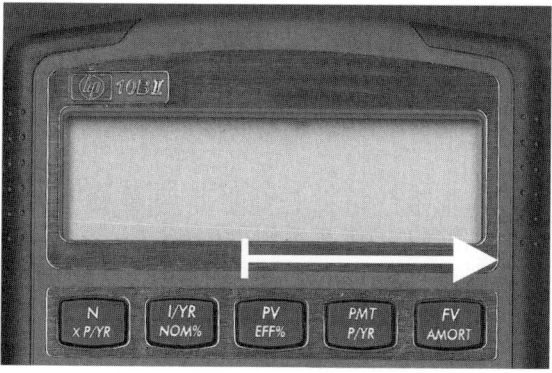

2. Geben Sie die Dauer des Zahlungsstroms ein. Am einfachsten ist es hier, die Dauer in Jahren über die Funktion xP/YR einzugeben, die als zweite Funktion auf der Taste N abgelegt ist. Die Umrechnung in die entsprechende Anzahl unterjähriger Zahlungsperioden führt der Rechner dann automatisch durch.

   Fragen Sie sich: Wie viele Jahre fließen Zahlungen?

   Lautet die Antwort „20" (da es sich um einen monatlichen Sparplan über 20 Jahre handelt), geben Sie ein 20 – GT – N.

3. Geben Sie den Zinssatz über die Taste I/YR ein.

   Fragen Sie sich: Welcher Zinssatz ist dem Zahlungsstrom unterlegt?

4. Geben Sie eine Anfangszahlung über die Taste PV ein. Fließt keine einmalige Zahlung zu Beginn, geben Sie den Wert Null ein.

   Fragen Sie sich: Gibt es eine einmalige Zahlung am Beginn des Zahlungsstroms?

5. Geben Sie die Höhe der regelmäßigen Zahlungen ein.

   Fragen Sie sich: Welche Zahlungen fließen während der Laufzeit regelmäßig?

6. Geben Sie die Zahlung am Ende des Zahlungsstroms ein.

   Fragen Sie sich: Welche Zahlung fließt am Ende des Zahlungsstroms?

RCL-Taste: Kontrolle der Eingaben

Der Rechner behandelt die einzelnen Werte des Zahlungsstroms zunächst wie normale Speicherplätze. Zur Kontrolle Ihrer Eingaben können Sie die Inhalte der Speicherplätze auch abrufen, ohne den Wert des Speichers zu verändern. Drücken Sie dazu die Taste RCL und im Anschluss daran die Taste, deren Belegung Sie überprüfen möchten.

Bevor Sie den Rechner das Ergebnis einer Aufgabe berechnen lassen, empfehle ich Ihnen dringend, mit dieser Recall-Taste (RCL) die Eingaben zu kontrollieren. Beispielsweise RCL N, RCL I/YR, RCL PV. Erst dann drücken Sie die letzte Taste, mit der Sie das gewünschte Ergebnis einer Aufgabe abfragen. Also beispielsweise FV, wenn Sie das Endergebnis wissen wollen. Diese Vorgehensweise kostet Sie nur wenige Sekunden, gibt Ihnen jedoch sehr große Sicherheit.

Vorschüssige/Nachschüssige Zahlungen – Anrechnung der Zahlungen

Für das Ergebnis jeder finanzmathematischen Berechnung ist der Zeitpunkt der Ein- oder Auszahlung entscheidend. Der Taschenrechner kann unterscheiden zwischen Zahlungen zum Beginn (vorschüssig) und zum Ende (nachschüssig) einer Zahlungsperiode.

Wird mit einer vorschüssigen Zahlungsweise gearbeitet, ist im Display „BEGIN" angezeigt. Bei nachschüssiger Zahlungsverrechnung erfolgt kein gesonderter Displayhinweis. Zwischen den unterschiedlichen Methoden der Zahlungsanrechnung können Sie durch die Tastenkombination gelbe Taste und Taste MAR wechseln. In den meisten Aufgaben rechnen wir mit nachschüssiger Zahlung, außer es wird ausdrücklich auf vorschüssige Zahlung hingewiesen.

Nominal- und Effektivzins:
Über die Bedeutung und Ermittlung des effektiven Jahreszinses beherrscht sowohl bei Finanzberater wie auch bei Verbrauchern weitgehende Unkenntnis das Bild. Zur allgemeinen Bedeutung des effektiven Jahreszinses sollen an dieser Stelle nur einige kurze Bemerkungen erfolgen:

Der effektive Jahreszins soll dazu dienen, Geldgeschäfte durch die Ermittlung der Verzinsung nach einem einheitlichen Berechnungsverfahren vergleichbar zu machen. Ein Vergleich anhand des von Produktanbietern angegebenen Zinssatzes ist in vielen Fällen nicht möglich da:

☐ Zahlungen zu unterschiedlichen Terminen gutgeschrieben werden,

☐ Zinsen zu unterschiedlichen Termin gutgeschrieben/belastet werden, sodass unterjährige Zinsgutschriften/-belastungen, zu einem Zinseszinseffekt während des Jahres führen können,

☐ unterschiedliche Gebühren neben eigentlichen Zinszahlungen die Kosten und Erträge eines Geschäfts beeinflussen.

Um hier Verbrauchern einen Vergleich unterschiedlicher Angebote zu ermöglichen, hat der Gesetzgeber in der Preisangabenverordnung festgelegt, dass für Kredite, die an Verbraucher vergeben werden, der so genannte effektive Jahreszins, bzw. bei Krediten, die nicht während der

Zinsfestschreibung vollständig getilgt werden, der anfängliche effektive Jahreszins anzugeben ist. Wie dieser effektive Jahreszins zu berechnen ist, ist in § 6 der Preisangabenverordnung festgelegt. Hier finden sich auch Angaben darüber, welche sonstigen Kosten eines Darlehens wie Zinszahlungen für die Ermittlung des effektiven Jahreszinses nach Preisangabenverordnung zu berücksichtigen sind.

Der HP 10 B II bietet ebenfalls die Vorgabe eines Effektivzinses bzw. die Ermittlung eines effektiven Zinssatzes an. Dabei wird der Zins ermittelt bzw. vorgegeben, der bei einer Zinsgutschrift und weiterer Verzinsung der gutgeschriebenen Zinsen zum Jahresende zu dem gleichen Endergebnis führt wie die Zinsgutschrift zu den über die Tastenkombination GT – PMT vorgegebenen Zahlungsterminen innerhalb des Jahres. Diese Effektivzinsberechnung entspricht der Ermittlung des effektiven Jahreszinses nach Preisangabenverordnung in der Fassung seit dem 1.9.2000 unter der Voraussetzung, dass alle vertragsrelevanten Zahlungen im Zahlungsstrom erfasst sind.

Seit September 2000 ist die Berechnungsvorschrift der Preisangabenverordnung verändert worden. Diese neue Regelung der Effektivzinsberechnung berücksichtigt unterjährige Zahlungen eines Darlehens in anderer Art und Weise und führt somit zu einer Differenz des ausgewiesenen Effektivzinses gegenüber der vorherigen Definition.

Wichtig: Der HP-Taschenrechner rechnet auf der Basis der neuen Formel für den Effektivzins, die seit dem 1.9.2001 Bestandteil des § 6 PAngV ist.

Nur am Rande sei bemerkt, dass es neben der Effektivzinsermittlung nach den Vorgaben der Preisangabenverordnung noch weitere abweichende Verfahren gibt, die hier nicht weiter beschrieben werden sollen. Wichtig für Sie ist, dass Sie um die Existenz des effektiven Jahreszinssatzes als Vergleichszins wissen und Ihnen bekannt ist, dass unterschiedliche Berechnungsverfahren mit unterschiedlichen Ergebnissen verwendet werden. Möchten Sie Finanzprodukte anhand eines Effektivzinssatzes beurteilen, achten Sie darauf, dass die angegebenen Effektivzinssätze nach dem gleichen Berechnungsverfahren ermittelt wurden.

Wie rechnet der HP 10 B II den Effektivzins?

Der HP 10 B II stellt bei der Ermittlung des Effektivzinses auf eine einmalige Zinsgutschrift zum Jahresende ab.

 BEISPIEL

Geben Sie zunächst einmal den folgenden Zahlungsstrom in den Rechner ein:

Eingabe			Display	Erklärung
12		PMT P/YR	12.00	Zinsen werden monatlich gutgeschrieben.
1		N xP/YR	12.00	Es wird ein Zeitraum von 12 Monaten betrachtet.
6		I/YR NOM%	6.00	Der Nominalzins beträgt 6 %.
1000	+/- E	PV EFF%	– 1,000.00	Einmalig wird ein Betrag von 1.000 €.angelegt.
0		PMT P/YR	0.00	Weitere Zahlungen erfolgen während der Laufzeit nicht.
		FV AMORT	1,061.68	Nach Ablauf eines Jahres verfügt der Kunde über ein Kapital von 1.061,68 €.

Durch die Zinsgutschrift innerhalb des Jahreszeitraums hat der Kunde nicht nur 6 Prozent Zinsen auf sein Kapital erwirtschaftet (6 Prozent von 1.000 € sind 60 €), sondern er verfügt zum Jahresende durch den Zinseszinseffekt, der hier innerhalb des Jahres aufgetreten ist, bereits über ein Guthaben von 1.061,68 €. Er hatte Zinseinnahmen in Höhe von 61,68 €. Das heißt, auf einem klassischen Sparbuch, bei dem die Zinsen zum Jahresende gutgeschrieben werden, hätte er eine Verzinsung von 6,168 Prozent erzielen müssen, um zum gleichen Endergebnis zu gelangen.

Diesen Effektivzins ermittelt der HP 10 B II durch Drücken der Tasten

 und

Wir wollen in diesem Buch den Effektivzins als die jährliche Verzinsung unter Berücksichtigung unterjähriger Zinsgutschriften und Zins- und Zinseszins verstehen.

Möchten Sie eine effektive Verzinsung mit 6 Prozent pro Jahr vorgeben, muss zunächst der Nominalzins ermittelt werden, bei dem bei monatlicher Zinsgutschrift ein Effektivzins von 6 Prozent erreicht wird. Diese Umrechnung nehmen Sie mit dem Taschenrechner nach den folgenden Eingabeschritten vor:

Eingabe			Display	Erklärung
12		PMT P/YR	12.00	Die Anzahl der unterjährigen Zinsverrechnungen wird vorgegeben.
6		PV EFF%	6.00	Der Effektivzins beträgt 6 %.
		I/YR NOM%	5.84	Der zugehörige Nominalzins wird ermittelt.

In diesem Buch sind alle Berechnungen unter Vorgabe des Effektivzinses durchgeführt. Auch wenn die Abweichungen zwischen dem effektiven Zinssatz und dem Nominalzinssatz in dem eben angeführten Beispiel nur minimal sind, so kann sich diese Zinsdifferenz bei langen Anlagezeiträumen zu sehr großen Beträgen summieren.

Eingabe			Display
12	[ ]	PMT P/YR	12.00
1	[ ]	N x P/YR	12.00
8		I/YR NOM%	8.00
0		PV EFF%	0.00
200	+/- E	PMT P/YR	– 200.00
		FV AMORT	2,489.99

Wenn Sie also einen Sparplan mit 200 € monatlicher Sparrate und einer Verzinsung von 8 Prozent wie in der Tabelle eingeben, dann rechnen Sie mit einer nominalen Verzinsung von 8 Prozent.

Die Umrechnung:

Eingabe		Display
RCL STO	I/YR NOM%	8.00
[ ]	PV EFF%	8.30

Unter Berücksichtigung von Zins und Zinseszins hat der Sparplan für den Kunden jedoch eine Verzinsung von 8,3 Prozent erbracht.

Übungen und Beispiele

Hinweis: Die folgenden Übungsaufgaben und Berechnungsbeispiele sind speziell für die Leser gedacht, die zum ersten Mal mit dem HP 10 B II Taschenrechner arbeiten. Leser, die bereits im Umgang mit dem Rechner geübt sind, können diesen Teil überspringen und sofort auf Seite 63 weiterlesen. Gerechnet wird mit Nominalzins.

1. Ein Anleger möchte in den nächsten 4 Jahren monatlich einen Betrag von 150 € sparen. Diesen Betrag kann er zu einer Verzinsung von 3 Prozent anlegen. Wie hoch ist sein Endvermögen in 4 Jahren?
a) Es handelt sich um monatliche Zahlungen, also 12 Zahlungen im Jahr. b) Die gesamte Laufzeit des Geschäfts beträgt 4 Jahre.
c) Der Zahlungsstrom:

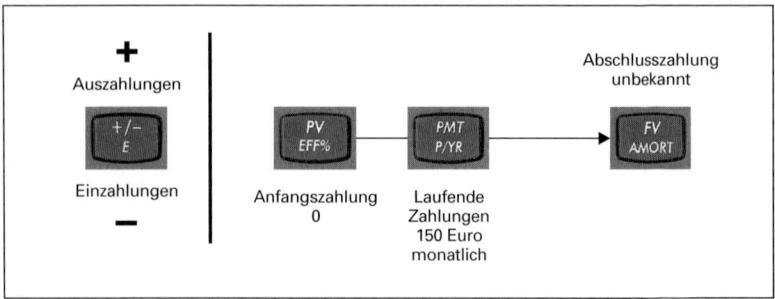

Die Eingabe in den Rechner:

Eingabe			Display	Erklärung
12		PMT P/YR	12.00	12 Zahlungen jährlich werden durch den Kunden geleistet.
4		N x P/YR	48.00	Der Kunde zahlt 4 Jahre lang, also 48 Monate.
3		I/YR NOM%	3.00	Der Anlagezins beträgt 3 %.
0		PV EFF%	0.00	Der Kunde leistet zu Beginn der Vertragslaufzeit keine Einmalzahlung.
150	+/− E	PMT P/YR	− 150.00	Der Kunde zahlt monatlich einen Betrag von 150 €. Dieser Betrag fließt beim Kunden ab, daher wird der Wert mit negativen Vorzeichen eingegeben.
		FV AMORT	7,639.68	Ergebnis: Der Kunde erhält am Ende der Vertragslaufzeit eine Auszahlung von 7.639,68 €.

Teil 2:

2. Ein Anleger möchte in den nächsten 8 Jahren monatlich sparen. Er geht davon aus, dass er eine Verzinsung seines Kapitals von 6 Prozent erzielt. Welchen Betrag muss er monatlich sparen, damit er nach 8 Jahren über ein Kapital 60.000 € verfügen kann?
a) Es handelt sich wieder um monatliche Zahlungen, also 12 Zahlungen im Jahr. b) Die Anlagedauer beträgt 8 Jahre.
c) Der Zahlungsstrom:

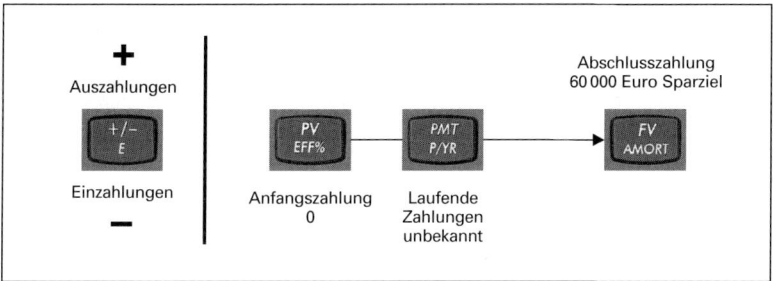

Die Eingabe in den Rechner:

Eingabe		Display	Erklärung
12	PMT P/YR	12.00	12 Zahlungen jährlich werden durch den Kunden gezahlt.
8	N x P/YR	96.00	Der Kunde zahlt 8 Jahre lang, also 96 Monate.
6	I/YR NOM%	6.00	Der Anlagezins beträgt 6 %.
0	PV EFF%	0.00	Der Kunde leistet zu Beginn der Vertragslaufzeit keine Einmalzahlung.
60000	FV AMORT	60,000.00	Am Ende der Sparzeit möchte der Kunde über ein Vermögen von 60.000 € verfügen.
	PMT P/YR	– 488.49	Der Kunde muss monatlich einen Betrag von 488,49 € aufbringen, damit er sein Sparziel erreicht. Diese Zahlung fließt dem Kunden ab, daher wird der Wert mit einem negativen Vorzeichen ausgegeben.

3. Ein Sparer möchte einen Betrag von 50.000 € für 10 Jahre anlegen. Bei einer Festgeldanlage erhält er einen Zins von 4,5 Prozent. Weitere Sparzahlungen möchte er nicht leisten. Welches Kapital steht dem Anleger in 10 Jahren zur Verfügung?

Eingabe		Display	Erklärung
1	PMT P/YR	1.00	Es handelt sich um eine Einmalanlage ohne zwischenzeitliche Einzahlungen. Hier muss die Häufigkeit der Zinsanrechnungen auf einmal jährlich umgestellt werden.
10	N x P/YR	10.00	Die Anlagedauer beträgt 10 Jahre.
4.5	I/YR NOM%	4.50	Der Anlagezins beträgt 4,5 %.
50000 +/- E	PV EFF%	– 50,000.00	Der Kunde leistet zu Beginn eine einmalige Zahlung von 50.000 €. Er zahlt ein, deswegen negatives Vorzeichen.
0	PMT P/YR	0.00	Während der Anlagedauer fließen keine zwischenzeitlichen Zahlungen.
	FV AMORT	77,648.47	Nach 10 Jahren verfügt der Kunde über ein Vermögen von 77.648,47 €.

Teil 2:

4. Ihr Kunde hat es sich zum Ziel gesetzt, Millionär zu werden. Er kann monatlich einen Betrag von 1.000 € sparen. Welchen Zins muss er erzielen, wenn er in 25 Jahren sein Ziel erreichen will?

Eingabe			Display	Erklärung
12		PMT P/YR	12.00	Ihr Kunde will monatlich sparen, das heißt 12 Zahlungen jährlich.
25		N x P/YR	25.00	In 25 Jahren will der Kunde sein Sparziel erreicht haben.
0		PV EFF%	0.00	Ihr Kunde leistet keine Einmalzahlung zu Beginn seines Sparplans.
1000	+/– E	PMT P/YR	–1,000.00	Der Kunde zahlt monatlich einen Betrag von 1.000 €.
1000000		FV AMORT	1,000,000.00	Nach 25 Jahren möchte der Kunde über ein Vermögen von 1.000.000 € verfügen.
		I/YR NOM%	8.31	Damit der Kunde sein Sparziel erreicht, muss seine Anlage mindestens einen Zins von 8,31 % erzielen.

5. Wie lange muss der Kunde sparen, um Millionär zu werden, wenn seine gewählte Anlage anstatt der benötigten 8,31 Prozent jährlich nur einen durchschnittlichen Zins von 5 Prozent pro Jahr erzielt?

Eingabe			Display	Erklärung
12		PMT P/YR	12.00	Ihr Kunde will monatlich sparen, das heißt 12 Einzahlungen jährlich.
5		I/YR NOM%	5.00	Die Anlage erbringt einen Zins von 5 % pro Jahr.
0		PV EFF%	0.00	Ihr Kunde leistet keine Einmalzahlung zu Beginn seines Sparplans.
1000	+/− E	PMT P/YR	− 1,000.00	Der Kunde zahlt monatlich einen Betrag von 1.000 €.
1000000		FV AMORT	1,000,000.00	Nach 25 Jahren möchte der Kunde über ein Vermögen von 1.000.000 € verfügen.
		N x P/YR	394.96	Der Kunde muss rund 395 Monate sparen, damit er sein Sparziel erreicht.
RCL STO		N x P/YR	32.91	Abfrage der Spardauer als Jahreswert: Der Kunde muss rund 33 Jahre sparen.

In den vorherigen Aufgaben wurde nicht zwischen Nominal- und Effektivzins unterschieden.

Produkt-Know-how/Geld-Know-how

Lebens-/Rentenversicherung

Eine Lebens- oder Rentenversicherung ist nichts anderes als ein Sparplan unter dem Namen einer Versicherung. Bei der Lebensversicherung kommt eine Absicherung für den Todesfall hinzu.

Nach wie vor der größte Vorteil der Lebens- und Rentenversicherung ist die bevorzugte steuerliche Behandlung der Erträge. Wurde eine Versicherung mindestens 5 Jahre bespart und der Gesamtvertrag bestand mindestens 12 Jahre, sind die Erträge aus dieser Versicherung für den Anleger steuerfrei. Das Problem für den Berater ist meist der Vergleich der Lebensversicherung mit anderen Finanzprodukten.

 BEISPIEL 1: Vergleich mit anderen Finanzprodukten

Immer wieder kommt es vor, dass Sie auf einen Kunden treffen, dem von seiner Hausbank oder einem anderen Berater bereits ein Angebot für einen Sparplan oder ein ähnliches Produkt vorliegt. Das führt nicht selten zu langen Diskussionen, welches Produkt nun das bessere ist. Doch den einfachsten Weg, den Kunden zu überzeugen, gehen die wenigsten Berater. Bei der Geldanlage geht es nun einmal um Zahlen und Fakten. Rechnen Sie einfach einmal zusammen mit Ihrem Kunden nach.

Ein Sparer möchte in den nächsten 12 Jahren 100 € monatlich sparen. Ihm liegen zwei unterschiedliche Angebote vor:

1. Eine Lebensversicherung mit einer Laufzeit von 12 Jahren. Dazu machte ihm eine Gesellschaft folgendes Angebot:
Monatsbeitrag: 100 €
Laufzeit: 12 Jahre
Ablaufprognose: 21.500 €

2. Einen Banksparplan, bei dem ihm eine Rendite von 5 Prozent effektiv versprochen wird.

 Berechnung: 1. Möglichkeit

Sie ermitteln die Rendite der Lebensversicherung:

Hinweis: Wird der „BEGIN" Indikator im Display angezeigt, drücken Sie die Gelbe Taste und „MAR", da wir im End-Modus rechnen.

Eingabe	Display	Erklärung
12 GT PMT	**12.00**	12 Zahlungen jährlich werden durch den Kunden geleistet.
12 GT N	**144.00**	Der Kunde zahlt 12 Jahre lang, also 144 Monate.
0 PV	**0.00**	Der Kunde leistet zu Beginn der Vertragslaufzeit keine Einmalzahlung.
100 +/– PMT	**– 100.00**	Der Kunde zahlt monatlich einen Betrag von 100 €. Dieser Betrag fließt beim Kunden ab, daher wird der Wert mit negativen Vorzeichen eingegeben.
21500 FV	**21,500.00**	Der Kunde erhält am Ende der Vertragslaufzeit einen Betrag von 21.500 €.
I/YR	**6.34**	Der Nominalzins der Anlage entspricht 6,34 %.
GT PV	**6.53**	Der Effektivzins, der von der Lebensversicherung erwirtschaftet wird, beträgt 6,53 %.

 Ergebnis: Die Lebensversicherung erreicht in diesem Fall eine Rendite von 6,5 Prozent pro Jahr, der Sparplan nur 5 Prozent. Der Kunde erreicht mit dem Abschluss der Lebensversicherung das bessere Ergebnis.

Berechnung: 2. Möglichkeit

Sie ermitteln das Endergebnis bei Abschluss des Sparplans:

Eingabe	Display	Erklärung
12 GT PMT	12.00	12 Zahlungen jährlich werden durch den Kunden geleistet.
12 GT N	144.00	Der Kunde zahlt 12 Jahre lang, also 144 Monate.
5 GT PV	5.00	Der Effektivzins des Sparplans beträgt 5 %.
GT I/YR	4.89	Bei 12 Zinsverrechnungen im Jahr entspricht das einem Nominalzins von 4,89 %.
0 PV	0.00	Der Kunde leistet zu Beginn der Vertragslaufzeit keine Einmalzahlung.
100 +/– PMT	– 100.00	Der Kunde zahlt monatlich einen Betrag von 100 €. Dieser Betrag fließt beim Kunden ab, daher wird der Wert mit negativem Vorzeichen eingegeben.
FV	19,534.42	Der Kunde erhält am Ende der Vertragslaufzeit einen Betrag von 19.534,42 €.

> **Ergebnis:** Der Kunde erzielt bei Abschluss des Sparplans ein Endvermögen von 19.534 €, bei Abschluss der Lebensversicherung erzielt er ein Endvermögen von 21.500 €. Die Lebensversicherung erbringt also den höheren Ertrag.

 BEISPIEL 2: Vertragsänderung/Kündigung

Ihr Kunde bespart seit 8 Jahren eine Kapitallebensversicherung. Nun hat er gehört, dass er mit der Anlage in Aktienfonds eine wesentlich höhere Rendite erzielen kann. Von Ihnen als seinem Finanzberater möchte er nun wissen, ob sich in seinem individuellen Fall die Kündigung der Lebensversicherung lohnt. Anstatt sich auf Aussagen zur höheren Rendite von Aktienfonds zu berufen, rechnen Sie mit Ihrem Kunden einfach einmal nach.

Die Vertragsdaten:

- ☐ monatliche Einzahlung: 200 €
- ☐ aktueller Rückkaufswert: 20.800 €
- ☐ noch verbleibende Vertragslaufzeit: 12 Jahre
- ☐ prognostizierte Ablaufzeit bei Vertragsende in 12 Jahren: 87.000 €

Wie lässt sich die Frage Ihres Kunden am leichtesten beantworten?

Die Ein- und Auszahlungen bei Fortführung der Lebensversicherung sind für die nächsten 12 Jahre bekannt. Für den Kunden stellt sich die Frage, wie realistisch ist es, mit den gleichen Zahlungen in einen Fondssparplan ein gleich hohes oder höheres Endvermögen zu erzielen.

 Berechnung bei Vertragskündigung

Hinweis: Wird der „BEGIN" Indikator im Display angezeigt, drücken Sie die Gelbe Taste und „MAR", da wir im End-Modus rechnen.

Eingabe	Display	Erklärung
12 GT PMT	**12.00**	12 Zahlungen jährlich werden durch den Kunden geleistet.
12 GT N	**144.00**	Der Kunde zahlt 12 Jahre lang, also 144 Monate.
20800 +/– PV	**– 20,800.00**	Der Kunde investiert den Rückkaufswert, den er bei Kündigung der Lebensversicherung erhält, in einen Aktienfonds.
200 +/– PMT	**– 200.00**	Der Kunde zahlt monatlich einen Betrag von 200 €. Das ist die gleiche Summe, die er auch bei der Fortführung der Lebensversicherung aufbringen müsste. Dieser Betrag fließt beim Kunden ab. Der Wert wird daher mit negativem Vorzeichen eingegeben.
87000 FV	**87,000.00**	Der Kunde erhält am Ende der Vertragslaufzeit eine Auszahlung von 87.000 €.
I/YR	**6.29**	Ermittlung des Zinssatzes für den vorgegebenen Zahlungsverlauf.
GT PV	**6.47**	Ermittlung des Effektivzinses.

Teil 3:

Ergebnis: Damit Ihr Kunde mit den gleichen Zahlungen, die er in die Lebensversicherung leistet, zu dem gleichen Endergebnis kommt, muss eine Alternativanlage eine Rendite von 6,47 Prozent erbringen. Schätzen Sie und Ihr Kunde die mögliche Rendite der Alternativanlage wesentlich höher ein, sollte Ihr Kunde die mögliche Kündigung in Erwägung ziehen.

Damit die Aussagen für Ihren Kunden greifbar werden, ermitteln Sie noch schnell, welchen Betrag er zum Ende seiner Sparzeit erwarten kann, wenn der Aktienfonds sich in den nächsten Jahren mit durchschnittlich 8 Prozent jährlicher Wertsteigerung (effektiver Zins) entwickelt.

 Berechnung

Dazu müssen Sie nicht die gesamte Berechnung neu erfassen. Es genügt, die angenommene Rendite einzugeben und das Endergebnis zu ermitteln. Die übrigen Angaben sind noch im Rechner gespeichert.

Eingabe	Display	Erklärung
8 GT PV	8.00	Effektivzins der Anlage mit 8 % p. a. vorgeben.
GT I/YR	7.72	Ermittlung des Nominalzinses von 7,72 %.
FV	99,569.83	Bei einer durchschnittlichen jährlichen Wertsteigerung von 8 % ergibt sich ein Endergebnis von rund 99.569 €.

Ergebnis: Entscheidet sich der Kunde für eine Anlage in einen Aktienfonds, der eine durchschnittliche jährliche Rendite von 8 Prozent erzielt, verfügt er bei gleich hohen Einzahlungen nach dem Ende der geplanten Sparzeit über ein Vermögen von 99.569 €. Das sind über 12.000 € mehr als bei Fortführung der bestehenden Lebensversicherung. Diese absolute Zahl überzeugt Kunden erfahrungsgemäß leichter als eine ebenfalls korrekte, aber etwas abstrakte Renditeangabe.

Anstelle einer sofortigen Kündigung der Lebensversicherung hat der Kunde die Möglichkeit den Vertrag beitragsfrei stellen zu lassen. Auch hier geht es wieder darum herauszufinden, welche Alternative für den Kunden das höchste Endvermögen erbringt. Stellt der Kunde den Vertrag beitragsfrei, erhält er in 12 Jahren voraussichtlich eine Ablaufleistung von 45.500 €. Den monatlichen Beitrag von 200 € könnte der Kunde dann anderweitig anlegen. Die Frage an den Berater: Lohnt sich das?

Berechnung

Eingabe	Display	Erklärung
12 GT PMT	12.00	12 Zahlungen jährlich werden durch den Kunden geleistet.
12 GT N	144.00	Der Kunde zahlt 12 Jahre lang, also 144 Monate.
0 PV	0.00	Der Kunde erhält keine Zahlung aus der Lebensversicherung. Daher legt er auch keinen Einmalbetrag an.
200 +/– PMT	– 200.00	Der Kunde zahlt monatlich einen Betrag von 200 €. Das ist die gleiche Summe, die er auch bei der Fortführung der Lebensversicherung aufbringen müsste. Dieser Betrag fließt beim Kunden ab, daher wird der Wert mit negativem Vorzeichen eingegeben.
8 GT PV	8.00	Der Effektivzins der Anlage wird mit 8 % p. a. vorgegeben.
GT I/YR	7.72	Der Nominalzins wird mit 7,72 % ermittelt.
FV	47,191.89	Der Kunde erhält am Ende der Vertragslaufzeit eine Zahlung von rund 47.192 €.

Ergebnis: Investiert der Kunde nur die weiteren Sparzahlungen in eine Alternativanlage, die eine durchschnittliche jährliche Rendite von 8 Prozent erzielt, erreicht er mit diesen Zahlungen ein Endvermögen von etwa 47.192 €. Hinzu kommt die Zahlung aus der beitragsfrei fortgeführten Lebensversicherung in Höhe von 45.500 €. Insgesamt erreicht der Kunde also ein Endvermögen von rund 92.692 €. Damit liegt das Ergebnis höher als bei einer unveränderten Fortführung der Lebensversicherung und etwas unter dem Ergebnis bei der vollständigen Vertragsauflösung. Diese Variante kann für solche Kunden besonders interessant sein, die nicht vollständig auf einen Todesfallschutz durch die Lebensversicherung verzichten können oder wollen.

Problemfall Todesfallschutz

Die Frage, ob eine Kapitallebensversicherung gekündigt oder fortgeführt werden soll, kann nicht immer so leicht beantwortet werden wie in den oben dargestellten Beispielen. Benötigt der Kunde einen Todesfallschutz, weil er zum Beispiel im Falle seines Todes Angehörige zu versorgen hat, kann eine Vertragskündigung nicht ohne weiteres durchgeführt werden. In diesem Fall muss das Todesfallrisiko durch eine Risikolebensversicherung separat abgedeckt werden. In diesem Fall verringert sich die mögliche Sparzahlung in den Fondssparplan um die Prämie für die Risikolebensversicherung.

 BEISPIEL

Der Kunde möchte monatlich einen Betrag von 200 € sparen. Gleichzeitig soll von diesem Betrag auch die Familie des Kunden für den Fall seines Todes finanziell abgesichert sein. Sie haben nun als Berater zwei Möglichkeiten. Sie können entweder eine Kapitallebensversicherung oder eine Kombination aus einer Risikolebensversicherung und einem Aktienfondssparplan anbieten.

Die Vertragsdaten der Kapitallebensversicherung:

- ☐ monatliche Einzahlung: 200 €
- ☐ Vertragslaufzeit: 20 Jahre
- ☐ prognostizierte Ablaufleistung bei Vertragsende in 20 Jahren: 87.000 €

Die Alternative:

☐ Risikolebensversicherung: Monatsbeitrag 30 €
☐ Fondssparplan

Welche Möglichkeiten haben Sie, mit Ihrem Kunden die Situation zu analysieren?

1. Sie ermitteln die mindestens notwendige Rendite des Fondssparplans, um das gleiche Endergebnis zu erreichen.

2. Sie nehmen eine durchschnittliche Rendite für den Fondssparplan an und vergleichen das erreichte Endvermögen.

 Berechnung auf Lösungsweg 1

Eingabe	Display	Erklärung
12 GT PMT	12.00	12 Zahlungen jährlich werden durch den Kunden geleistet.
20 GT N	240.00	Der Kunde zahlt 20 Jahre lang, also 240 Monate.
0 PV	0.00	Der Kunden hat heute noch kein Kapital, das er anlegen kann. Daher legt er auch keinen Einmalbetrag an.
170 +/– PMT	– 170.00	Der Kunde zahlt monatlich einen Betrag von 170 € ein. Insgesamt will der Kunde 200 € für die Absicherung der Familie und die Vermögensbildung aufbringen. Die Risikolebensversicherung kostet 30 € im Monat. Es verbleiben 170 € zum Besparen des Aktienfondssparplan.
87000 FV	87,000.00	Bei der Anlage in eine Kapitallebensversicherung könnte der Kunde ein Endvermögen von 87.000 € erreichen. Diesen Betrag soll auch die Fondsanlage mindestens erbringen.
I/YR	6.85	Ermittlung des notwendigen Nominalzinses.
GT PV	7.07	Ermittlung des notwendigen effektiven Zinses.

Teil 3:

Ergebnis: Die Anlage in den Aktienfondssparplan müsste mindestens 7,07 Prozent Rendite erbringen, damit der Kunde am Ende der geplanten Sparzeit über das gleiche Kapital verfügen kann, wie bei Abschluss der Lebensversicherung. Jetzt sind Sie als Berater gefragt, wie realistisch es ist, mit einer Fondsanlage auf Sicht von 20 Jahren diese durchschnittliche Rendite zu erwirtschaften. Zusammen mit Ihrem Kunden können Sie Chancen und Risiken abwägen und eine Entscheidung treffen. Vorsichtige Kunden werden eher die Kapitallebensversicherung bevorzugen, während risikofreudigere Kunden zur Fondsanlage tendieren.

 Berechnung auf Lösungsweg 2

Sie unterstellen für die Anlage in einen Fondssparplan eine durchschnittliche jährliche Wertsteigerung von zum Beispiel 8 Prozent. Um einen Vergleich durchzuführen, ermitteln Sie hier das mögliche Endergebnis der Fondsanlage.

Eingabe	Display	Erklärung
12 GT **PMT**	12.00	12 Zahlungen jährlich werden eingezahlt.
20 GT **N**	240.00	Der Kunde zahlt 20 Jahre lang, also 240 Monate.
0 PV	0.00	Der Kunden hat heute noch kein Kapital, das er anlegen kann. Daher legt er auch keinen Einmalbetrag an.
170 +/– PMT	– 170.00	Der Kunde zahlt monatlich einen Betrag von 170 €. Insgesamt will der Kunde 200 € für die Absicherung der Familie und die Vermögensbildung aufbringen. Die Risikolebensversicherung kostet 30 € im Monat. Es verbleiben 170 € zum Sparen in den Aktienfondsparplan.
8 GT **PV**	8.00	Effektivzins der Anlage mit 8 % p. a. vorgeben.
GT **I/YR**	7.72	Ermittlung des Nominalzinses von 7,72 %.
FV	96,729.84	Die Fondsanlage erbringt ein Endvermögen von rund 96.729 €, wenn während der 20-jährigen Laufzeit eine durchschnittliche jährliche Wertsteigerung von 8 % erreicht wird.

Ergebnis: Bei einer durchschnittlichen jährlichen Rendite von 8 Prozent erbringt die Fondsanlage einen höheren Ertrag als die Kapitallebensversicherung.

 BEISPIEL – Variation 1

Nun fragt der Kunde Sie, wie das Endergebnis seiner Anlage aussehen wird, wenn die Fondsanlage wider Erwarten nur eine Rendite von 5 Prozent erzielt. Als Finanzberater haben Sie mit dieser Frage Ihres Kunden keine Schwierigkeiten. Sie können in Sekundenschnelle antworten.

 Berechnung

Alle Werte des Sparplans sind noch von der vorherigen Rechnung im Taschenrechner gespeichert. Sie müssen lediglich die Renditevorgabe verändern.

Eingabe	Display	Erklärung
5 GT PV	5.00	Effektivzins der Anlage mit 5 % p. a. vorgeben
GT I/YR	4.89	Ermittlung des Nominalzinses von 4,89 %.
FV	68,986.76	Die Fondsanlage erbringt ein Endvermögen von rund 68.987 €, wenn während der 20-jährigen Laufzeit eine durchschnittliche jährliche Wertsteigerung von 5 % erreicht wird.

Ergebnis: Rechnet Ihr Kunde mit einer Rendite der Fondsanlage von durchschnittlich 5 Prozent pro Jahr, erzielt er mit dem Abschluss einer Kapitallebensversicherung das höhere Endergebnis.

Sie erzählen Ihrem Kunden nun von den Erfahrungswerten der Vergangenheit. Nachdem Sie erwähnt haben, dass auch Experten bei der Anlage in Aktienfonds für Anlagezeiträume, die länger als 10 Jahre dauern, von einer Rendite von 10 Prozent ausgehen, möchte Ihr Kunde selbstverständlich wissen, über welchen Betrag er bei einer Rendite von 10 Prozent am Ende seiner Sparzeit verfügen könnte. Für einen cleveren Finanzberater kein Problem.

 Berechnung

Eingabe	Display	Erklärung
10 GT PV	**10.00**	Effektivzins der Anlage mit 10 % p. a. vorgeben.
GT I/YR	9.57	Ermittlung des Nominalzinses von 9,57 %.
FV	**122,104.07**	Die Fondsanlage erbringt ein Endvermögen von rund 122.104 €, wenn während der 20-jährigen Laufzeit eine durchschnittliche Wertsteigerung von 10 % erreicht wird.

Ausbildungsversicherung

Die Ausbildungsversicherung oder Termfix-Lebensversicherung ist eine abgewandelte Form der kapitalbildende Lebensversicherung. Bei dieser Form der Lebensversicherung wird die Versicherungsleistung zu einem bei Vertragsabschluss vereinbarten Termin ausgezahlt. Dieser Auszahlungstermin wird auch dann eingehalten, falls der Versicherte vor dem Ablauf des Vertrags verstirbt. Durch diesen festen Auszahlungstermin wird das Risiko einer Auszahlung für die Versicherungsgesellschaft geringer, da zumindest der Auszahlungstermin bereits bei Vertragsabschluss feststeht.

Im Gegensatz dazu kann die Auszahlung einer klassischen Kapitalle-bensversicherung nicht genau festgelegt werden. Diese Versicherung zahlt bei Tod des Versicherten sofort die vereinbarte Todesfallleistung an die bezugsberechtigte Person aus.

 BEISPIEL

Ein 30-jähriger Kunde möchte eine Ausbildungsversicherung abschlie-ßen, die in 18 Jahren eine feste Summe als Startkapital für das Studium seines Sohnes zahlt. Er möchte dazu monatlich 200 € sparen. Nach der Prognose der Versicherungsgesellschaft soll der Sohn in 18 Jahren einen Betrag von 80.000 € erhalten. Welche Rendite erzielt der Anleger, wenn er das Ende des Versicherungsvertrags erlebt?

 Berechnung

Hinweis: Wird der „BEGIN" Indikator im Display angezeigt, drücken Sie die Gelbe Taste und „MAR", da wir im End-Modus rechnen.

(Dieser Hinweis wir in den nächsten Rechnungen nicht mehr angegeben.)

Eingabe	Display	Erklärung
12 GT PMT	12.00	Der Kunde zahlt monatlich einen Betrag an die Ver-sicherung.
18 GT N	216.00	Die Vertragslaufzeit beträgt 18 Jahre, also 216 Mo-nate.
0 PV	0.00	Zu Beginn wird keine einmalige Zahlung geleistet.
200 +/– PMT	– 200.00	Während der Vertragslaufzeit zahlt der Kunde mo-natlich einen Betrag von 200 €.
80000 FV	80,000.00	Am Ende der Vertragslaufzeit erhält der Kunde eine Auszahlung von 80.000 €.
I/YR	6.31	Ermittlung des Nominalzinses.
GT PV	6.49	Ermittlung des Effektivzinses.

Ergebnis: Die Ausbildungsversicherung erzielt eine Rendite von 6,49 Prozent.

Als Alternative zu einer Ausbildungsversicherung kommt eine Kombination aus einem Fondssparplan und einer Risikolebensversicherung in Frage. Dabei deckt die Risikolebensversicherung den Todesfallschutz für den Familienvater ab, während separat im Fondssparplan Kapital für die Ausbildung des Kindes angespart wird. Ihr Kunde fragt nun, wie hoch die Rendite des Sparplans ausfallen muss, damit er mindestens das gleiche Ergebnis erzielt, wie mit der angebotenen Ausbildungsversicherung.

Wie würden Sie vorgehen?

STOPP

Möglicherweise haben Sie bis jetzt eine nach der anderen Aufgabe schnell durchgearbeitet. Fragestellung gelesen, Lösung durchgelesen und gerechnet. Bitte lesen Sie ab sofort wirklich erst dann weiter, wenn Sie kurz über den Sachverhalt nachgedacht haben. Ihr Lerneffekt ist dann am größten, wenn Sie selbst auf die richtigen Lösungsgedanken kommen. Lesen Sie einfach nur weiter, trainieren Sie sich nicht, in Lösungen zu denken. Dann sind Sie zwar beim Lesen der Lösungswege stets der Ansicht „Hätte ich auch so gemacht", was aber nicht immer oder eher selten zutrifft. Die Botschaft für Sie lautet: Lesen Sie ab sofort die Aufgabe aufmerksam, dann notieren Sie auf einem Blatt Papier Ihre Lösungsgedanken – ZAHLUNGS-STROM !!! – und dann lesen Sie weiter. Das sind die Erfolgsschritte eins, zwei und drei.

 **Berechnung**

Zunächst muss der Todesfallschutz über eine Risikolebensversicherung abgedeckt werden. Nach einer Tarifauskunft kann die Risikolebensversicherung für einen Monatsbeitrag von 15 € abgedeckt werden. Das heißt, zum Sparen bleiben monatlich noch 185 € übrig, die in einen Fondssparplan investiert werden können.

Sie rechnen mit den bereits im Rechner gespeicherten Werten weiter:

Eingabe	Display	Erklärung
185 +/– PMT	– 185.00	Während der Vertragslaufzeit zahlt der Kunde monatlich einen Betrag von 185 €.
I/YR	7.04	Ermittlung des Nominalzinses.
GT PV	7.27	Der Fondssparplan muss einen durchschnittlichen effektiven Zins von 7,27 % erwirtschaften.

Ergebnis: Um das gleiche Ergebnis zu erreichen wie mit der Ausbildungsversicherung, müsste der Fondssparplan eine durchschnittliche Rendite von 7,27 Prozent nach allen Kosten pro Jahr erwirtschaften. Eine solche Rendite ist – in guten Börsenzeiten – durchaus realistisch. Für vorsichtige Anleger kann allerdings die Ausbildungsversicherung die geeignetere Empfehlung sein.

Bonussparpläne

Bonussparpläne sind Sparformen, bei denen neben einer Basisverzinsung am Ende der Laufzeit ein Bonus gezahlt wird. Dieser Bonus wird je nach Form des Sparplans auf die Summe der Einzahlungen durch den Kunden, auf die „verdienten Zinsen" oder eine ähnliche Messgröße gezahlt.

Für Ihre Kunden – und für Sie als Berater Ihrer Kunden – ist es wichtig, solche Angebote vergleichen zu können. Eine Möglichkeit des Vergleichs ist es, das Endergebnis eines solchen Bonussparplans zu ermitteln.

Teil 3:

⑦ BEISPIEL

Ihr Kunde legt Ihnen folgendes Angebot einer Bank vor: Ein monatlicher Sparplan mit 25 Jahren Laufzeit erbringt eine Grundverzinsung von 3 Prozent. Nach 25 Jahren erhält der Kunde eine einmalige Bonuszahlung von 30 Prozent seiner selbst geleisteten Einzahlungen während der Vertragslaufzeit. Ihr Kunde möchte von Ihnen wissen, welche Rendite der Sparplan inklusive der Bonuszahlung erbringt. Monatlich möchte er einen Betrag von 200 € anlegen.

Berechnung

Zuerst ermitteln Sie das Ergebnis des zu Grunde liegenden Sparplans ohne den versprochenen Bonus. Diese Berechnung stellt für Sie keine Schwierigkeit dar.

Eingabe	Display	Erklärung
12 GT PMT	12.00	Der Kunde zahlt monatlich ein.
25 GT N	300.00	Der Sparplan läuft 25 Jahre, also 300 Monate.
3 GT PV	3.00	Die Basisverzinsung beträgt 3 % p. a.
GT I/YR	2.96	Umrechnung auf den Nominalzins.
0 PV	0.00	Zu Beginn des Sparplans wird keine einmalige Einzahlung geleistet.
200 +/– PMT	– 200.00	Der Kunde zahlt monatlich 200 €.
FV	88,698.97	Nach 25 Jahren ergibt sich bei der Basisverzinsung von 3 % ein Kontostand von 88.698,97 €.

Nun kennen Sie das Ergebnis des Sparplans. Zu diesem Ergebnis erhält der Kunde einen Bonus in Höhe von 30 Prozent seiner eigenen Einzahlungen. Das heißt, dass Sie als nächstes ermitteln müssen, wie viel der Kunde in den 25 Jahren Laufzeit in den Sparplan einzahlt. Bei monatlicher Zahlungsweise entsprechen 25 Jahre 300 Monatsraten. Bei einer Ratenhöhe von 200 € ergibt das eine Einzahlungssumme von 300 · 200 €

= 60.000 €. Auf diese Summe erhält der Kunde nun einen Bonus von 30 Prozent also 18.000 €.

Kennen Sie den Bonus, ermitteln Sie die tatsächliche Auszahlungssumme am Ende des Sparplans. Sie ergibt sich aus dem Ergebnis des „Basissparplans" von 88.698,97 € und dem Bonus von 18.000 €.

Jetzt können Sie auf der Basis der bereits im Rechner eingegebenen Daten leicht die Rendite des gesamten Sparplans ermitteln.

Eingabe	Display	Erklärung
RCL FV	88,698.97	Fragen Sie das eben ermittelte Endergebnis aus dem Speicher ab.
+ 18000 =	106,698.97	Diesen Betrag erhält der Kunde nach 25 Jahren inklusive Bonus ausgezahlt.
FV	106,698.97	Der tatsächliche Auszahlungsbetrag wird in den Speicher für das Endergebnis übernommen.
I/YR	4.25	Ermittlung des Nominalzinses.
GT PV	4.34	Ermittlung des Effektivzinses.

Ergebnis: Durch den Bonus von 30 Prozent auf die geleisteten Einzahlungen steigt die Rendite für Ihren Kunden von 3 Prozent auf 4,34 Prozent an.

Zero-Bonds

Zero-Bonds sind Anleihen, bei denen während der Laufzeit keine regelmäßigen Zinszahlungen erfolgen. Statt dessen werden Zero-Bonds zu einem Kurs unterhalb des Nominalwertes ausgegeben. Am Ende der Laufzeit erhält der Bond-Inhaber den Nominalwert des Bonds ausgezahlt. Damit erzielt der Kunde eine bestimmte Rendite, die bereits bei der Emission der Anleihe feststeht. Der Ertrag Ihres Kunden liegt also in der Differenz zwischen dem Kaufpreis des Bonds und dem Rückzahlungsbetrag. Da Bonds auch während der Laufzeit gehandelt werden können, ist es für Ihre Kunden wichtig, die mögliche Rendite beim Erwerb eines Bonds zu kennen. Die Rendite für die gesamte Laufzeit eines Bonds wird bei der Emission als Emissionsrendite bekannt gegeben. Doch wird ein Bond während der Laufzeit frei gekauft, ergibt sich eine andere Rendite, da die Bondkurse abhängig von der aktuellen Zinsentwicklung schwanken.

 BEISPIEL 1

Ihr Kunde möchte einen Zero-Bond mit einer Restlaufzeit von 5 Jahren kaufen. Bei der Emission vor 3 Jahren war eine Emissionsrendite von 5 Prozent angegeben worden. Heute kann Ihr Kunde die Anleihe, die zu 100 Prozent zurückgezahlt wird, zu einem Kurs von 79,10 € pro 100 € Nominalwert kaufen. Welche Rendite erzielt Ihr Kunde mit dem Anleihekauf?

 Berechnung

Eingabe	Display	Erklärung
1 GT PMT	1.00	Der Kunde leistet eine einmalige Zahlung.
5 GT N	5.00	Die Anlagedauer beträgt 5 Jahre.
79.10 +/– PV	– 79.10	Heute zahlt der Kunden einen Betrag von 79,10 €.
0 PMT	0.00	Weitere Zahlungen während der nächsten 5 Jahre erfolgen nicht.
100 FV	100.00	In 5 Jahren erhält Ihr Kunde eine Rückzahlung von 100 €.
I/YR	4.80	Ermittlung der Rendite.

Ergebnis: Kauft Ihr Kunde die Anleihe zum Kurs von 79,10 erzielt er eine Rendite von 4,8 Prozent pro Jahr mit seiner Anlage, wenn der die Anleihe bis zum Ende der Laufzeit behält.

BEISPIEL 2

Nach 2 Jahren kommt der Kunde erneut zu Ihnen. Die zu einem Kurs von 79,10 gekaufte Anleihe wird an der Börse nun zu 91,51 gehandelt. Welche Rendite erzielt Ihr Kunde, wenn er jetzt seine Anleihen zu 91,51 verkauft?

 Berechnung

Eingabe	Display	Erklärung
1 GT PMT	1.00	Der Kunde leistete eine einmalige Zahlung.
2 GT N	2.00	Die Anlagedauer beträgt 2 Jahre.
79.10 +/− PV	− 79.10	Vor 2 Jahren hat der Kunde einen Preis von 79,10 für die Anleihe bezahlt.
0 PMT	0.00	Weitere Zahlungen während der nächsten 5 Jahre erfolgen nicht.
91.51 FV	91.51	Heute könnte der Kunde zum Kurs von 91,51 verkaufen.
I/YR	7.56	Ermittlung der Rendite.

Ergebnis: Verkauft Ihr Kunde die Anleihe nach 2 Jahren zum gestiegenen Kurs von 91,51, hat er in den letzten 2 Jahren mit der Anleihe eine Rendite von 7,56 Prozent pro Jahr erzielt.

Ein Unternehmen möchte Zero-Bonds mit 10-jähriger Laufzeit ausgeben. Bei einer Verzinsung von 6 Prozent pro Jahr sollen die Anleihen am Ende der Laufzeit zu einem Kurs von 100 zurückgenommen werden. Zu welchem Kurs müssen die Bonds emittiert werden?

Eingabe	Display	Erklärung
1 GT PMT	1.00	Es erfolgt eine einmalige Zinsverrechnung pro Jahr.
10 GT N	10.00	Die Anleihe wird mit einer Laufzeit von 10 Jahren begeben.
6 I/YR	6.00	Die Anleihe soll zu 6 % rentieren.
0 PMT	0.00	Während der Anleihelaufzeit erfolgen keine Zahlungen.
100 FV	100.00	In 10 Jahren wird die Anleihe zu einem Kurs von 100 zurückgenommen.
PV	– 55.84	Die Anleihe muss zu einem Kurs von 55,84 € begeben werden.

 BEISPIEL 4

Die Anleihe aus Beispiel 3 wurde vor 5 Jahren ausgegeben. Die Restlaufzeit beträgt nun noch weitere 5 Jahre. In der Zwischenzeit rentieren Anleihen mit 5-jähriger Restlaufzeit mit 7,5 Prozent.

a) Zu welchem Kurs muss die Anleihe aus Aufgabe 3 nun an der Börse notieren, damit für die verbleibende Restlaufzeit eine Rendite von 7,5 Prozent erreicht wird?

b) Welche Rendite hat ein Anleger erzielt, der die Anleihe bei der Emission gekauft hat und jetzt zum aktuellen Börsenkurs verkauft?

Berechnung zu a)

Eingabe	Display	Erklärung
1 GT PMT	1.00	Es erfolgt eine einmalige Zinsverrechnung pro Jahr.
5 GT N	5.00	Die Restlaufzeit der Anleihe beträgt 5 Jahre.
7.5 I/YR	7.50	Die Rendite vergleichbarer Anleihen beträgt 7,5 %.
0 PMT	0.00	Während der Anleihelaufzeit erfolgen keine Zahlungen.
100 FV	100.00	In 10 Jahren wird die Anleihe zu einem Kurs von 100 zurückgenommen.
PV	– 69.66	Die Anleihe muss an der Börse zu einem Kurs von 69,66 gehandelt werden.

 Berechnung zu b)

Eingabe	Display	Erklärung
	– 69.66	
+/– FV	69.66	Übernahme des Wertes als Endauszahlung.
5GT N	5.00	Der Kunde hat die Anleihe 5 Jahre gehalten.
55.84 +/– PV	– 55.84	Vor 5 Jahren hat der Kunde die Anleihe zu 55,84 gekauft.
0 PMT	0.00	Während der Anleihelaufzeit erfolgten keine Zahlungen.
I/YR	4.52	Der Kunde hat eine Verzinsung seines Kapitals von 4,52 % pro Jahr erzielt.

Versicherungen & Fonds

Sowohl Lebens- als auch Rentenversicherungen werden nicht nur in den seit vielen Jahren bekannten Formen angeboten, bei der die Anlegergelder überwiegend in festverzinslichen Anlagen, Immobilien und ähnliche Anlageformen investiert werden. Für Anleger, die ihr Kapital in Aktienanlagen investiert wissen möchten, werden ebenfalls passende Policen angeboten.

Fondsgebundene Versicherungen investieren die Anlegergelder in Anteile von Investmentfonds. Dabei hat der Kunde verschiedene Wahlmöglichkeiten. Zunächst einmal kann er sich zwischen einer gemanagten Fondspolice und einer individuellen Fondspolice entscheiden. Während sich bei einer gemanagten Police die Investmentspezialisten der Versicherungsgesellschaften die Auswahl der geeigneten Fonds vornehmen, kann der Anleger bei einer individuellen Fondspolice selbst die Entscheidung treffen, wo seine Sparzahlungen angelegt werden sollen.

Durch die Anlage der Sparzahlungen in Investmentfonds können die Versicherer für die einmal zu erwartende Ablaufzahlung keine genauen Prognosen abgeben. Welches Vermögen bei Vertragsablauf letztlich zur Verfügung stehen wird, ist abhängig von der Wertentwicklung der Fonds, in die angelegt wird. Zu diesem Zweck geben die Versicherungsgesellschaften bei den Angeboten zu fondsgebundenen Versicherungen verschiedene Ablaufleistungen in Abhängigkeit von der Wertentwicklung der unterlegten Fonds an. Meist werden die möglichen Ablaufleistungen für eine Wertentwicklung von 3, 6 und 9 Prozent angegeben. Zusätzlich findet sich bei vielen Gesellschaften auch die Ablaufprognose für den Fall, dass die Fondsanteile sich während der Laufzeit im Wert nicht verändern.

Mit diesen Angaben können Sie für Ihren Kunden leicht ermitteln, wie teuer eine fondsgebundene Versicherung wirklich ist oder, besser gesagt, welche Kosten für die Versicherungs- und Management-Leistungen anfallen.

Am einfachsten fällt die Beurteilung der anfallenden Kosten bei den Angaben zur Wertentwicklung mit 0 Prozent. Hier lässt sich leicht die Differenz zwischen der Summe aller Einzahlungen des Kunden und der prognostizierten Auszahlung am Ende der Vertragslaufzeit ermitteln.

Ein 30-jähriger Mann zeigt Ihnen das folgende Angebot einer fondsgebundenen Rentenversicherung. Bei einem Monatsbeitrag von 200 € und 12 Jahren Vertragslaufzeit prognostiziert der Anbieter die folgenden Ablaufleistungen:

 bei einer Wertentwicklung von 0 Prozent: 27.700 €
☐ bei einer Wertentwicklung von 9 Prozent: 48.700 €

Von Ihnen möchte der Kunde wissen, wie hoch die Rendite der Versicherung nach Kosten ist, bzw. wic welcher Anteil der Prämien für die Leistungen der Versicherungsgesellschaft verwendet wird.

Wie gehen Sie vor?

+/− **Berechnung**

Zuerst einmal können Sie die Beitragssumme ermitteln. In diesem Fall: 12 Jahre • 12 Beiträge/Jahr • 200 € = 28.800 € Beitragssumme.

Diesen Betrag können Sie nun mit der Ablaufprognose bei einer Wertentwicklung von 0 Prozent vergleichen.

☐ Beitragssumme: 28.800 €
☐ Ablaufprognose: 27.700 €
☐ Differenz: 1.100 €

Ergebnis: Bei einer unterstellten Wertentwicklung von 0 Prozent kosten die Leistungen der Versicherung in 12 Jahren 1.100 €.
Wie sieht jedoch die Kostenbelastung bei einer unterstellten Wertentwicklung von 9 Prozent aus?

 **Berechnung**

Jetzt müssen Sie wieder zum Taschenrechner greifen und etwas mehr rechnen. Sie rechnen einmal aus, welcher monatliche Sparbeitrag bei einer effektiven Rendite von 9 Prozent notwendig ist, um in 12 Jahren das angegebene Endvermögen von 48.700 € zu erreichen.

Eingabe	Display	Erklärung
12 GT PMT	12.00	Der Kunde zahlt monatlich einen Betrag an die Versicherung.
12 GT N	144.00	Die Vertragslaufzeit beträgt 12 Jahre.
9 GT PV	9.00	Vorgabe des effektiven Zinses.
GT I/YR	8.65	Ermittlung des Nominalzinses.
0 PV	0.00	Zu Beginn wird keine einmalige Zahlung geleistet.
48700 FV	48,700.00	Nach 12 Jahren erhält der Kunde einen Betrag von 48.700 €.
PMT	– 193.64	Bei einem Zinssatz von 9 % müsste der Kunde monatlich einen Betrag von 193,64 € anlegen.

Ergebnis: Bei einer Rendite von 9 Prozent wird ein Monatsbeitrag in Höhe von 193,64 € benötigt, um die prognostizierte Ablaufleistung des Versicherungsvertrags zu erreichen. Die übrigen 6,36 € (200,00 € – 193,64 €) werden beim Versicherer zur Deckung der eigenen Kosten verwendet. Mit diesem Betrag bezahlt der Kunde die Leistungen der Versicherung und das Management seiner Fondspolice.

Hinweis

Ob nun eine Fondspolice in Frage kommt, hängt vom Preis-Leistungs-Verhältnis eines Fondsanbieters ab. Auch steuerliche Gründe sollten hierbei berücksichtigt werden. Grundsätzlich gilt: Nicht alle Fondspolicen sind gut, aber keineswegs alle sind schlecht.

Investmentfonds

Investmentfonds sind seit dem Börsenboom, der in Deutschland durch den Börsengang der Deutschen Telekom 1996 ausgelöst wurde, in aller Munde. Doch wie erklären Sie Ihrem Kunden, welche Chancen und welche Risiken in einer Fondsanlage schlummern?

Bei der Erläuterung von Fondsanlagen im Kundengespräch kann der HP 10 B II hervorragende Dienste leisten. Sprechen Sie mit Ihrem Kunden einmal nicht nur über die möglichen höheren Erträge, sondern führen Sie ihm die Ertragsvorteile an klaren, individuellen Zahlen vor Augen. Sowohl die Zahlungsströme einer Einmalanlage in einen Investmentfonds als auch die Zahlungsströme eines Fondssparplanes lassen sich mit dem HP 10 B II leicht abbilden.

Betrachten Sie einmal den Zahlungsstrom einer Einmalanlage in einen Fonds.

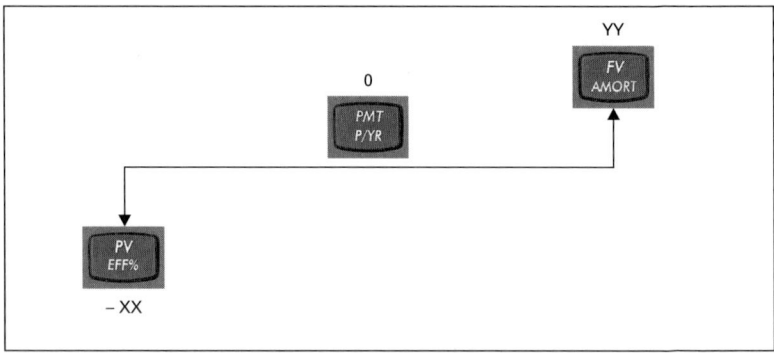

Handelt es sich um eine Einmalanlage ohne laufende Zahlungen während der Laufzeit, wird bei der Berechnung eine einmalige Zinsverrechnung pro Jahr vorgegeben (1 GT PMT). Zu Beginn der Anlage wird eine Einzahlung in das Fondsvermögen geleistet (PV). Dieser Wert wird mit einem negativen Vorzeichen erfasst, da der Betrag dem Anleger zunächst abfließt (das bedeutet: aus der Tasche herausfließt).

Während der Laufzeit der Anlage fließen keine Zahlungen (thesaurierende Fondsanlage), daher wird als Payment (PMT) der Betrag 0 erfasst.

Teil 3:

Am Ende der Anlage erhält der Anleger schließlich sein Kapital mit den erwirtschafteten Erträgen ausgezahlt. Für die Renditeermittlung wird hier ein positiver Betrag als Rückfluss an den Anleger erfasst. Bei vorgegebener Rendite wird der Rechner hier einen positiven Betrag ermitteln.

 BEISPIEL

Ein Anleger möchte einen Betrag von 10.000 € für 5 Jahre anlegen. Dazu möchte er in eine Fondsanlage investieren, für die Sie eine durchschnittliche jährliche Wertentwicklung von 8 Prozent erwarten. Welches Endergebnis der Anlage kann der Investor erwarten?

 Berechnung

Eingabe	Display	Erklärung
1 GT PMT	1.00	Es erfolgt eine Verrechnung der Erträge pro Jahr.
5 GT N	5.00	Die Gesamtlaufzeit der Anlage beträgt 5 Jahre.
8 GT PV	8.00	Sie erwarten einen jährlichen Effektivzins von 8 %.
GT I/YR	8.00	Ermittlung des Nominalzinses, mit dem der HP 10 B II rechnet.
10.000 +/– PV	– 10,000.00	Zu Beginn zahlt der Anleger einmalig 10.000 €. Dieser Betrag fließt dem Anleger ab, daher wird er mit negativem Vorzeichen erfasst.
0 PMT	0.00	Während der Anlagelaufzeit fließen keine weiteren Zahlungen. Daher wird für PMT der Wert 0 erfasst.
FV	14,693.28	Am Ende der Anlagelaufzeit verfügt der Investor über ein Vermögen von 14.693,28 €.

Ergebnis: Erreicht der Fonds eine durchschnittliche jährliche Wertsteigerung von 8 Prozent, kann der Anleger nach 5 Jahren über ein Vermögen von rund 14.693 € verfügen.

Fondssparpläne

Viele Fondsanlagen werden in Form von regelmäßigen Sparplänen abgeschlossen. Anleger können hier in regelmäßigen Abständen für einen festen Betrag Fondsanteile erwerben. Auch diese Sparform lässt sich leicht berechnen.

 BEISPIEL

Ein Anleger möchte monatlich einen Betrag von 100 € sparen. Insgesamt hat er vor, über einen Zeitraum von 30 Jahren in eine Fondsanlage einzuzahlen, bevor er über sein Kapital verfügen möchte. Von Ihnen möchte er wissen, wie viel Vermögen er aufbauen kann, wenn der Fonds eine durchschnittliche jährliche Rendite von 10 Prozent erreicht.

 Berechnung

Eingabe	Display	Erklärung
12 GT PMT	12.00	Der Fonds wird mit monatlichen Sparbeiträge angespart.
30 GT N	360.00	Insgesamt möchte der Kunde 30 Jahre lang sparen.
10 GT PV	10.00	Sie erwarten einen jährlichen Effektivzins von 10 % pro Jahr.
GT I/YR	9.57	Ermittlung des Nominalzinses, mit dem der HP 10 B II rechnet.
0 PV	0.00	Zu Beginn des Sparplans gibt es keine einmaligen Einzahlungen durch den Kunden.
100 +/− PMT	− 100.00	Während der Anlagelaufzeit zahlt der Kunde monatlich einen Betrag von 100 €.
FV	206,284.33	Bei einer durchschnittlichen jährlichen Wertsteigerung von 10 % jährlich kann der Anleger nach 30 Jahren über ein Vermögen von 206.284,33 € verfügen.

Ausgabeaufschlag

Bei der Anlage in einen Fonds werden in den meisten Fällen Gebühren beim Kauf von Fondsanteilen erhoben. Mit Ausnahme von so genannten No Load Fonds wird beim Kauf von Fondsanteilen ein Ausgabeaufschlag erhoben. Dieser Anteil der Aufwendungen zum Kauf eines Fondsanteils werden nicht für den Kunden angelegt, sondern fließen der Gesellschaft zu.

Ausgabeaufschläge werden als prozentualer Aufschlag auf den Preis eines Fondsanteils erhoben. Das heißt, die Summe, die vom Anleger gezahlt wird, besteht bereits aus Anteilspreis [100 Prozent] + Ausgabeaufschlag.

Möchten Sie den Ausgabeaufschlag bei der Berechnung von Fondsanlagen berücksichtigen, müssen Sie die Beträge, die für den Kunden angelegt werden, um den Ausgabeaufschlag verringern. Bei der Berechnung von Fondsanlagen ist Ihnen die Anlagesumme inklusive Ausgabeaufschlägen bekannt. Diese Summe setzt sich wie oben beschrieben zusammen:

$$\text{Bruttoeinzahlung} = \text{Nettoanlagebetrag} + \text{Nettoanlagebetrag} \cdot \frac{\text{Ausgabeaufschlag in \%}}{100}$$

Damit können Sie den Nettoanlagebetrag einer Fondsanlage wie folgt ermitteln:

$$\text{Nettoanlagebetrag} = \frac{\text{Bruttoeinzahlung}}{1 + \dfrac{\text{Ausgabeaufschlag in \%}}{100}}$$

 BEISPIEL

Ein Kunde möchte für 10.000 € Anteile an einer Fondanlage erwerben, bei der ein Ausgabeaufschlag von 5 Prozent erhoben wird. Welcher Betrag wird nach Abzug des Ausgabeaufschlags für den Kunden in Fondsanteile investiert?

 **Berechnung**

$$\text{Nettoanlagebetrag} = \frac{10.000}{1 + \dfrac{5}{100}} = \frac{10.000}{1,05} = 9.523,81 \; €$$

Sie überprüfen die Berechnung:

$$\text{Ausgabeaufschlag} = 9.523,81 \cdot \frac{5}{100} = 476,19 \; €$$

$$\text{Bruttoanlagebetrag} = 9.523,81 + 476,19 = 10.000 \; €$$

Performance und Rendite

Bei der Information zur Wertentwicklung von Fondsanlagen finden sich verschiedene Methoden. Häufig wird dabei auch die so genannte durchschnittliche jährliche Wertentwicklung oder Performance angegeben. Diese Angabe ist jedoch in vielen Fällen irreführend. Zunächst einmal werden die Wertesteigerungen zumeist ohne Berücksichtigung des vom Anleger gezahlten Ausgabeaufschlags ermittelt. Dadurch werden die tatsächlich anfallenden Kosten der Investition nicht korrekt erfasst.

Weiter ist die Ermittlung einer durchschnittlichen Wertsteigerung irreführend, da der Anleger hier leicht die Performance mit der Rendite verwechseln kann.

 BEISPIEL

Der Wert eines Fondsanteils ist in den letzten 10 Jahren von 100 auf 500 € gestiegen. Das entspricht einem Wertzuwachs von 400 Prozent. Bildet man jetzt lediglich den Durchschnittswert, ergibt das eine durchschnittliche Performance von 40 Prozent pro Jahr.

Diese Performance ist jedoch nicht mit der Rendite einer Anlage vergleichbar. Bei der Berechnung der Rendite wird unterstellt, dass die Erträge einer Anlage jährlich dem Anlagevermögen zugeschlagen und für die restliche Anlagelaufzeit mit dem Kapital verzinst werden bzw. Erträge erwirtschaften. Die Renditeermittlung schließt also einen Zinseszinseffekt bei Anlagezeiträumen von mehr als einem Jahr ein.

Wie wirkt sich dieser Zinseszinseffekt auf die Höhe der Rendite aus?

Durch die Einbeziehung von Zinseszinsen ist die erforderliche Rendite bei mehrjährigen Anlagen geringer als die durchschnittliche jährliche Wertentwicklung. Rechnen Sie das Beispiel einmal nach:

 Berechnung

Eingabe	Display	Erklärung
1 GT PMT	1.00	Es handelt sich um eine Einmalanlage.
10 GT N	10.00	Die Anlagedauer beträgt 10 Jahre.
100 +/– PV	– 100.00	Vor 10 Jahren kostete ein Fondsanteil 100 €.
0 PMT	0.00	Während der letzten 10 Jahre wurden keine laufenden Zahlungen fällig.
500 FV	500.00	Ein Anleger, der vor 10 Jahren einen Fondsanteil für 100 € gekauft hat, erhält heute dafür 500 €.
I/YR	17.46	Ermittlung des Zinses.
GT PV	17.46	Ermittlung des Effektivzinses/der Effektivrendite. Da nur eine Periode pro Jahr vorgegeben war, ist der Wert identisch mit dem ermittelten „Nominalzins".

Ergebnis: Unter Berücksichtigung des Zinseszinseffekts muss die Anlage nicht jährlich 40 Prozent erwirtschaften, um in 10 Jahren 400 Prozent Ertrag zu erbringen, sondern effektiv „nur" 17,46 Prozent pro Jahr.

Je länger der Zeitraum, über den mit vermeintlich tollen Performance-Zahlen geworben wird, desto größer ist dann der Unterschied zum wirklich benötigten Effektivzins. Zur Kontrolle, ob Sie das mit Performance und Effektivzins erstens verstanden haben und zweitens rechnen können, kontrollieren Sie bitte folgende Aussage: „Eine Performance von durchschnittlich jeweils 20 Prozent über 40 Jahre Laufzeit ist für eine Einmalanlage in Höhe von sagen wir 50.000 € kein Erfolg!"

Stimmt die Aussage oder stimmt Sie nicht? Viel Spaß beim Rechnen, wobei es dieses Mal keine Lösung gibt. So viel sei verraten:

Im Gegensatz zu dieser Performance würde ein Anleger mit einem Aktienfondsinvestment und einem angenommenen Effektivzins von 10 Prozent rund das 5-Fache an Vermögen erwirtschaften können.

Wichtig: Im Gespräch mit Kunden sollten Sie immer diese Rendite verwenden. Diese Größe ist dem Kunden vertrauter als eine Performance. Die Rendite entspricht der notwendigen Verzinsung einer Kapitalanlage, bei der einmal jährlich die Zinsen und Erträge gutgeschrieben und wieder ertragbringend angelegt werden.

Fondspicking

Vermögensverwaltung mit Investmentfonds wird seit Jahren angeboten. Wie fast überall gibt es auch hier Anbieter, die ihr Geld wert sind und Gesellschaften, bei denen Ihr Kunde eher Geld verliert als gewinnt. Der Haken einiger Fondspicking-Angebote liegt in den teilweise sehr hohen Gebühren, die der Anleger zu tragen hat. Diese Gebühren müssen zunächst einmal als zusätzlicher Ertrag wieder erwirtschaftet werden, bevor der Kunde durch die qualifizierte Fondsauswahl einen Vorteil hat. Das heißt, ein Fondspicking-Programm mit hohen Gebührenbelastungen muss grundsätzlich einen höheren Ertrag erzielen als eine „einfache" Fondsanlage, damit der Kunde eine finanziellen Vorteil erzielen kann. Das war jedoch in der Vergangenheit nicht immer der Fall.

 BEISPIEL

Eine Fondsvermögensverwaltung verlangt vom Kunden eine so genannte Anfangsgebühr von 960 € bei Beginn eines Fondssparplans. Diese Gebühr wird verteilt auf die ersten 10 Monate eines Fondssparplans als zusätzliche Einzahlung durch den Anleger geleistet. Der Sparer leistet eine monatliche Sparzahlung von 100 € brutto. Darin enthalten ist eine Gebühr von 6,9 Prozent je Sparzahlung. Das heißt, der Kunde zahlt in den ersten zehn 10 Monaten 100 € + 96 € = 196 € monatlich. Nach 3 Jahren weist die Vermögensverwaltung für den Kunden einen mageren Depotstand von 3.520 € aus. Insgesamt soll der Sparplan 10 Jahre lang mit einer monatlichen Rate von 100 € bespart werden.

Als Anlagealternative ziehen Sie zum Vergleich eine Fondsanlage mit einem Ausgabeaufschlag von 5 Prozent und einer angenommenen jährlichen Rendite von 8 Prozent heran. Diese Anlage hat der Investor bei Abschluss des Vermögensverwaltungsvertrages als Alternative vorgeschlagen bekommen. Von seinem Berater möchte der Kunden nun wissen, wie hoch die Erträge der Vermögensverwaltung in den verbleibenden 7 Jahren sein müssen, damit er zu mindest das gleiche Endvermögen erreicht, wie es mit der direkten Fondsanlage möglich gewesen wäre.

Wie gehen Sie vor? Versuchen Sie zunächst einmal selbst, die Berechnung durchzuführen.

 Berechnung

Zunächst ermitteln Sie das Ergebnis, das der Anleger erreicht hätte, wenn er von Beginn an in eine Fondsanlage anstelle der Vermögensverwaltung investiert hätte. Diese Berechung muss in zwei Berechnungsschritten vorgenommen werden, da sich nach den ersten 10 Monaten des Sparvertrags die monatliche Zahlung des Sparers verändert.

Bevor die eigentliche Berechnung beginnt, ermitteln Sie den Nettoanlagebetrag, der in den Fonds investiert wird.

1. Anlagezeitraum: 10 Monate à 196 € Anlagesumme
   Bei einem Ausgabeaufschlag von 5 Prozent kommen von der Sparrate von 196 € schließlich 196/1,05 = 186,67 € zur Anlage.

2. Anlagezeitraum: 9 Jahre und 2 Monate à 100 € Anlagesumme
   Bei einem Ausgabeaufschlag von 5 Prozent kommen von der Sparrate von 100 € schließlich 100/1,05 = 95,24 € zur Anlage.

Um diesen Sparplan berechnen zu können, teilen Sie die Perioden mit unterschiedlichen Monatsraten auf zwei Zahlungsströme auf. Der erste Zahlungsstrom erfasst alle Zahlungen bis zur Änderung der Sparrate. Das Endergebnis dieses Sparplans wird als Anfangszahlung für den zweiten Teil des Sparplanes mit der neuen regelmäßigen Sparrate übernommen. Nun kann das Endergebnis der gesamten Anlage ermittelt werden.

Für die Berechnung werden die Perioden mit unterschiedlichen Ratenhöhen wie getrennte Sparpläne betrachtet. Sie schaffen uns hier zwei leicht berechenbare „Vergleichsgeschäfte", die de facto zu dem gleichen Endergebnis führen. Zur Erläuterung noch einmal eine Darstellung der zwei virtuellen Sparpläne.

Sparplan 1: 10 Monate Spardauer, kein Startkapital. Das Endkapital wird entnommen und in Sparplan 2 als Startkapital investiert.

Sparplan 2: Spardauer 9 Jahre und 2 Monate, monatliche Sparrate von 95,24 €. Zusätzlich wird zu Sparbeginn das Endvermögen aus Sparplan 1 als Einmalanlage berücksichtigt.

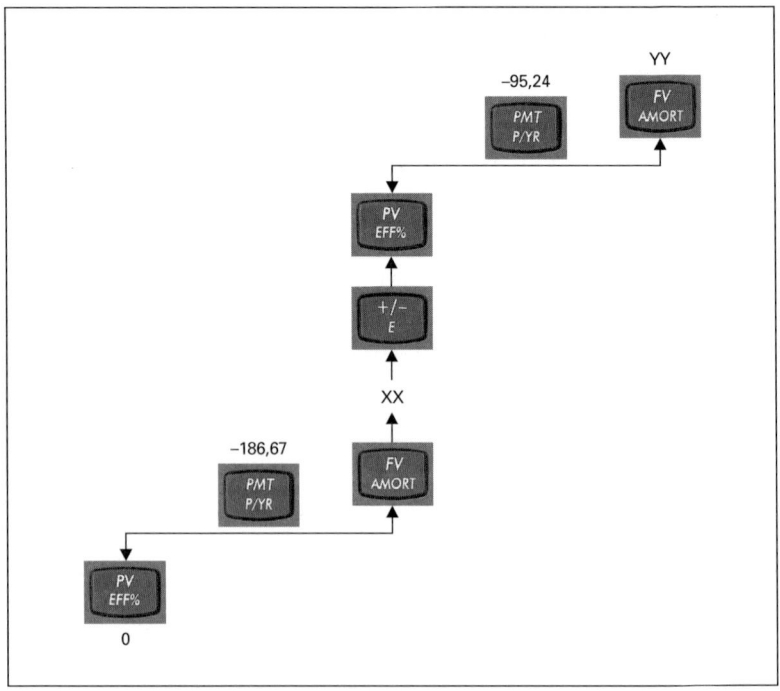

Eingabe	Display	Erklärung
12 GT PMT	12.00	Es wird monatlich gezahlt..
10 N	10.00	Der erste Sparplan dauert 10 Monate. Daher geben Sie hier die Anzahl der Monate direkt auf N ein. Dazu verwenden Sie **nicht** die gelbe Taste.
8 GT PV	8.00	Der unterstellte Effektivzins beträgt 8 %.
GT I/YR	7.72	Ermittlung des Nominalzinses: 7,72 %.
0 PV	0.00	Der Kunde verfügt über kein Startkapital.
186.67 +/– PMT	186.67	Die monatliche Einzahlung beträgt 186,67 € (=196 / 1,05).
FV	1,921.65	Nach 10 Monaten verfügt der Anleger über ein Kapital von 1.921,65 €.
+/– PV	– 1,921.65	Der Endwert wird als Anfangsbetrag des zweiten Sparplans übernommen.
110 N	110.00	Die Laufzeit des zweiten Sparplans beträgt 9 Jahre (108 Monate) und 2 Monate. Insgesamt: 110 Monate.
95.24 +/– PMT	– 95.24	Die neue Nettoanlage beträgt 95,24 € (= 100 / 1,05).
FV	19,060.48	Am Ende der gesamten Anlagedauer kann der Investor über ein Vermögen von 19.060,48 € verfügen.

Zwischenergebnis: Hätte der Anleger die gleichen Zahlungen, die er an die Vermögensverwaltung leistet, in einen Aktienfonds eingezahlt, der eine durchschnittliche Rendite von 8 Prozent pro Jahr erzielt, könnte er am Ende der Sparzeit über ein Vermögen von 19.060,48 € verfügen.

Dieses Ergebnis soll die Vermögensverwaltung in den noch verbleibenden 7 Jahren mindestens erzielen. In dieser Zeit zahlt der Kunde weiterhin die monatliche Sparrate von 100 €. Auf diese Zahlungen wird eine Gebühr von 6,9 Prozent erhoben. Damit eine Einschätzung möglich ist, wie hoch die notwendige Rendite der Vermögensverwaltung ist, um das gleiche Endergebnis zu erreichen, rechnen Sie mit diesen Werten direkt weiter.

 **Berechnung**

Zuvor ermitteln Sie die Nettosparrate: 100/1,069 = 93,55 €

Eingabe	Display	Erklärung
7 GT N	84.00	Die Restlaufzeit des Sparplanes bei der Vermögensverwaltung beträgt 7 Jahre.
3520 +/- PV	- 3,520.00	Der aktuelle Depotwert beträgt 3.520 €.
93.55 +/- PMT	- 93.55	Die Nettosparrate beträgt 93,55 € (= 100 / 1,069).
RCL FV	19,060.48	Am Ende des Sparplanes sollen 19.060,48 € zur Verfügung stehen. Dieser Wert ist noch im Rechner eingespeichert. Mit RCL FV prüfen Sie den Speicher noch einmal.
I/YR	10.72	Der notwendige Nominalzins beträgt 10,72 % pro Jahr.
GT PV	11.26	Die Vermögensverwaltung muss pro Jahr eine Rendite von 11,26 % effektiv erzielen.

Ergebnis: Die Vermögensverwaltung müsste in den verbleibenden 7 Jahren eine Rendite von durchschnittlich 11,26 Prozent pro Jahr erzielen, damit der Anleger zum gleichen Endergebnis gelangt, wie er es bei einer einfachen Fondsanlage erreicht.

In diesem Beispiel hatte die Vermögensverwaltung in den ersten Jahren bereits erhebliche Verluste eingefahren. Dadurch muss die zusätzlich zu erzielende Rendite in den letzten Jahren besonders groß sein. Trotz allem handelt es sich bei den gerade vorgestellten Zahlen um reale Ergebnisse eines Vermögensverwalters, die jederzeit belegt werden können.

In der täglichen Praxis trifft der Finanzberater häufiger auf Kunden, die noch keine Vermögensverwaltung beauftragt haben. Hier stellt sich dann die Frage, wie viel bessere Ergebnisse die Vermögensverwaltung erzielen muss, damit sich die Investition der höheren Gebühren für den Kunden lohnt. Auch diese Berechnung macht dem cleveren Finanzberater keine Schwierigkeiten:

 **BEISPIEL**

Ihr Kunde möchte in den nächsten 10 Jahren 300 € monatlich sparen. Dazu liegen ihm folgende zwei Angebote für Fondssparpläne vor:

1. ein klassischer Fondssparplan mit einem Ausgabeaufschlag von 5 Prozent

2. eine Fondsvermögensverwaltung, bei der Ausgabeaufschläge von 7 Prozent erhoben werden

Die Frage an den Berater lautet nun: Wie viel höher muss die Rendite bei der Vermögensverwaltung ausfallen, damit der Kunde nach Kosten über das gleiche Vermögen verfügen kann wie bei der Anlage in den Fondssparplan mit einer angenommenen Rendite von 8 Prozent?

 Berechnung

1. Ermittlung der Nettoanlagebeträge:

Fondssparplan: 300 € / 1,05 = 285,71 €
Vermögensverwaltung: 300 € / 1,07 = 280,37 €

Berechnung des Fondssparplans:

Eingabe	Display	Erklärung
12 GT PMT	12.00	Es wird monatlich gezahlt.
10 GT N	120.00	Der Sparplan soll 10 Jahre lang bespart werden.
8 GT PV	8.00	Der unterstellte Effektivzins beträgt 8 %.
GT I/YR	7.72	Ermittlung des Nominalzinses von 7,72 %.
0 PV	0.00	Der Kunde verfügt über kein Startkapital.
285.71 +/– PMT	– 285.71	Der monatliche Nettoanlagebetrag beträgt 285,71 € (= 300 / 1,05).
FV	51,464.08	Nach 10 Jahren verfügt der Anleger über ein Kapital von 51.464,08 €.

Mit diesem Zwischenergebnis können Sie sofort weiterarbeiten. Für die Berechnung der notwendigen Rendite der Vermögensverwaltung müssen Sie nur einen Wert ändern und können das Ergebnis ermitteln.

Eingabe	Display	Erklärung
280.37 +/- PMT	– 280.37	Der monatliche Nettoanlagebetrag bei der Vermögensverwaltung liegt bei 280,37 €.
I/YR	8.06	Ermittlung des Nominalzinses von 8,06 %.
GT PV	8.36	Ermittlung des effektiven Zinses von 8,36 % p. a.

Ergebnis: Um zum gleichen Endergebnis zu gelangen wie ein einfacher Fondssparplan, benötigt die Vermögensverwaltung in diesem Beispiel einen jährlichen Mehrertrag von 0,36 Prozent gegenüber der Fondsanlage. Geht der Kunde davon aus, dass die Vermögensverwaltung in der Lage ist, mindestens diese Mehrrendite zu erwirtschaften, sollte er den Vermögensverwalter beauftragen. Erwartet er, dass dieser Mehrertrag nicht zu realisieren ist, ist die direkte Fondsanlage die bessere Wahl.

Unterbrechung von Sparplänen

Im Alltag kommt immer wieder vor, dass ein Kunde aus bestimmten Gründen einen Sparplan, der langfristig zur Altersvorsorge gedacht war, unterbrechen muss. Will Ihr Kunde trotz zwischenzeitlicher Einstellung der Sparzahlungen das gleiche Endergebnis mit seinem Sparplan erreichen, das er bei fortlaufender Einzahlung erreicht hätte, muss die Sparrate bei der Fortsetzung des Sparplans erhöht werden. Das kommt in der Praxis insbesondere dann vor, wenn der Sparplan des Kunden zur Finanzierung einer bestimmten Anschaffung in der Zukunft oder zur Sicherung des Ruhestands gedacht ist.

 **BEISPIEL**

Ihr Kunde hat einen Sparplan mit einer monatlichen Sparrate von 300 €
abgeschlossen. Sie gehen von einer durchschnittlichen Rendite des Sparplans von 10 Prozent pro Jahr aus. Der Sparplan soll zur Altersvorsorge
dienen und insgesamt 30 Jahre bespart werden. Nach 5 Jahren Sparzeit
möchte der Kunde für 3 Jahre seine Sparzahlungen aussetzen, weil er
eine größere Anschaffung finanzieren möchte. Sein angespartes Kapital
will er nicht anrühren, es erwirtschaftet in dieser Zeit weiterhin eine
durchschnittliche Rendite von 10 Prozent pro Jahr. Wie hoch muss die
Sparrate nach den 3 Jahren „Sparpause" ausfallen, damit der Kunde am
Ende des Sparplans über das gleiche Vermögen verfügen kann, wie bei
ständiger Besparung seiner Kapitalanlage mit 300 € monatlich?

 Berechnung

Als erstes ermitteln Sie das Ergebnis des Sparplans, wenn der Kunde fort-
laufend – ohne Aussetzer – monatlich 300 € einzahlt.

Eingabe	Display	Erklärung
12 GT PMT	12.00	Der Kunde spart monatlich.
30 GT N	360.00	Insgesamt spart der Kunde 30 Jahre lang, also 360 Monate.
10 GT PV	10.00	Wir nehmen einen Zins von 10 % an.
GT I/YR	9.57	Umrechnung auf den Nominalzins.
0 PV	0.00	Der Kunde leistet keine Einmalanlage.
300 +/– PMT	– 300.00	Es werden monatlich 300 € gespart.
FV	618,852.99	Nach 30 Jahren könnte der Kunde über 618.852,99 € verfügen.

Jetzt kennen Sie die Vorgaben für die Berechnung der Sparrate nach der
Aussetzung des Sparplans:

Eingabe	Display	Erklärung
12 GT PMT	12.00	Der Kunde spart monatlich.
5 GT N	60.00	Zunächst ermitteln Sie das Kapital nach den ersten 5 Jahren (60 Monaten) Sparzeit.
10 GT PV	10.00	Sie nehmen einen Zins von 10 % an.
GT I/YR	9.57	Umrechnung auf den Nominalzins.
0 PV	0.00	Der Kunde leistet keine Einmalanlage.
300 +/– PMT	– 300.00	Es werden monatlich 300 € gezahlt.
FV	22,968.37	Nach 5 Jahren hat der Kunde einen Betrag von 22.968,37 € angespart.
+/– PV	– 22,968.37	Sie übernehmen diesen Betrag als Anfangseinzahlung zur Berechnung der 3 Jahre Sparpause.
1 GT PMT	1.00	Es wird nicht mehr monatlich eingezahlt.
3 GT N	3.00	Während der nächsten 3 Jahre zahlt der Kunde nicht in den Sparvertrag ein.
10 GT PV	10.00	Eingabe des effektiven Zinssatzes.
GT I/YR	10.00	Errechnung des nominalen Zinssatzes.
0 PMT	0.00	Es werden keine Sparzahlungen geleistet.
FV	30,570.90	Nach weiteren 3 Jahren sind die 22.968,37 € auf 30.570,90 € angewachsen.
+/– PV	– 30,570.90	Sie übernehmen dieses Kapital als Anfangseinzahlung zur Berechnung der letzten Sparphase.
12 GT PMT	12.00	Wir wollen zum Schluss die monatliche Sparrate ermitteln.
22 GT N	264.00	Nach der Sparpause verbleiben dem Kunden noch 22 Jahre Zeit, sein Sparziel zu erreichen.
10 GT PV	10.00	Eingabe des effektiven Zinssatzes
GT I/YR	9.57	Ermittlung des nominalen Zinssatzes
618852.99 FV	618,852.99	Am Ende der Sparphase möchte der Kunde über einen Betrag von 618.852,99 € verfügen können.
PMT	– 413.21	Ermittlung der erforderlichen Sparrate.

Ergebnis: Setzt Ihr Kunde nach dem 5. Jahr seine Sparzahlungen für 3 Jahre aus, muss er in der Folgezeit seine monatliche Sparleistung auf 413,21 € erhöhen, damit er nach 30 Jahren über das gleiche Vermögen verfügen kann, wie bei ununterbrochener Besparung des Sparplans mit 300 € monatlich.

Sparpläne mit Förderung

Nicht in jedem Fall sind Kunden die einzigen Einzahler in einen Sparplan. Es gibt die verschiedensten Fälle, in denen zusätzlich dritte Personen Einzahlungen in einen Sparplan leisten. Sei es, dass Angehörige Zuschüsse zum Vermögensaufbau geben, wie das zum Beispiel Großeltern gern für ihre Enkel tun, oder dass staatliche Förderungen wie Vermögenswirksame Leistungen, Leistungen zur Förderung der privaten Altersvorsorge oder ähnliche Fördermittel als zusätzliche Einzahlungen in einen Sparplan in Frage kommen.

Für Ihre Kunden stellt sich dann oft die Frage, wie sich eine solche Investition für sie selbst lohnt, wenn als Alternative eine Anlageform zur Wahl steht, zu der niemand einen Zuschuss gibt.

 BEISPIEL

Ihr Kunde (20 Jahre alt) möchte in den nächsten 2 Jahren monatlich einen Betrag von 100 € sparen. Danach will er seine Einzahlung auf monatlich 200 € erhöhen und weitere 23 Jahre sparen. Wenn er in einen Rentenfonds einzahlt, der eine jährliche Rendite von 6 Prozent erwirtschaftet, erhält er von seiner konservativ eingestellten Großmutter in den ersten 2 Jahren einen Betrag von 50 € und in den Folgejahren einen Betrag von 80 € jährlich, der ebenfalls in den Rentenfonds eingezahlt wird.

Zahlt er seine Sparraten in einen Aktienfonds ein, der eine durchschnittliche Rendite von 10 Prozent pro Jahr erwirtschaftet, gibt die Großmutter ihm nichts dazu. Mit solch riskanten Geschäften möchte die alte Dame nichts zu tun haben.

Der Kunde fragt Sie als Berater nun, wie hoch die Endergebnisse bei den beiden Varianten ausfallen, wenn er sich auf das Angebot seiner Großmutter einlässt.

 Berechnung Aktienfondssparplan

Eingabe	Display	Erklärung
12 GT PMT	12.00	Es werden monatliche Raten bezahlt.
2 GT N	24.00	Zunächst berechnen Sie das Zwischenergebnis nach 2 Jahren Spardauer.
10 GT PV	10.00	Der Effektivzins der Anlage soll 10 % betragen.
GT I/YR	9.57	Ermittlung des Nominalzins.
0 PV	0.00	Es erfolgt keine Einmaleinzahlung.
100 +/– PMT	– 100.00	Es werden monatlich 100 € eingezahlt.
FV	2,633.51	Nach 2 Jahren hat der Kunde ein Vermögen von 2.633,51 € angespart.
+/– PV	– 2,633.51	Der Wert wird als Anfangseinzahlung zur Berechnung der nächsten 23 Sparjahre übernommen.
23 GT N	276.00	Jetzt berechnen Sie die nächsten 23 Sparjahre.
200 +/– PMT	– 200.00	In dieser Zeit spart der Kunde 200 € monatlich.
FV	223,083.71	Nach insgesamt 25 Sparjahren verfügt der Kunde über ein Vermögen von 223.083,71 €.

Ergebnis Aktienfondssparplan:
Spart der Kunde in einen Aktienfonds, ohne die „Zuschüsse" der Großmutter in Anspruch zu nehmen, kann er nach 25 Jahren über ein Vermögen von 223.083,71 € verfügen.

Berechnung Rentenfondssparplan (mit Zuschuss der Großmutter):

Eingabe	Display	Erklärung
12 GT PMT	12.00	Es werden monatliche Raten bezahlt.
2 GT N	24.00	Zunächst berechnen Sie das Zwischenergebnis nach 2 Jahren Spardauer.
6 GT PV	6.00	Der Effektivzins der Anlage soll 6 % betragen.
GT I/YR	5.84	Ermittlung des Nominalzins.
0 PV	0.00	Es erfolgt keine Einmaleinzahlung.
100 +/– PMT	– 100.00	Es werden monatlich 100 € eingezahlt.
FV	2,539.26	Nach 2 Jahren hat der Kunde ein Vermögen von 2.539,26 € angespart.
+/– PV	– 2,539.26	Der Wert wird als Anfangseinzahlung zur Berechnung der nächsten 23 Sparjahre übernommen.
23 GT N	276.00	Jetzt berechnen Sie die nächsten 23 Sparjahre.
200 +/– PMT	– 200.00	In dieser Zeit zahlt der Kunde 200 € monatlich ein.
FV	125,558.44	Nach insgesamt 25 Sparjahren verfügt der Kunde über ein Vermögen von 125.558,44 €.

Zwischenergebnis: Mit seinen eigenen Einzahlungen erreicht der Kunde bei der Anlage in den Rentenfonds ein Endvermögen von 125.558,44 €. Hinzu kommt nun noch das Kapital, das sich durch die Zuschüsse der Großmutter ergibt.

 **Berechung:**

Diese Zuschüsse berechnen Sie in einem separaten Rechenschritt:

Eingabe	Display	Erklärung
1 GT PMT	1.00	Es werden jährliche Raten eingezahlt.
2 GT N	2.00	Zunächst berechnen Sie das Zwischenergebnis nach 2 Jahren Spardauer.
6 GT PV	6.00	Der Effektivzins der Anlage soll 6 % betragen.
GT I/YR	6.00	Ermittlung des Nominalzins.
0 PV	0.00	Es erfolgt keine Einmaleinzahlung.
50 +/– PMT	– 50.00	Es werden jährlich 50 €.
FV	103.00	Nach 2 Jahren hat der Kunde ein Vermögen von 103 € angespart (aus den Zuschüssen).
+/– PV	– 103.00	Der Wert wird als Anfangseinzahlung zur Berechnung der nächsten 23 Sparjahre übernommen.
23 GT N	23.00	Jetzt berechnen Sie die nächsten 23 Sparjahre.
80 +/– PMT	– 80.00	In dieser Zeit werden 80 € jährlich als Zuschüsse eingezahlt.
FV	4,153.10	Nach 25 Jahren ist allein aus den Zuschüssen ein Guthaben von 4.153,10 € angewachsen.

Durch die Zuschüsse spart der Kunde ein zusätzliches Vermögen von 4.153,10 € an, für das er keine eigenen Sparleistungen erbringen muss.

Ergebnis Rentenfondssparplan (mit Zuschüssen der Großmutter): Insgesamt erreicht er mit dem Rentenfondssparplan also ein Endvermögen von:

$$125.558,44 €$$
$$+ \quad 4.153,10 €$$
$$129.711,54 €$$

Zum Vergleich: Verzichtet der Kunde auf die Förderung durch die Großmutter und entscheidet sich für die Aktienfondsanlage, die in guten Zeiträumen realistisch eine durchschnittliche eine Rendite von 10 Prozent erreichen kann, beträgt sein Endvermögen nach 25 Sparjahren 223.083,71 €.

Teil 3:

Die Botschaft lautet: Wird ein Sparplan gefördert, ob staatlicherseits, durch nette Verwandte oder anderweitig, rechnen Sie nach, welche Variante sich eher lohnt. Allein wegen einer Förderung (zusätzliche Einzahlungen) durch dritte Personen einen Sparplan abzuschließen bzw. sich für eine Anlagevariante zu entscheiden, ist wenig sinnvoll. Verantwortliche Finanzberater handeln auch hier nach dem Motto „Nicht glauben, rechnen!"

Immobilienfinanzierung

Nicht nur Anlagen, auch die Zahlungsströme von Darlehen lassen sich mit dem HP 10 B II leicht erfassen und berechnen. Versuchen Sie einmal, den Zahlungsstrom eines Darlehens mit festem Darlehenszins und monatlicher Zins- und Tilgungszahlung aufzuzeichnen.

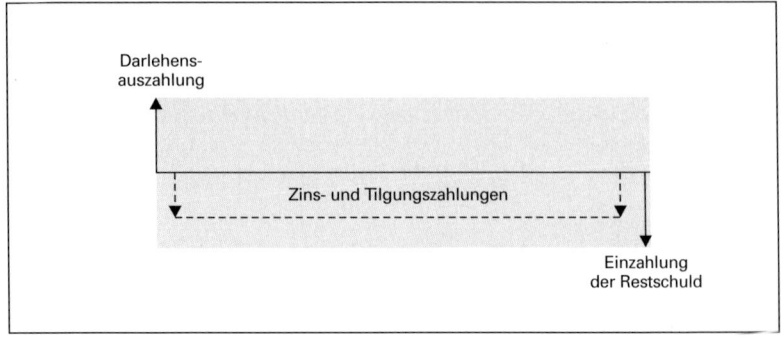

Zu Beginn der Darlehenslaufzeit erhält der Darlehensnehmer eine einmalige Zahlung vom Darlehensgeber. Im Anschluss daran zahlt der Kreditnehmer regelmäßig, in der Regel monatlich, eine Annuität für Zins und Tilgung. Am Ende der Darlehenslaufzeit erfolgt die Rückzahlung der verbleibenden Restschuld. Wie auch bei einem Sparplan sind als zusätzliche Angaben Darlehenslaufzeit und Zinssatz als Einflussgrößen auf den Darlehensverlauf vorhanden.

Tilgungssatz und Rate

Bei Abschluss eines Tilgungsdarlehens wird im Angebot ein Tilgungssatz angegeben. Dieser Tilgungssatz dient zur Ermittlung der Darlehensrate und gibt an, wie viel der Darlehenssumme im ersten Jahr der Darlehenslaufzeit zurückgezahlt wird. Je höher der Tilgungssatz angesetzt wird, desto schneller ist ein Darlehen zurückgezahlt. Neben dem Tilgungssatz hat der vereinbarte Zinssatz erheblichen Einfluss auf die Höhe der Darlehensrate, die sich aus einem Zins- und einem Tilgungsanteil zusammensetzt.

Die vom Darlehensnehmer zu zahlende Kreditrate ermittelt sich nach der folgenden Formel:

$$\text{Darlehensrate} = \frac{\text{Darlehenssumme} \cdot (\text{Zinssatz} + \text{Tilgungssatz})}{100 \cdot \text{Ratenzahl pro Jahr}}$$

Teil 3:

Für ein Darlehen von 100.000 € mit einem Zinssatz von 7 Prozent und einem Tilgungssatz von 1 Prozent ergibt sich also die monatliche Darlehensrate wie folgt:

$$\frac{100.000 \cdot (7+1)}{100 \cdot 12} = \frac{800.000}{1.200} = 666,67\ €$$

Kennen Sie bei einem Darlehen Zins- und Tilgungssatz, müssen Sie nach dieser Formel die erforderliche Darlehensrate ermitteln.

Klassische Finanzierungen

Schauen wir uns gemeinsam ein klassisches Darlehen für eine Immobilienfinanzierung an.

 BEISPIEL

Ein Bauherr nimmt für eine Immobilie ein Darlehen von 250.000 € auf. Der Darlehenszins von 6 Prozent wird für 15 Jahre festgeschrieben. Der anfängliche Tilgungssatz wird mit 1 Prozent vereinbart.

 Berechnung von Darlehensrate und Restschuld:

Die Darlehensrate ermittelt sich nach der oben dargestellten Formel.

$$\frac{250.000 \cdot (6+1)}{100 \cdot 12} = \frac{1.750.000}{1.200} = 1.458,33\ €$$

Nachdem die Rate des Darlehens ermittelt ist, sind alle Werte bekannt, die zur Ermittlung der Restschuld nach Ablauf der Zinsbindungsfrist erforderlich sind.

Eingabe	Display	Erklärung
12 GT PMT	**12.00**	Das Darlehen wird in 12 Jahresraten zurückgezahlt.
15 GT N	**180.00**	Insgesamt zahlt der Darlehensnehmer 15 Jahre lang Zins- und Tilgungsraten an die Bank. Das sind insgesamt 180 Monatsraten.
6 I/YR	**6.00**	Der vereinbarte Nominalzins beträgt 6 %.
250.000 PV	**250000.00**	Zu Beginn der Darlehenslaufzeit erhält der Kreditnehmer einen Betrag von 250.000 €. Der Betrag fließt dem Kreditnehmer zu, daher wird der Wert positiv erfasst.
1458.33 +/– PMT	**– 1,458.33**	Die monatliche Zahlung an die Bank beträgt 1.458,33 €. Diese Summe zahlt er an die Bank, daher wird der Wert negativ erfasst.
FV	**– 189,413.74**	Nach 15 Jahren zahlt der Darlehensnehmer einen Betrag von 189.413,74 € an die Bank. Das ist der Rest der Darlehensschuld, der bis dahin noch nicht durch die laufenden Darlehensraten getilgt wurde.

Ergebnis: Nach 15 Jahren Darlehenslaufzeit hat der Darlehensnehmer noch eine Schuld von 189.413,74 € bei der Bank.

Anschlussfinanzierung

Nach Ablauf der ersten Zinsbindungsfrist verbleibt, wie eben gesehen, eine Restschuld, die der Darlehensnehmer entweder in einer Summe zurückzahlen oder aber durch ein Anschlussdarlehen finanzieren kann.

Bei einer solchen Darlehensprolongation wird eine neue Darlehenskondition vereinbart. Zu dieser neu vereinbarten Darlehenskondition muss anschließend die Darlehensrate neu ermittelt werden.

Dabei wird jedoch nicht, wie bei der Ratenermittlung für das erste Darlehen, von der tatsächlichen Darlehensschuld ausgegangen, sondern von der Höhe des ursprünglichen Kredits.

Teil 3:

Würde die neue Darlehensrate nach der neuen Restschuld ermittelt, zöge sich die Tilgung der Gesamtschuld stark in die Länge. Wird die neue Darlehensrate allerdings nach der ursprünglichen Darlehenssumme ermittelt, dauert die gesamte Darlehenstilgung bei einem anfänglichen Tilgungssatz etwa 30 Jahre.

Die Rate der Anschlussfinanzierung

$$\text{Darlehensrate} = \frac{\text{ursprüngliche Darlehenssumme} \cdot (\text{Zinssatz} + \text{anfänglicher Tilgungssatz})}{100 \cdot \text{Ratenzahl pro Jahr}}$$

 Berechnung

Damit ergibt sich für die Anschlussfinanzierung unseres Musterdarlehens bei einem Zinssatz von 8 Prozent die folgende Rate.

$$\frac{250.000 \cdot (8 + 1)}{100 \cdot 12} = \frac{2.250.000}{1.200} = 1.875,00 \ €$$

Mit dieser Darlehensrate ermitteln Sie die Restlaufzeit des Darlehens.

Eingabe	Display	Erklärung
12 GT PMT	12.00	Das Darlehen wird in 12 Jahresraten zurückgezahlt.
8 I/YR	8.00	Der vereinbarte Nominalzins beträgt 8 %.
189413.74 PV	189,413.74	Die Restschuld nach 15 Jahren beträgt 189.413,74 €.
1875 +/- PMT	– 1,875.00	Die monatliche Zahlung an die Bank beträgt 1.875 €. Diese Summe zahlt er an die Bank, daher wird der Wert negativ erfasst.
0 FV	0.00	Am Ende der Darlehenslaufzeit ist die Schuld getilgt.
N	168.44	Der Rechner ermittelt die Restlaufzeit des Darlehens. WICHTIG: Angabe in Monaten.
RCL GT N	14.04	Der Rechner gibt nun die Laufzeit des Darlehens als Jahresangabe aus.

> **Ergebnis:** Für die gesamte Finanzierung benötigt Ihr Kunde rund 29 Jahre (15 Jahre + 14,04 Jahre).

Beim Abschluss einer Immobilienfinanzierung hat der Kunde die Möglichkeit, Darlehen mit unterschiedlich langer Zinsfestschreibung abzuschließen. Je länger die Zinsbindungsdauer eines Darlehens ist, desto höher fällt der Zinssatz aus. Für Ihren Kunden stellt sich die Frage, welche Zinsbindungsfrist für ihn die bessere Wahl ist. Diese Entscheidung kann nur für jeden Kunden auf der Grundlage der vorliegenden Angebote individuell getroffen werden.

 BEISPIEL

Ein Kunde möchte einen Betrag von 100.000 € finanzieren. Zu diesem Zweck liegen ihm zwei unterschiedliche Angebote vor:

1. eine Zinsfestschreibung von 10 Jahren zu 5,5 Prozent Zins pro Jahr
2. eine Zinsfestschreibung von 15 Jahren zu 6,0 Prozent Zins pro Jahr

Auf welcher Grundlage lässt sich eine Entscheidung treffen, welche der angebotenen Konditionen für den Kunden günstiger ist? Es gibt zwei Möglichkeiten, solche Darlehen miteinander zu vergleichen.

1. Ein Vergleich der Barwerte aller Zahlungen bei einem in beiden Fällen gleich angesetzten Barwertzins. Diese Vergleichsmethode ist mit Hilfe des Taschenrechners beim Kunden nur schwierig durchzuführen.

2. Leichter lässt sich errechnen, wie hoch der Zinssatz für eine notwendige Anschlussfinanzierung des Darlehens mit kürzerer Zinsfestschreibungsdauer steigen darf, damit der Darlehensnehmer bei identischen Zahlungen bei beiden Finanzierungsvarianten nach 15 Jahren gleich viel seines Darlehens getilgt hat.

 **Berechnung**

1. Schritt: Bevor die Darlehen berechnet werden können, ist auch hier die Höhe der Darlehensraten zu ermitteln. Dabei gehen Sie von der Kondition für die 15-jährige Zinsfestschreibung aus. Wir unterstellen in unserem Beispiel einen anfänglichen Tilgungssatz von 1 Prozent der Darlehenssumme.

Die monatliche Rate beträgt dann:

$$\frac{100.000 \cdot (6 + 1)}{100 \cdot 12} = \frac{700.000}{1.200} = 583,33 \ €$$

2. Schritt: In einem zweiten Berechnungsschritt ermitteln Sie die Restschuld des Darlehens mit der längeren Zinsfestschreibungsdauer.

Eingabe	Display	Erklärung
12 GT PMT	12.00	Das Darlehen wird in 12 Jahresraten zurückgezahlt.
15 GT N	180.00	Insgesamt zahlt der Darlehensnehmer 15 Jahre lang Zins- und Tilgungsraten an die Bank. Das sind insgesamt 180 Monatsraten.
6 I/YR	6.00	Der vereinbarte Nominalzins beträgt 6 %.
100000 PV	100,000.00	Zu Beginn der Darlehenslaufzeit erhält der Kreditnehmer einen Betrag von 100.000 € ausgezahlt. Der Betrag fließt dem Kreditnehmer zu, daher wird der Wert positiv erfasst.
583,33 +/– PMT	– 583.33	Die monatliche Zahlung an die Bank beträgt 583,33 €. Diese Summe zahlt er an die Bank, daher wird der Wert negativ erfasst.
FV	– 75,766.08	Nach 15 Jahren zahlt der Darlehensnehmer einen Betrag von 75.766,08 € an die Bank. Das ist der Rest der Darlehensschuld, der bis dahin noch nicht durch die laufenden Darlehensraten getilgt wurde.

Die ermittelte Restschuld wird notiert oder in einem Speicher des Rechners abgelegt (zum Beispiel mit ≥ M).

Im nächsten Schritt wird die Restschuld des Darlehens mit 10-jähriger Zinsfestschreibung bei gleicher monatlicher Zahlung ermittelt.

Eingabe	Display	Erklärung
12 GT PMT	12.00	Das Darlehen wird in 12 Jahresraten zurückgezahlt.
10 GT N	120.00	Insgesamt zahlt der Darlehensnehmer 10 Jahre lang Zins- und Tilgungsraten an die Bank. Das sind insgesamt 120 Monatsraten.
5.5 I/YR	5.50	Der vereinbarte Nominalzins beträgt 5,5 %.
100000 PV	100,000.00	Zu Beginn der Darlehenslaufzeit erhält der Kreditnehmer einen Betrag von 100.000 € ausgezahlt. Der Betrag fließt dem Kreditnehmer zu, daher wird der Wert positiv erfasst.
583.33 +/– PMT	– 583.33	Die monatliche Zahlung an die Bank beträgt 583,33 €. Diese Summe zahlt er an die Bank, daher wird der Wert negativ erfasst.
FV	– 80,062.08	Nach 10 Jahren verbleibt eine noch nicht getilgte Darlehensschuld von 80.062,08 €.

Auch diese Restschuld wird notiert oder in einem weiteren Speicher des Rechners abgelegt. Mit diesem nun neu zu finanzierende Darlehensbetrag ermitteln Sie nun den Zinssatz, zu dem eine Anschlussfinanzierung höchstens abgeschlossen werden darf, damit bei gleichen monatlichen Zahlungen wie bei dem Darlehen mit 15 Jahren Zinsbindung die gleiche Restschuld erreicht wird. Das heißt, dieser Betrag muss nun über 5 Jahre finanziert werden und wird weiterhin mit einer monatlichen Darlehensrate von 583,33 € getilgt.

Wie hoch darf der Zinssatz des Anschlussdarlehens sein, damit der Kreditnehmer nach insgesamt 15 Jahren Finanzierungsdauer nicht schlechter dasteht als mit der Zinsfestschreibung über die gesamten 15 Jahre? Sie rechnen nach:

Teil 3:

Eingabe	Display	Erklärung
12 GT PMT	12.00	Das Darlehen wird in 12 Jahresraten zurückgezahlt.
5 GT N	60.00	Für die Anschlussfinanzierung zahlt der Darlehensnehmer 5 Jahre lang Zins- und Tilgungsraten an die Bank. Das sind insgesamt 60 Monatsraten.
80062.08 PV	80,062.08	Insgesamt sind nach 10 Jahren noch 80.062,08 € zu finanzieren.
583.33 +/– PMT	– 583.33	Die monatliche Zahlung an die Bank beträgt 583,33 €. Diese Summe zahlt er an die Bank, daher wird der Wert negativ erfasst.
75766.08 +/– FV	– 75,766.08	Nach 5 Jahren soll die gleiche Restschuld vorliegen, wie bei der ursprünglichen Zinsfestschreibung über 15 Jahre.
I/YR	7.86	Der Darlehenszins, bei dem der Kunde in beiden Fällen gleich steht wird ermittelt. Ist die Anschlussfinanzierung billiger, spart er mit der kürzeren Zinsbindung. Muss er allerdings die Anschlussfinanzierung teurer abschließen, wäre die längere Zinsbindungsdauer die besser Wahl.

Ergebnis: Gehen Sie davon aus, dass Ihr Kunde in 10 Jahren eine Anschlussfinanzierung zu einem niedrigeren Zinssatz als 7,86 Prozent abschließen kann, ist die kürzere Zinsfestschreibung die bessere Alternative. Rechnen Sie allerdings damit, dass eine Anschlussfinanzierung nur zu einem höheren Zinssatz abzuschließen ist, ist die Zinsfestschreibung über 15 Jahre die bessere Alternative.

Finanzierung mit Tilgungsaussetzung

Bei der Finanzierung einer Immobilie stellt sich für Bauherren die Frage, ob es günstiger ist, zunächst auf die Tilgung des Darlehens zu verzichten und statt dessen den zur Tilgung notwendigen Betrag mit einer separaten Kapitalanlage anzusparen.

Diese Kombination ist für den Kunden dann günstiger als die klassische Finanzierung durch ein Annuitätendarlehen, wenn die Anlage, in die Tilgungsleistungen angespart werden, mehr Rendite erbringt, als das Darlehen kostet. Solche Renditen sind besonders bei der Anlage in Aktienfonds möglich.

 BEISPIEL

Der Bauherr aus dem Beispiel oben, möchte wiederum 250.000 € finanzieren. Er hat die Möglichkeit, diesen Betrag zu 6 Prozent Zins für 15 Jahre fest zu finanzieren. Dabei kann er entscheiden, ob er zusätzlich zu den Zinszahlungen eine anfängliche Tilgung von 1 Prozent der Darlehenssumme jährlich leisten möchte, oder sich für eine Tilgungsaussetzung entscheidet und die Tilgungsleistungen anderweitig anlegt.

Bei einer direkten Tilgung des Darlehens mit einem Tilgungssatz von 1 Prozent verbleibt dem Bauherren nach 15 Jahren eine Restschuld von 189.413 € (s. o.). Die Frage an den Berater lautet nun: Welche Rendite muss eine Alternativanlage der Tilgungsleistungen mindestens erbringen, damit der Bauherr mit einer Tilgungsaussetzung besser gestellt ist?

Wichtig

Eine leistungsstarke Fondspolice kann für Anleger, je nach persönlicher Steuersituation, besonders interessant sein. Gemanagte Fondspolicen sind zusätzlich besonders für die Anleger von Interesse, die sich selbst möglichst wenig um ihre Kapitalanlagen kümmern möchten, aber gleichzeitig die Vorteile der Aktienanlage nutzen wollen. Die Kosten einer Fondspolice sind also nur die eine Seite der Medaille. Die andere Seite sind die Leistungen. Um es noch anders auszudrücken: Wenn eine teure Fondspolice keine oder nur geringe Leistungen bietet, beispielsweise nur die Wahl zwischen zwei Fonds zulässt und sonst keine weiteren Leistungen wie Ablaufmanagement, ist das Angebot wahrscheinlich zu teuer.

Sie rechnen nach:

Zurück zur letzten Aufgabe:

Damit die notwendige Rendite einer Alternativanlage berechnet werden kann, werden zunächst einmal Angaben über das erforderliche Endvermögen der Alternativanlage und den zur Verfügung stehenden Anlagebetrag benötigt.

Bei der Tilgung des Darlehens mit einem anfänglichen Tilgungssatz von 1 Prozent beträgt die Restschuld nach 15 Jahren 189.413 €. Das heißt, der Darlehensnehmer hat in 15 Jahren seine Schuld um 60.587 € verringert. Diesen Betrag muss er mindestens mit einer Alternativanlage ansparen, damit er nach Ablauf der 15 Jahre nicht schlechter gestellt ist, als mit dem Tilgungsdarlehen.

Als nächstes wird der Betrag ermittelt, der zur Ansparung der erforderlichen 60.587 € zur Verfügung steht. Dieser Betrag entspricht genau der Summe, die als anfängliche Tilgungsleistung vereinbart ist. In unserem Fall ist das also 1 Prozent der Darlehenssumme jährlich. Damit ergibt sich zur Ansparung einer Kapitalanlage ein Betrag von 2.500 € jährlich oder 208,33 € monatlich.

Damit sind alle notwendigen Angabe für die Berechnung der erforderlichen Rendite der Alternativanlage vorhanden:

Laufzeit der Anlage: 15 Jahre (Dauer der Zinsbindung des Darlehens)
monatlicher Sparbetrag: 208,33 €
benötigtes Endvermögen: 60.587 €
Startkapital ist nicht vorhanden

Versuchen Sie nun einmal, damit ich erneut sicher sein kann, dass Sie nicht immer nur weiterlesen, den Zahlungsstrom darzustellen.

Skizzieren Sie hier den Zahlungsstrom:

 Berechnung

Eingabe	Display	Erklärung
12 GT PMT	**12.00**	Der Bauherr spart in monatlichen Raten.
15 GT N	**180.00**	Der Bauherr möchte in 15 Jahren über das Kapital zur Darlehenstilgung verfügen.
0 PV	**0.00**	Eine Anfangseinzahlung in den Sparplan kann der Bauherr zur Zeit nicht leisten.
208.33 +/– PMT	**– 208.33**	Die monatliche Sparrate beträgt 208,33 €.
60587 FV	**60,587.00**	Nach 15 Jahren möchte der Bauherr über einen Betrag von 60.587 € verfügen können.
I/YR	**6.00**	Ermittlung des nominalen Zinssatzes.
GT PV	**6.17**	Umrechnung auf den Effektivzins.

Ergebnis: Erzielt der Bauherr mit der alternativen Anlage der Tilgungsmittel eine Rendite von 6,17 % pro Jahr, ist die Restschuld nach 15 Jahren gleich hoch wie bei der direkten Darlehenstilgung. Ist die erzielte Rendite nach 15 Jahren höher als 6,17 % ist diese Finanzierungsvariante für den Bauherren günstiger als die Finanzierung über ein klassischen Tilgungsdarlehen.

 BEISPIEL 2

Nach dieser ersten Vergleichsrechnung hat der Kunde sich für eine Tilgungsaussetzung bei der Finanzierung entschieden. Statt einer Tilgung möchte er in einer Fondsanlage das zur Darlehenstilgung benötigte Kapital ansparen. Als vorsichtiger Berater nehmen Sie als Rendite der Fondsanlage durchschnittlich 8 Prozent pro Jahr an. Welchen Betrag muss der Bauherr monatlich sparen, damit er nach 15 Jahren seine Darlehensschuld von 250.000 € tilgen kann?

 Berechnung

Eingabe	Display	Erklärung
12 GT PMT	12.00	Der Kunde möchte monatlich sparen.
15 GT N	180.00	In 15 Jahren möchte der Bauherr über das angesparte Vermögen verfügen.
8 GT PV	8.00	Sie unterstellen für die Anlage einen effektiven Zins von 8 %.
GT I/YR	7.72	Bei monatlicher Zahlung entspricht das einem Nominalzins von 7,72 %.
0 PV	0.00	Zu Beginn des Sparplans verfügt der Kunde über kein Kapital, das als Einmalanlage eingezahlt werden kann.
250000 FV	250,000.00	Nach 15 Jahren möchte der Kunde über ein Vermögen von 250.000 € verfügen.
PMT	– 740.51	Damit das Sparziel erreicht wird, muss der Kunde monatlich 740,51 € sparen.

> **Ergebnis:** Kann der Bauherr monatlich einen Betrag von 740,51 € in eine Kapitalanlage einzahlen, die eine durchschnittliche Rendite von 8 Prozent erwirtschaftet, verfügt er nach 15 Jahren über ein Vermögen von 250.000 € und kann damit sein Darlehen vollständig tilgen. Der ermittelte Betrag von 740,51 € ist dem Kunden zu hoch. Er möchte nur einen Betrag von 500 € monatlich für den Sparplan aufwenden. Wie lange muss er jetzt sparen, bis er über den zur Darlehenstilgung benötigten Betrag von 250.000 € verfügt?

Nach der vorhergehenden Rechnung beantworten Sie diese Frage schnell, indem Sie nur die Veränderungen erfassen und die gesuchte Angabe ermitteln.

 Berechnung

Welcher Wert hat sich geändert? Der Kunde wünscht eine Veränderung der Sparrate. Sparziel und Rendite sollen unverändert bleiben.

Eingabe	Display	Erklärung
500 +/– PMT	– 500.00	Die neue Sparrate soll 500 € betragen.
N	224.39	Ermittlung der Spardauer, die bei einer monatlichen Sparrate von 500 € und einem Effektivzins von 8 % p. a. zu einem Endvermögen von 250.000 € führt. WICHTIG: Der Rechner ermittelt die Spardauer hier als Periodenzahl, bei monatlicher Sparweise also in Monaten.
RCL GT N	18.70	Nach der Berechnung der notwendigen Sparzeit als Periodenanzahl kann die Sparzeit in Jahren über die Tastenkombination GT N abgefragt werden.

> **Ergebnis:** Spart der Bauherr 224 Monate lang 500 € im Monat und investiert diesen Betrag in eine Anlageform, die eine durchschnittliche Rendite von 8 Prozent p. a. erzielt, verfügt er nach dieser Zeit über das gewünschte Vermögen von 250.000 €.

Teil 3:

Darlehen mit Disagio

Ein Disagio ist eine Form der Zinsvorauszahlung. Dabei erhält der Kunde bei der Darlehensauszahlung nicht den vollen Rückzahlungsbetrag, den nominellen Darlehensbetrag, ausgezahlt, sondern eine um einen bestimmten Anteil (Disagio/Abgeld) verringerte Summe. Bei der Vereinbarung eines Disagios wird dann im Gegenzug ein geringerer Nominalzins festgelegt, der jedoch auf die nominelle Darlehensschuld berechnet wird.

Die Vereinbarung eines Disagios kann für den Kunden steuerliche Vorteile haben, wenn diese Zinsvorauszahlung sofort voll steuerlich als Zinsaufwand geltend gemacht werden kann. Das ist beispielsweise bei der Finanzierung einer vermieteten Immobilie oder bei gewerblichen Finanzierungen der Fall.

Für den Berater stellt sich nun die Frage, wie ein solches Darlehen einfach zu berechnen und mit einem „normalen" Darlehen verglichen werden kann.

Für den Vergleich zweier Darlehen gibt es zwei Möglichkeiten. Die erste Möglichkeit ist ein Vergleich des Effektivzinses.

 BEISPIEL: Effektivzins eines Darlehens mit Disagio

Ihr Kunde benötigt ein Darlehen von 100.000 €. Dazu wurden ihm Darlehen zu den folgenden Konditionen angeboten.

Darlehen 1:
Nominalzins: 4,89 Prozent
Auszahlungskurs: 100 Prozent (kein Disagio)
Tilgungssatz: 1 Prozent
Darlehenslaufzeit: 10 Jahre

Darlehen 2:
Nominalzins: 3,49 Prozent
Auszahlungskurs: 90 Prozent (10 Prozent Disagio)
➤ Bruttodarlehen 111.111,11 € (100.000/90 · 100)
Tilgungssatz: 1,81 Prozent
Darlehenslaufzeit: 10 Jahre

Wie vergleichen Sie die beiden Darlehen miteinander?

Notieren Sie die Möglichkeiten, die Ihnen zum Vergleich der beiden Darlehen einfallen.

Grundsätzlich können Sie Darlehen anhand des Effektivzinses oder bei gleichen Zahlungen anhand der Restschuld vergleichen. Die höchste Aussagekraft für den Kunden hat ein Vergleich der Restschuld bei gleich hohen Zahlungen für die zu vergleichenden Darlehen. Liegen unterschiedliche Zahlungen für zu vergleichende Darlehen vor, kann der Restschuldvergleich nicht zu einem richtigen Ergebnis führen, hier hilft Ihnen ein Vergleich der Barwerte aller Zahlungen weiter. Dabei werden alle Zahlungen, die im Zusammenhang mit einem Darlehen geleistet werden, mit einem einheitlichen Zinssatz auf einen bestimmten Termin – am einfachsten den Beginn des Darlehensvertrags – abgezinst.

Die Ermittlung des Barwertes aller Zahlungen hat den Vorteil, dass die unterschiedlichen Fälligkeiten der einzelnen Zahlungen bei der Abzinsung mit berücksichtigt werden. Damit ist dieser Vergleich gegenüber einer einfachen Gegenüberstellung der insgesamt zu zahlenden Summe genauer, da zum Beispiel eine Zahlung in zehn Jahren sich wesentlich geringer im Barwert niederschlägt als eine Zahlung die bereits im ersten Jahr in gleicher Höhe zu leisten ist.

 Berechnungen

Darlehensraten: Zunächst werden die fehlenden Werte für die Eingabe in den Rechner mit Hilfe der vorhandenen Angaben ermittelt. Die Ratenberechnung erfolgt nach der bereits auf Seite 40 dargestellten Formel. *107* Es ergibt sich für Darlehen 1 eine Monatsrate von 490,83 €.

107 Bei der Ratenberechnung für Darlehen 2 wird ebenfalls nach der Formel auf Seite 40 vorgegangen. Hier ist aber zu beachten, dass nicht die Auszahlungssumme von 100.000 € in die Formel eingesetzt wird, sondern der nominale Darlehensbetrag von 111.111,11 €. Es ergibt sich in unserem Beispiel hier eine Monatsrate von 490,74 €.

Sie gehen davon aus, dass die Rate in beiden Fällen auf den nächsten ganzzahligen Betrag aufgerundet wird. Damit wird in beiden Fällen eine Rate von 491 € gezahlt.

Ermittlung der Vergleichsgrößen: Darlehen 1, ohne Disagio:

Eingabe	Display	Erklärung
12 GT PMT	12.00	Das Darlehen wird in 12 Jahresraten zurückgezahlt.
10 GT N	120.00	Insgesamt zahlt der Darlehensnehmer 10 Jahre lang Zins- und Tilgungsraten an die Bank. Das sind insgesamt 120 Monatsraten.
4.89 I/YR	4.89	Der vereinbarte Nominalzins beträgt 4,89 %.
100000 PV	100,000.00	Zu Beginn der Darlehenslaufzeit erhält der Kreditnehmer einen Betrag von 100.000 € ausgezahlt. Der Betrag fließt dem Kreditnehmer zu, daher wird der Wert positiv erfasst.
491 +/– PMT	– 491.00	Die monatliche Zahlung an die Bank beträgt 491 €. Diese Summe zahlt er an die Bank, daher wird der Wert negativ erfasst.
FV	– 87,109.95	Nach 10 Jahren verbleibt eine noch nicht getilgte Darlehensschuld von 87.109,95 €.

Ergebnis 1: Die Restschuld beträgt 87.109,95 €.

Den Effektivzins ermitteln Sie durch die Tastenkombination GT PV. Er liegt bei 5,00 Prozent.

Zur Ermittlung des Barwertes der geleisteten Zahlungen müssen Sie sich zunächst einmal für einen festen Barwertzins entscheiden. Geben Sie im Beispiel einen Barwertzins von 6 Prozent Effektivzins vor.

Die Eingabe erfolgt dann nach dem folgenden Schema. Die Daten der vorherigen Berechnung müssen dazu noch im Rechner gespeichert sein – nicht mit GT C löschen!

Eingabe	Display	Erklärung
6 GT PV	6.00	Vorgabe des Effektivzinses von 6 %.
GT I/YR	5.84	Umrechnung auf den Nominalzins.
PV	93,187.38	Ermittlung des Barwertes aller Zahlungen, die der Kreditnehmer zu leisten hat.

Darlehen 2, mit Disagio:

Eingabe	Display	Erklärung
12 GT PMT	12.00	Das Darlehen wird in 12 Jahresraten zurückgezahlt.
10 GT N	120.00	Insgesamt zahlt der Darlehensnehmer 10 Jahre lang Zins- und Tilgungsraten an die Bank. Das sind insgesamt 120 Monatsraten.
3.49 I/YR	3.49	Der vereinbarte Nominalzins beträgt 3,49 %.
111111.11 PV	111,111.11	Zu Beginn der Darlehenslaufzeit erhält der Kreditnehmer einen Betrag von 100.000 € ausgezahlt, seinem Kreditkonto werden jedoch 111.111,11 € belastet.
491 +/– PMT	– 491.00	Die monatliche Zahlung an die Bank beträgt 491 €. Diese Summe zahlt er an die Bank, daher wird der Wert negativ erfasst.
FV	– 87,048.29	Nach 10 Jahren verbleibt eine noch nicht getilgte Darlehensschuld von 87.048,29 €.

Ergebnis: Die Restschuld beträgt 87.048,29 €.

 **Berechnung**

Zur Ermittlung des Effektivzinses müssen Sie zunächst die tatsächlich an den Darlehensnehmer ausgezahlte Summe erfassen. Anschließend kann der Effektivzins ermittelt werden.

Eingabe	Display	Erklärung
100000 PV	100,000.00	Der Darlehensnehmer erhält zu Beginn des Darlehensvertrages 100.000 € ausgezahlt.
I/YR	4.88	Bei einem Darlehen ohne Disagiovereinbarung entsprechen die notwendigen Zahlungen einem Nominalzins von 4,88 %.
GT PV	4.99	Der Effektivzins des Darlehens beträgt 5 %.

Ergebnis: Der Effektivzins beträgt 4,99 Prozent.

Der Barwert aller Zahlungen wird analog zu Beispiel 1 ermittelt. Also:

Eingabe	Display	Erklärung
6 GT PV	6.00	Vorgabe des Effektivzinses von 6 %.
GT I/YR	5.84	Umrechnung auf den Nominalzins.
PV	93,152.95	Ermittlung des Barwertes aller Zahlungen, die der Kreditnehmer zu leisten hat.

Ergebnis: Vergleichen Sie die ermittelten Werte der beiden Darlehen.

	Darlehen 1	Darlehen 2
Effektivzins	5 %	5 %
Restschuld	87.109,95 €	87.048,29 €
Barwert der Einzahlungen	93.187,38 €	93.152,95 €

Für unseren Kunden ist das Darlehen, bei dem am Ende der Laufzeit die geringste Restschuld verbleibt, die günstigere Wahl. Hier ist bei gleichen Zahlungen (wie in unserem Beispiel angenommen) auch der Barwert aller Zahlungen geringer. Der Kunde sollte sich also für Darlehen 2 entscheiden.

Autofinanzierung

Zur Finanzierung eines Autokaufs werden von Händlern mitfinanzierte Darlehen zu auf den ersten Blick traumhaften Konditionen angeboten. Nicht selten kann ein Darlehen mit 4-jähriger Laufzeit für einen Effektivzins von 0,9 Prozent aufgenommen werden. Diese Darlehenskonditionen können nur angeboten werden, wenn der Händler einen Teil seiner Provision zur Mitfinanzierung der Zinskondition weitergibt. Dadurch sinkt der Verhandlungsspielraum des Kunden einen Preisnachlass mit dem Händler zu vereinbaren.

Bei einer „normalen" Bankfinanzierung eines Kfz werden dagegen Zinsen zwischen 7 und 10 Prozent effektiv fällig. Der Vorteil für den Autokäufer: Er kann beim Händler als Barzahler auftreten und so leichter einen Preisnachlass heraushandeln.

Die Frage, die sich für den Kunden nun stellt, ist, wie hoch der zusätzlich herausgehandelte Nachlass sein muss, damit die Finanzierung über die Bank unterm Strich günstiger ist, als die Finanzierung über das „subventionierte" Händlerdarlehen.

Ein Autokäufer möchte beim Kauf seines neuen Traumwagens einen Betrag von 25.000 € finanzieren. Dazu liegen ihm zwei Finanzierungsangebote vor.

1. Darlehen beim Händler:
   Der Händler bietet eine Finanzierung zu einem Effektivzins von 0,9 Prozent und einer Laufzeit von 4 Jahren an. Nach 4 Jahren ist das Darlehen vollständig getilgt. Nimmt der Kunde dieses Angebot in Anspruch, kann der Händler keinen Nachlass auf den Listenpreis geben.

2. Bankdarlehen:
   Bei seiner Hausbank kann der Kunde ein Darlehen für 8,5 Prozent Effektivzins bei gleicher Laufzeit bekommen. Auch hier wird die Darlehensschuld in 4 Jahren vollständig getilgt.
   Gegenüber dem Händler kann der Kunde als Barzahler auftreten und erhält dann einen Preisnachlass von 3.000 €. Dieser Preisnachlass verringert den Kreditbedarf des Kunden.

Welche Finanzierungsvariante ist für den Kunden günstiger?

Berechnung

Die Berechnung muss hier in zwei getrennten Berechnungsschritten erfolgen. Zunächst wird ermittelt, wie hoch die Kreditrate für den Kunden ist, wenn er das Angebot des Händlers in Anspruch nimmt.

Eingabe	Display	Erklärung
12 GT PMT	12.00	Das Darlehen wird in 12 Jahresraten zurückgezahlt.
4 GT N	48.00	Die Darlehenslaufzeit beträgt 4 Jahre.
0.9 GT PV	0.90	Der Effektivzins des Händlerkredits beträgt 0,9 %.
GT I/YR	0.90	Umrechnung des Effektivzinses auf den Nominalzins (tatsächlich: 0,89631)

25000 PV	25,000.00	Die Darlehenssumme beträgt 25.000 €.
0 FV	0.00	Nach 4 Jahren ist die Schuld getilgt, es verbleibt keine Restschuld.
PMT	– 530.42	Die zur Darlehenstilgung erforderliche Monatsrate beträgt 530,42 €.

Zwischenergebnis: Die monatliche Belastung für die Autofinanzierung beträgt 530,42 €.

Schritt 2: Nun wird ermittelt, welchen Darlehensbetrag der Kreditnehmer bei der Bank mit einer Monatsrate von 530,42 € in 4 Jahren tilgen kann. Dazu ist es nicht notwendig den vollständigen Darlehensverlauf neu zu erfassen. Fast alle notwendigen Angaben sind bereits durch die erste Berechnung eingespeichert. Es muss lediglich der Zinssatz verändert werden. Anschließend kann die Darlehenssumme, die bei der Bank finanziert werden kann, ermittelt werden.

Eingabe	Display	Erklärung
8.5 GT PV	8.50	Der Effektivzins der Bankfinanzierung beträgt 8,5 %.
GT I/YR	8.19	Dieser Effektivzins entspricht einem Nominalzins von 8,19 %.
PV	21,649.60	Mit der vorgegebenen Monatsrate kann der Kunde bei der Bank in 4 Jahren einen Betrag von 21.649,60 € tilgen.

Ergebnis: Bei seiner Hausbank kann der Kunde für die gleichen monatlichen Zahlungen wie beim Autohändler einen Betrag von 21.649,60 € finanzieren. Das sind 3.350,40 € weniger, als er beim Händler an Kredit bekommen kann. Als Barzahler erhält er einen Rabatt von 3.000 €. Das heißt, er müsste noch 22.000 € finanzieren. Dieser Betrag liegt über dem gerade als höchstem Barzahlungspreis ermittelten Kreditbetrag.
Fazit: Für den Kunden ist das Angebot des Händlers günstiger.

Teil 3:

Leasingfinanzierung

Neben der Kreditfinanzierung hat sich in den letzten Jahren auch das Angebot von Leasing-Finanzierungen für Privatkunden wesentlich verbreitert. Auch hier geht es darum, verschiedene Varianten einer Finanzierung für den Kunden zu vergleichen und die beste Möglichkeit zu finden.

 BEISPIEL

Ein Kunde möchte einen neuen Wagen im Wert von 30.000 € anschaffen. Der Händler legt ihm folgendes Leasing-Angebot vor:

- ☐ Laufzeit: 36 Monate
- ☐ Anzahlung: 6.000 €
- ☐ monatliche Leasingrate: 400 €
- ☐ Restwert nach 36 Monaten: 15.000 €

Nach Ablauf des Leasingvertrages möchte der Kunde das Fahrzeug zum vereinbarten Restwert übernehmen.

Der Kunde fragt Sie als seinen Berater, wie teuer die Leasing-Finanzierung ist. Wie gehen Sie vor?

Eine gute Möglichkeit, die Leasingfinanzierung mit einer „Standardfinanzierung" mit einem Kredit zu vergleichen, ist der Effektivzins. Dazu müssen Sie sich zunächst einmal den Zahlungsstrom der Leasing-Finanzierung klar machen. Versuchen Sie einmal, den Zahlungsstrom auf der folgenden Seite darzustellen.

Bei unserer Beispielfinanzierung bringt der Autokäufer zunächst einen Betrag von 6.000 € als Eigenleistung auf. Es verbleibt also ein zu finanzierender Betrag von 30.000 € abzüglich 6.000 €, der finanziert werden muss. Das heißt zu Beginn der Finanzierung hat der Kunde einen Liquiditätszufluss von 24.000 €. Im Gegensatz zu einem normalen Darlehen erhält er diesen Vorteil allerdings nicht als Barauszahlung, sondern in Form des geleasten Fahrzeugs.

Im Anschluss daran zahlt der Kunde monatliche Raten an die Leasinggesellschaft. Nach 3 Jahren übernimmt er das Fahrzeug zu dem vertraglich vereinbarten Restwert.

Die genannten Zahlungen können leicht im Taschenrechner erfasst werden.

 **Berechnung**

Eingabe	Display	Erklärung
12 GT PMT	12.00	Das Darlehen wird in 12 Jahresraten zurückgezahlt.
3 GT N	36.00	Die Laufzeit des Leasingvertrages beträgt 3 Jahre.
24000 PV	24,000.00	Zu Vertragsbeginn fließt dem Leasingnehmer ein Liquiditätsvorteil von 24.000 € in Form des Pkw zu.
400 +/– PMT	– 400.00	Während der Laufzeit des Leasingvertrages zahlt der Kunde eine monatliche Leasingrate von 400 €.
15000 +/– FV	– 15,000.00	Am Ende der Vertragslaufzeit übernimmt der Kunde das Fahrzeug zum vereinbarten Restwert von 15.000 €.
I/YR	9.08	Ermittlung des Zinssatzes der Leasingfinanzierung.
GT PV	9,47	Ermittlung des Effektivzinssatzes der Leasingfinanzierung.

Ergebnis: Die Finanzierung des Fahrzeugs über den Leasingvertrag kostet effektiv 9,47 Prozent Zins. Anhand dieses Zinssatzes kann eine Leasingfinanzierung mit einem Darlehen verglichen werden.

Verkaufsstrategien für Gewinner

Einleitung

Auf den vorangegangenen Seiten haben Sie die verschiedene Möglichkeiten kennen gelernt, wie Sie mit einem einfachen finanzmathematischen Taschenrechner verschiedenste Fragestellungen rund um Anlageprodukte und Darlehen beantworten können.

In diesem Teil geht es nun darum, wie Sie den Taschenrechner im direkten Gespräch zum Nutzen Ihrer Kunden einsetzen können und dabei zusätzlich leichter mit ihnen ins Geschäft kommen. Ich präsentiere Ihnen auf den folgenden Seiten ein über viele Jahre sehr erfolgreich aufgebautes Seminar-Know-how. Jeden Monat publiziere ich neue Rechenbeispiele und Zahlenspielereien in meinem Coaching-Brief. Für nähere Informationen zu diesem Coaching-Brief mailen Sie mir unter:

mail@berndwkloeckner.de.

Nun jedoch wünsche ich viel Spaß beim Lesen und Lösen der folgenden Aufgaben. Sie werden feststellen: Je mehr Sie kreativ rechnen, desto leichter fällt es Ihnen und desto mehr Rechenbeispiele fallen Ihnen selbst ein. Sollten Sie spannende und interessante Rechenvarianten selbst entwickeln, freue ich mich, wenn Sie mir diese ebenfalls einmal per E-Mail zur Verfügung stellen.

Noch ein Hinweis: Ich habe die Beispiele oftmals so geschrieben, als wären Sie mein Kunde – oder so, als könnten Sie mein Kunde sein. Ich spreche also in der Sprache, wie Sie sprechen werden, wenn Sie mit einem Kunden oder Interessenten an einem Tisch sitzen.

Die Bank zum Reichtum (86.400 €)

Haben Sie es gelegentlich mit Kunden zu tun, die vom Reichtum träumen, aber selbst nicht bereit sind, etwas dafür zu tun oder aber gar nicht so recht wissen, wie sie den Weg zu Reichtum und finanziellem Erfolg gehen sollen.

Spielen Sie einmal mit Ihren Kunden das folgende Spiel:

Stellen Sie sich vor, jemand gibt Ihnen ein Bankkonto, auf dem jede Nacht um Null Uhr ein Betrag von 86.400 € gutgeschrieben wird. Über diesen Betrag können Sie am nächsten Tag vollkommen frei verfügen. Sie können damit tun, was Sie tun möchten. Es gibt nur eine einzige Einschränkung: Jeder Cent, den Sie nicht innerhalb von 24 Stunden abgehoben und genutzt haben, verfällt. Um 24 Uhr wird das Restguthaben vollständig gelöscht, Sie dürfen keinen Saldo mit in den nächsten Tag nehmen. Gleichzeitig wird Ihnen für den nächsten Tag wieder ein Betrag von 86.400 € gutgeschrieben.

Was würden Sie mit dem täglichen Guthaben von 86.400 € tun?

Alle, denen ich diese Frage bisher gestellt habe, antworten – was auf der Hand liegt – darauf einstimmig:

„Ich würde jeden einzelnen Cent abheben und nutzen."

Hätten Sie auch so geantwortet? Ich verrate Ihnen etwas: Sie haben eine solche Bank. Sie haben ein solches Konto. Doch viele von uns lassen jeden Tag einen großen Teil des Guthabens ungenutzt verfallen oder nutzen das Guthaben so, dass sie selbst nichts davon haben. Bei welcher besonderen Bank haben wir dieses wundersame Konto?

Es ist die Bank der ZEIT!

Wir bekommen jeden Tag 24 Stunden, das sind 1.440 Minuten oder 86.400 Sekunden Zeit geschenkt. Jeden Tag von neuem haben wir die Wahl, diese Zeit sinnvoll zu nutzen oder aber wertlos verstreichen zu lassen. Wir müssen uns für eine der beiden Alternativen entscheiden, nur eines können wir nicht, einen Teil aufsparen für den nächsten Tag.

Nicht anders ist es bei der Geldanlage und dem Vermögensaufbau. In diesem Bereich gibt es nur zwei Möglichkeiten, um zu Vermögen zu gelangen:

Viel Zeit mal wenig Geld oder wenig Zeit mal viel Geld!

Möchten Sie oder Ihre Kunden ein Vermögen aufbauen, haben Sie dazu nur zwei Möglichkeiten – vom Lottogewinn oder der Millionenerbschaft einmal abgesehen.

Sie können entweder:

☐ wenig Zeit und sehr viel Geld oder aber
☐ viel Zeit und weniger Geld einsetzen.

Was heißt das nun? Möchten Sie einen bestimmten Betrag durch Sparen ansammeln, können Sie entweder über lange Zeit einen kleinen Betrag regelmäßig sparen oder aber eine kurze Zeit lang regelmäßig einen sehr großen Betrag anlegen.

 BEISPIEL

In einem Beratungsgespräch treffen Sie auf Vater und Sohn. Der Vater ist 50, der Sohn erst 20 Jahre alt. Beide haben das Ziel, bis zu ihrem 60. Lebensjahr durch monatliches Sparen ein Vermögen von einer Million Euro anzusparen. Beide möchten in einen erfolgreichen Aktienfonds einzahlen, der eine durchschnittliche jährliche Rendite von 10 Prozent erzielt.

Schätzen Sie einmal, wie hoch die monatlichen Sparleistungen von Vater und Tochter sein müssen.

Vater (10 Jahre Sparzeit): _____

Sohn (40 Jahre Sparzeit): _____

Rechnen Sie einmal nach:

Berechnung für den Vater

Eingabe	Display	Erklärung
12 GT PMT	12.00	12 Zahlungen jährlich werden durch den Kunden geleistet.
10 GT N	120.00	Der Vater hat noch 10 Jahre (120 Monate) Zeit, um sein Sparziel zu erreichen.
0 PV	0.00	Er leistet zu Beginn der Vertragslaufzeit keine Einmaleinzahlung.
10 GT PV	10.00	Der Effektivzins, der von der Fondsanlage erwartet wird, ist 10,0 %.
GT I/YR	9.57	Umrechnung auf den erforderlichen Nominalzins.
1000000 FV	1,000,000.00	Das Sparziel des Kunden ist es, ein Vermögen von 1.000.000 € anzusparen.
PMT	– 5,003.41	Der Vater müsste monatlich einen betrag von 5.003,41 € einzahlen, damit er in 10 Jahren das gewünschte Vermögen von einer Million erreichen kann.

 Berechnung für den Sohn (abgekürzter Lösungsweg)

Eingabe	Display	Erklärung
40 GT N	480.00	Der Sohn hat noch 40 Jahre (480 Monate) Zeit, um sein Sparziel zu erreichen.
PMT	– 180.17	Er muss einen monatlichen Sparbeitrag von 180,17 € aufbringen, damit er in 40 Jahren das gewünschte Vermögen von einer Million erreichen kann.

Ergebnis Der Sohn hat auf Grund der viel längeren Sparzeit eine wesentlich geringere monatliche Sparrate aufzubringen als der Vater. Der Vater hat nur noch $\frac{1}{4}$ der Zeit zur Verfügung, die seinem Sohn noch bleibt, um das gewünschte Endvermögen zu erreichen. Doch es genügt nicht die vierfache Sparrate, um diesen Zeitnachteil auszugleichen, der Vater muss bereits mehr als das Zwanzigfache als Sparrate aufbringen, wenn er sein Ziel noch erreichen will.

Einfluss der Rendite

Auch die Rendite, die mit einer Anlage erzielt werden kann, hat erheblichen Einfluss auf das mögliche Sparergebnis. In der täglichen Praxis treffen Berater von Zeit zu Zeit auf Anleger, die lieber auf Nummer sicher anlegen und ihr Kapital zum Beispiel auf ein Sparbuch mit einer Verzinsung von unter 3 Prozent jährlich einzahlen. Eine Anlage mit dieser Verzinsung führt allerdings real sogar zu einem Kapitalverlust, da Inflation und Steuern auf die Zinserträge höher sind, als die Erträge selbst. Doch lassen Sie diese Einflüsse einmal außer Acht und betrachten nur einmal den Unterschied zu einer ertragreicheren Anlage, der sich bei dem Ergebnis einer solchen Anlage über einen langen Anlagezeitraum ergibt.

 BEISPIEL

Nehmen Sie einmal an, Ihr Urgroßvater hätte vor 100 Jahren ein Kapital von 1000 Dollar angelegt. Dieses Kapital wurde bis heute nicht angerührt und hat sich mit Zins und Zinseszins vermehrt. Über welches Vermögen könnten Sie heute verfügen,

a) wenn Ihr Urgroßvater das Kapital auf Nummer sicher mit einer durchschnittlichen Verzinsung von 3 Prozent pro Jahr angelegt hätte?

b) wenn er das Kapital ertragreich mit einer durchschnittlichen Verzinsung von 10 Prozent pro Jahr angelegt hätte?

Sie rechnen nach:

Berechnung mit 3 Prozent Verzinsung

Eingabe	Display	Erklärung
1 GT PMT	1.00	Es handelt sich um eine Einmalanlage, mit jährlicher Zinsgutschrift.
100 GT N	100.00	Die Anlagedauer beträgt 100 Jahre.
1000 +/– PV	– 1,000.00	Vor 100 Jahren wurden einmalig 1.000 $ investiert.
3 I/YR	3.00	Die Verzinsung betrug 3 % jährlich.
0 PMT	0.00	Es wurden keine zwischenzeitlichen Zahlungen geleistet.
FV	19,218.63	Nach 100 Jahren ist das Vermögen auf eine Summe von 19.218,63 $ angewachsen.

Ergebnis: Nach einer Anlagedauer von 100 Jahren könnten Sie heute über ein Vermögen von rund 19.000 $ verfügen.

 Berechnung mit 10 Prozent Verzinsung

Sie benutzen auch hier die abgekürzte Berechnungsmethode und ändern nur die Angaben, die gegenüber der vorherigen Rechnung unterschiedlich sind.

Eingabe	Display	Erklärung
10 I/YR	10.00	Die Verzinsung betrug 10,0 % jährlich.
FV	13,780,612.34	Nach 100 Jahren ist das Vermögen auf eine Summe von 13.780.612,34 $ angewachsen.

Ergebnis: Durch die Anlage zu einer höheren Rendite hätte Sie Ihr Urgroßvater zum vielfachen Millionär machen können.

Teil 4:

> *Fazit*
>
> *Wer bei der Kapitalanlage über lange Laufzeiten immer auf Nummer sicher setzt, verliert auf Dauer ein Vermögen. Anstatt Kapital hinzu zu gewinnen spart der Anleger sich arm.*

Die 2-Jahres-Regel

Im vorangegangenen Kapitel wurde bereits die Auswirkung von Zins und Zinseszins beschrieben. Wer früher beginnt, Kapital bei Seite zu legen, erreicht mühelos ein großes Vermögen, während Anleger, die erst später mit der Anlage beginnen, nur unter großen Anstrengungen in der Lage sind, Vermögen zu bilden.

Trotz dieser klaren Fakten neigen gerade Berufsanfänger dazu, zunächst einmal nicht zu sparen. Sie möchten erst einmal „das Leben genießen". Fast das gesamte Einkommen wird für den Konsum verwendet. Als Berater ist es sehr schwierig solche Kunden davon zu überzeugen, dass es besser ist, zunächst einmal noch einige Jahre sogar verstärkt zu sparen und sich erst dann die vielfältigen Konsumwünsche zu erfüllen.

Dabei ist es für den Anleger, der bisher noch nicht über ein hohes Einkommen verfügte, viel einfacher, noch eine Zeit lang mit geringeren Konsumausgaben zurecht zu kommen, da man sich noch nicht an das nun gestiegene Einkommen gewöhnt hat.

Als Berater können Sie solche Kunden leichter überzeugen, wenn Sie ihnen anhand eines einfachen Rechenbeispiels vor Augen führen, welches Vermögen aufgebaut werden kann, wenn der Kunde noch eine Zeit lang darauf verzichtet, übermäßig zu konsumieren, und einen großen Teil seines Einkommens spart.

? BEISPIEL

Ihr Kunde Thomas K. (30 Jahre alt) hat gerade sein Studium abgeschlossen und eine gut bezahlte Beschäftigung aufgenommen. Sein monatliches Nettoeinkommen liegt bei 3.500 €. Rund 1.500 € benötigt er für den Lebensunterhalt (Miete, Auto etc.), den Rest seines Einkommens gibt er bisher für den Konsum aus. Sie möchten ihm demonstrieren, dass es für ihn auf Dauer der bessere Weg ist, wenn er die nächsten 2 Jahre auf einen Teil seiner Konsumwünsche verzichtet und spart.

Welches Vermögen kann Thomas K. erreichen, wenn er in den nächsten 2 Jahren jeden Monat 1.500 € spart und danach zu sparen aufhört? Er rührt das dann angesparte Kapital bis zu seinem 65 Lebensjahr nicht mehr an, sondern lässt sein Vermögen weiter wachsen. Wir unterstellen eine Verzinsung seines Kapitals von 10 Prozent.

+/− Berechnung

Eingabe	Display	Erklärung
12 GT PMT	12.00	Thomas K. zahlt monatliche Sparraten.
2 GT N	24.00	2 Jahre (24 Monate) werden Sparraten eingezahlt.
0 PV	0.00	Startkapital steht nicht zur Verfügung.
10 GT PV	10.00	Der Effektivzins beträgt 10 %.
GT I/YR	9.57	Der Nominalzins beträgt 9,57 %.
1500 +/− PMT	− 1,500.00	Die monatliche Sparrate beträgt 1.500 €.
FV	39,502.69	Nach 2 Jahren verfügt Thomas K. über ein Vermögen von 39.502,69 €.
+/− PV	− 39,502.69	Er legt diesen Betrag für die nächsten Jahre an.
33 GT N	396.00	Das eingezahlte Kapital wird für 33 Jahre (396 Monate) angelegt.
0 PMT	0.00	Es werden keine weiteren Einzahlungen geleistet.
FV	917,456.08	Mit 65 kann Thomas K. mit einem Vermögen von 917.456,08 € in den Ruhestand gehen.

> ***Ergebnis:*** Aus den 24 Monatsraten à 1.500 € – insgesamt eine Summe von 36.000 € – wird bis zum Rentenalter ein Vermögen von rund einer Million €.

 Vergleichsberechnung, Sparbeginn 2 Jahre später

Sie benutzen auch hier die abgekürzte Berechnungsmethode und ändern nur die Angaben, die gegenüber der vorherigen Rechnung unterschiedlich sind.

Eingabe	Display	Erklärung
12 GT PMT	**12.00**	Thomas K. zahlt monatliche Sparraten.
33 GT N	**396.00**	Es werden 33 Jahre lang Sparraten eingezahlt.
0 PV	**0.00**	Startkapital steht nicht zur Verfügung.
PMT	**– 329.17**	Um zum gleichen Endergebnis zu gelangen müsste Thomas K. vom 32. bis zum 65. Lebensjahr monatlich einen Betrag von 329,17 € sparen.

Summe der Einzahlungen: 329,17 € · 396 = 130.352,56 €

> ***Ergebnis:*** Wartet Thomas K. noch 2 Jahre, bevor er zu sparen beginnt, muss er ein Vielfaches einzahlen, damit er das gleiche Sparergebnis erreichen kann. Der Konsum der ersten 2 Jahre kostet ihn unterm Strich: 130.352,56 € – 36.000 € = 94.352,56 €.

Die VIM-Formel

Viele Kunden haben sich schon lange überlegt, dass es sinnvoll ist zu sparen, nur angefangen hat damit noch kaum einer. Immer gibt es einen anderen Grund, warum man gerade jetzt nicht mit dem Sparen beginnen möchte, sondern erst noch ein paar Monate abwartet.

Diese Situation ist für den Berater besonders unbefriedigend. Nach einem eingehenden Beratungsgespräch erhält er Berater die Antwort, dass zwar alles richtig und gut ist, aber der Kunde leider zuerst noch einmal in Urlaub fahren möchte, bevor er zu sparen beginnt.

Wie soll man mit einem solchen Kunden umgehen? Einige Berater machen auf die gerade besonders guten Angebote aufmerksam, die vielleicht in einigen Monaten nicht mehr verfügbar sind, oder erinnern daran, dass gerade die ersten Einzahlungen in eine langfristige Anlage den höchsten Ertrag bringen. Doch Argumente allein überzeugen einen solchen Kunden nur sehr selten.

 BEISPIEL

Nach einer umfangreichen Beratung haben Sie Ihre Kundin Sabine D. (20 Jahre) davon überzeugt, dass Sie bis zu ihrem 60. Lebensjahr leicht monatlich 200 € sparen kann und so ihre Altersvorsorge absichert. Doch zum Ende des Gesprächs kommt der von vielen Beratern gefürchtete Satz: „Na ja, aber zuerst möchte ich noch einen schönen Urlaub machen. Ich werde in einem halben Jahr noch einmal darüber nachdenken."

Der clevere Finanzberater begibt sich jetzt nicht in eine lange Diskussion, warum die Kundin unbedingt noch heute mit Sparen beginnen sollte. Er rechnet es einfach vor. Sie fragen: „Haben Sie eine Vorstellung, wie viel geringer Ihr Vermögen mit 60 ausfallen wird, wenn Sie noch 6 Monate abwarten? Wie viel geringer wird Ihr Vermögen für jeden Tag ausfallen, den Sie jetzt noch warten?"

Schätzen Sie einmal selbst?

Ihre Schätzung: _____ Vermögensdifferenz

Ihre Schätzung: _____ Kosten pro Tag Abwarten

Teil 4:

 **Berechnung**

Rechnen Sie auch hier einmal nach. Wir nehmen an, dass die Kundin bei der Anlage eine Rendite von 12 Prozent erzielen kann.

Eingabe	Display	Erklärung
12 GT PMT	12.00	Die Kundin will monatlich sparen.
40 GT N	480.00	Es werden 40 Jahre lang Sparraten eingezahlt.
12 GT PV	12.00	Der Effektivzins beträgt 12 %.
GT I/YR	11.39	Der Nominalzins beträgt 11,39 %.
0 PV	0.00	Startkapital steht nicht zur Verfügung.
200 +/– PMT	– 200.00	Die Kundin zahlt monatlich 200 €.
FV	1,940,204.01	Nach 40 Jahren verfügt die Kundin über ein Vermögen von 1.940.204 €.

Beginnt die Kundin sofort zu sparen, kann sie mit 60 über ein Vermögen von 1.940.204 € verfügen. Wie viel weniger wird es sein, wenn sie noch 6 Monate wartet und insgesamt nur 39,5 Jahre spart?

Sie benutzen auch hier die abgekürzte Berechnungsmethode und ändern nur die Angaben, die gegenüber der vorherigen Rechnung unterschiedlich sind.

Eingabe	Display	Erklärung
39.5 GT N	474.00	Wartet die Kundin noch ein halbes Jahr, verbleiben ihr zum Sparen noch 474 Monate.
FV	1,832,159.33	Wenn die Kundin noch 6 Monate abwartet, erreicht sie noch ein Endvermögen von 1.832.159,33 €.

Ergebnis: Wartet die Kundin 6 Monate, ehe sie zu sparen beginnt, erreicht sie nur ein Endvermögen von 1.832.159,33 €. Das sind 1.940.204,01 – 1.832.159,33 = 108.044,68 € weniger, als wenn sie sofort zu sparen beginnt. Das macht pro Tag, den die Kundin wartet, 108.044,68 € / 180 = 600 €.

Nach dieser kleinen Musterrechnung bietet sich die Frage an, ob der Kundin ihr Urlaub, oder eine andere geplante Anschaffung wirklich eine Summe von über 100.000 € wert ist. Wenn Sie möchten, können Sie der Kundin natürlich auch anbieten, in einem halben Jahr noch einmal zu einem Gespräch vorbeizukommen. Allerdings nicht ohne den Hinweis, dass sie dann bereits 180 · 600 € verloren hat.

Der richtige Einstiegszeitpunkt

Zu den häufigsten Fragen, die Kunden ihrem Finanzberater bei der Empfehlung zur Anlage in Aktienfonds stellen, ist die Frage nach dem richtigen Timing. Viele Berater können die Frage, ob nun auch wirklich der richtige Zeitpunkt für den Einstieg sei, vermutlich nicht mehr hören.

Die Antwort ist einfach: Für die langfristige Anlage in Aktienfonds gibt es keinen richtigen oder falschen Zeitpunkt. Viel wichtiger ist, dass der Anleger eine langfristige Anlage seiner Mittel plant und nicht frühzeitig oder übereilt seine Fondsanteile wieder verkaufen muss. Selbst wenn eine Anlage zunächst einmal für einige Jahre im Wert sinkt, beeinflusst das die Rendite einer langfristigen Investition nur wenig, wenn der Wert der Anlage in den folgenden Jahren im Wert steigt.

 BEISPIEL

Einer Ihrer Kunden hat einen Aktienfondssparplan abgeschlossen. Die ursprünglich geplante Investitionsdauer war 35 Jahre. Nun sind die ersten 3 Jahre vergangen. Die Wertentwicklung des Fonds in dieser Zeit:

1. Jahr: – 20 Prozent
2. Jahr: – 30 Prozent
3. Jahr: – 50 Prozent

Was sollten Sie diesem Kunden raten. Empfehlen Sie ihm, weiter zu sparen, oder raten Sie zum Ausstieg?

Wie hoch ist die Rendite des gesamten Sparplans, wenn sich der Fonds in den verbleibenden 32 Jahren mit + 10 Prozent pro Jahr entwickelt?

Schätzen Sie einmal selbst: _____

 Berechnung

Eingabe	Display	Erklärung
12 GT PMT	12.00	Der Kunde zahlt monatlich eine Sparrate.
1 GT N	12.00	Die erste Berechnungsdauer beträgt ein Jahr.
20 +/- GT PV	– 20.00	Der effektive Zins im ersten Jahr beträgt –20 %.
GT I/YR	– 22.11	Ermittlung des Nominalzinses.
0 PV	0.00	Es wird keine Einmalanlage getätigt.
100 +/- PMT	– 100.00	Der Kunde spart monatlich einen bestimmten Betrag. Wir nehmen hier 100 €.
FV	1,085.57	Nach dem ersten Jahr hat das Depot einen Wert von 1.085,57 €.
+/- PV	– 1,085.57	Der Endbestand nach dem ersten Jahr wird als Anfangsbestand des nächsten Jahres übernommen.
30 +/- GT PV	30.00	Im 2. Jahr fallen die Kurse um 30 %.
GT I/YR	– 35.14	Ermittlung des Nominalzinses.
FV	1,784.30	Ermittlung des Depotstands nach dem 2. Jahr.
+/- PV	– 1,784.30	Der Betrag wird als Anfangsbestand für das 3. Jahr übernommen.
50 +/- GT PV	– 50.00	Im 3. Jahr fallen die Kurse um 50 %.
GT I/YR	– 67.35	Ermittlung des Nominalzinses.
FV	1,783.01	Depotbestand nach dem 3. Jahr.
+/- PV	– 1,783.01	Der Betrag wird als Anfangsbestand für die nächsten Jahre übernommen.
32 GT N	396.00	Ab jetzt läuft die Anlage noch 32 Jahre.
10 GT PV	10.00	Die Anlage steigt um durchschnittlich 10 % pro Jahr.
GT I/YR	9.57	Ermittlung des Nominalzinses.
FV	289,883.55	Ermittlung des Vermögens am Ende des Sparplans.

Zwischenergebnis: Bis jetzt wurde das Endkapital des beschriebenen Sparplans ermittelt. Im nächsten Schritt muss die Rendite über die gesamte Sparzeit ausgerechnet werden. Mit den bis jetzt ermittelten Zwischenergebnissen ist das keine Schwierigkeit mehr.

Eingabe	Display	Erklärung
35 GT N	420.00	Die gesamte Laufzeit der Anlage beträgt 35 Jahre.
0 PV	0.00	Zu Beginn der Anlage wurde kein Startkapital eingezahlt.
I/YR	8.94	Der Nominalzins der Anlage beträgt 8,94 %.
GT PV	9.32	Effektiv hat die Anlage einen Zins von 9,32 % erzielt.

Ergebnis: Trotz dreier extrem schlechter Jahre zu Beginn der Anlage hat sich die Rendite der Gesamtanlage nur wenig verschlechtert. Sollte ein Kunde also angesichts eines kurzfristigen Kursrückgangs verunsichert sein, zeigt diese Berechnung leicht, dass ein langfristiger Sparplan davon auf die Gesamtlaufzeit gesehen nur unwesentlich beeinträchtigt wird.

Vorsicht vor kurzfristiger Gier

Gefährlich für den Anleger wird es, wenn sie versuchen möchten, kurzfristig ein enormes Vermögen aufzubauen. Anleger, die kurzfristig ihre Gier nach schnellem Gewinn nicht unter Kontrolle haben, können erhebliche Verluste erleiden.

Gerade in der Boomphase in den Jahren 1999 und 2000, also auch nach dem Börsengang der Telekom, der das Thema Aktien vielen Menschen näher brachte, wollten viele Kleinanleger nur eins: in möglichst kurzer Zeit reich werden.

Wer jedoch an der Börse kurzfristig ein Vermögen machen möchte, läuft Gefahr, sich große Verluste einzuhandeln.

Ein Anleger zahlt monatlich in einen Aktienfondssparplan. Nach 5 Jahren möchte er seine Fondsanteile verkaufen. In den ersten 4 Jahren steigt der Fonds mit 10 Prozent jährlich. Im letzten Jahr allerdings sinkt der Wert der Fondsanteile, während der Anleger weiter in den Sparplan einzahlt, um 20 Prozent. Welche Rendite hat der Anleger über die Sparzeit von 5 Jahren erwirtschaftet?

+/- **Berechnung**

Eingabe	Display	Erklärung
12 GT PMT	12.00	Der Kunde zahlt monatlich eine Sparrate ein.
4 GT N	48.00	Die erste Berechnungsperiode dauert 4 Jahre.
10 GT PV	10.00	Der Effektivzins im ersten Jahr beträgt 10 %.
GT I/YR	9.57	Ermittlung des Nominalzinses.
0 PV	0.00	Es wird keine Einmalanlage eingezahlt.
100 +/- PMT	– 100.00	Der Kunde spart monatlich einen bestimmten Betrag. Wir nehmen hier 100 € an.
FV	5,820.06	Nach dem 1. Jahr hat das Depot einen Wert von ...
+/- PV	– 5,820.06	Der Endbestand wird als Anfangsbestand des nächsten Jahres übernommen.
1 GT N	12	Im letzten Jahr müssen Sie mit der negativen Wertentwicklung rechnen.
20 +/- GT PV	– 20.00	Im 5. Jahr fallen die Kurse um 20 %.
GT I/YR	– 22.11	Ermittlung des Nominalzinses.
FV	5,741.62	Ermittlung des Depotstands nach dem 5. Jahr.
5 GT N	60.00	Die Laufzeit der Gesamtanlage beträgt 5 Jahre.
0 PV	0.00	Es wurde keine Anfangszahlung geleistet.
I/YR	– 1.80	Ermittlung des Nominalzinses.
GT PV	– 1.79	Ermittlung der Effektivrendite.

Ergebnis: Die kurzfristige Gier nach Gewinn hat dem Anleger nichts als Verluste eingebracht.

Noch einmal zum Vergleich: Der Anleger, der langfristig investiert, wird von einem anfänglichen Kursrückgang nur wenig betroffen (vgl. Kapitel „Die Wahl des richtigen Einstiegszeitpunktes"). Selbst drei extrem schlechte Jahre zu Beginn der langfristigen Anlage können hier die Rendite der Gesamtanlage nur wenig verringern.

Doch wie sieht die Rendite einer langfristigen Anlage aus, wenn die Anlage in den ersten Jahren im Wert steigt und wie im vorigen Beispiel im letzten Jahr die Kurse einbrechen?

 BEISPIEL

Unser Anleger zahlt wiederum monatlich in einen Aktienfondssparplan ein. Dieses Mal möchte er allerdings insgesamt 30 Jahre sparen.

In den ersten 29 Jahren steigt der Fonds mit 10 Prozent jährlich. Im letzten Jahr allerdings sinkt der Wert der Fondsanteile während der Anleger weiter in den Sparplan einzahlt um 20 Prozent.

Welche Rendite hat der Anleger über die Sparzeit von 30 Jahren erwirtschaftet?

 **Berechnung**

Eingabe	Display	Erklärung
12 GT PMT	12.00	Der Kunde zahlt monatlich eine Sparrate ein.
29 GT N	348.00	Die erste Berechnungsperiode dauert 29 Jahre.
10 GT PV	10.00	Der Effektivzins im ersten Jahr beträgt 10 %.
GT I/YR	9.57	Ermittlung des Nominalzinses.
0 PV	0.00	Es wird keine Einmalanlage geleistet.
100 +/- PMT	- 100.00	Der Kunde spart monatlich einen bestimmten Betrag. Wir nehmen hier 100 € an.
FV	186,391.16	Nach dem ersten Jahr hat das Depot einen Wert von 186.391,16 €.
+/- PV	- 186,391.16	Der Endbestand wird als Anfangsbestand des nächsten Jahres übernommen.
1 GT N	12	Im letzten Jahr müssen Sie mit der negativen Wertentwicklung rechnen.
20 +/- GT PV	- 20.00	Im letzten Jahr fallen die Kurse um 20 %.
GT I/YR	- 22.11	Ermittlung des Nominalzinses.
FV	150,198.50	Ermittlung des Depotstands nach dem letzten Jahr.
30 GT N	360.00	Die Laufzeit der Gesamtanlage ist 30 Jahre.
0 PV	0.00	Es wurde keine Anfangszahlung geleistet.
I/YR	8.04	Ermittlung des Nominalzinses.
GT PV	8.34	Ermittlung des Effektivzinses.

Ergebnis: Ein Verlust im letzten Jahr eines Sparplans trifft auch den Anleger, der langfristig investiert hat, stärker als Verluste zu Beginn eines Sparplanes. Im Gegensatz zu kurzfristig orientierten Anlegern verbleiben langfristigen Sparern aber trotz starker Verluste zum Ende der Anlagedauer noch ansehnliche Renditen. Mit steigender Anlagedauer sinkt für den Anleger das Risiko, dass sich die Anlage zu einem realen Verlust entwickelt.

Vom Ursprung mit Gurus und ihren Versprechen

In der Zeit des Börsenbooms konnte es einem Berater passieren, dass Kunden alle guten Ratschläge mit dem Argument verworfen haben:

„Das ist mir alles viel zu langweilig.

Ich habe da kürzlich gelesen, man könne sein Kapital leicht in wenigen Jahren verdoppeln. Was sind schon die 10 Prozent Rendite jährlich, von denen Sie bei einer Fondsanlage sprechen."

Über die hohen Risiken kurzfristiger Anlagen haben Sie bereits oben gelesen. Der Verglcich mit einer langfristigen Kapitalanlage hilft hier, dem Kunden zunächst einmal den Unterschied zwischen Spekulation und Kapitalanlage zu verdeutlichen.

 BEISPIEL

Doch rechnen Sie einfach einmal nach, welche durchschnittlichen Renditen der Kunde mit seiner Anlage erzielen muss, wenn er sein Kapital mit einer einmaligen Anlage zum Beispiel alle 4 Jahre verdoppeln will.

Wie würden Sie vorgehen?

Versuchen Sie zunächst einmal selbst eine Lösung zu finden.

Notieren Sie dazu Ihre Lösungsschritte.

Teil 4:

 **Berechnung**

Eingabe	Display	Erklärung
1 GT PMT	1.00	Es handelt sich um eine Einmalanlage.
4 GT N	4.00	Die Anlagedauer beträgt 4 Jahre.
1 +/– PV	– 1.00	Am Anfang der Anlagedauer zahlt der Kunde einen Betrag von 1 ein.
0 PMT	0.00	Während der Laufzeit der Anlage werden keine weiteren Zahlungen geleistet.
2 FV	2.00	Am Ende der Anlagedauer erhält der Kunde das doppelte seiner Einzahlung zurück.
I/YR	18.92	Der Kunde muss während der gesamten Anlagedauer einen durchschnittlichen Zins von 18,92 % pro Jahr erzielen.

Ergebnis: Die Chance, eine Anlageform auszuwählen, bei der durchschnittlich fast 19 Prozent Rendite über mehrere Jahre erzielt werden ist vergleichsweise gering. Wenn überhaupt, ist das nur mit spekulativen Anlageformen möglich, bei denen auch das Verlustrisiko entsprechend mit ansteigt.

Rechnen Sie mit Ihrem Kunden einmal durch, was von seiner Kapitalverdopplung übrig bleibt, wenn er zwar in den ersten 3 Jahren eine Rendite von 19 Prozent erreicht, aber im letzten, dem 4. Anlagejahr, einen Verlust von 20 Prozent hinnehmen muss.

Versuchen Sie auch hier zunächst einmal selbst eine Lösung zu finden. Notieren Sie dazu Ihre Lösungsschritte.

 **Berechnung**

Eingabe	Display	Erklärung
1 GT PMT	1.00	Es handelt sich um eine Einmalanlage.
3 GT N	3.00	Die erste Berechnungsperiode dauert 3 Jahre.
19 I/YR	19.00	In dieser Zeit wird ein Zins von 19 % p. a. erzielt.
1 +/– PV	– 1.00	Am Anfang der Anlagedauer zahlt der Kunde einen Betrag von 1 ein.
0 PMT	0.00	Während der Laufzeit leistet der Kunde keine weiteren Zahlungen.
FV	1.69	Nach 3 Jahren verfügt der Kunde über das 1,69-Fache seines Vermögens.
+/– PV	– 1.69	Dieser Betrag wird als Ausgangssumme für die Berechnung des letzten Anlagejahres übernommen.
1 GT N	1.00	Die letzte Berechnungsperiode dauert ein Jahr.
20 +/– I/YR	– 20.00	Die Wertminderung beträgt –20 %.
FV	1.35	Nach 4 Jahren verfügt der Anleger über das 1,35-Fache seines Vermögens.
4 GT N	4.00	Die gesamte Anlagedauer betrug 4 Jahre.
1 +/– PV	– 1.00	Zu Beginn zahlte der Kunde den Betrag von 1 ein.
I/YR	7.75	Über die gesamte Laufzeit hat der Kunde einen Zins von 7,75 % erzielt.

Ergebnis: Von der angestrebten Verdopplung des Kapitals ist der Anleger nach 4 Jahren noch weit entfernt, wenn nur das letzte Anlagejahr nicht so verläuft, wie er es eingeplant hat. Er hat „gerade einmal" 35 Prozent Kapital hinzugewonnen. Das entspricht einer durchschnittlichen Rendite von 7,75 Prozent für die gesamte Anlagedauer von 4 Jahren und ist weit von den für eine Kapitalverdopplung notwendigen rund 19 Prozent Rendite entfernt.

Teil 4:

Ablaufmanagement

Unter Ablaufmanagement von Fondsanlagen versteht man die (teilweise) Umschichtung einer Anlage von chancenreichen aber auch schwankungsanfälligen Aktienanlagen zu weniger stark schwankenden festverzinslichen Anlagen.

Im Rahmen von fondsgebundenen Versicherungen bieten die Gesellschaften ihren Kunden an, diese Umschichtungen in den letzten Jahren vor dem Ablauf des Versicherungsvertrages automatisch durchzuführen. Bei der selbst verwalteten Fondsanlage ist es Sache des Kunden und seines Beraters, rechtzeitig in günstigen Zeiten einen Teil der Anlage oder die gesamte Anlage umzuschichten.

Die meisten Anleger und Berater haben zwar schon einmal gehört, dass es günstiger ist, zum Ende der Laufzeit weniger zu riskieren und sich mit einer um einige Prozentpunkte geringeren Rendite zufrieden zu geben, doch kaum jemand hat eine Vorstellung, wie sich der Unterschied real in Euro und Cent bemerkbar machen kann. Finanzberater, die gelernt haben zu rechnen, können dem Kunden die verschiedenen Möglichkeiten und Szenarien schnell vorrechnen und so überzeugende Argumente präsentieren, warum die Entscheidung für ein Ablaufmanagement sinnvoll ist.

Um den Effekt eines wirkungsvollen Ablaufmanagements zu demonstrieren sind drei Szenarien zu berechnen:

1. eine Anlage ohne Ablaufmanagement, die bis zum Ende der Anlagedauer eine gleichmäßige Wertentwicklung aufweist. Das wäre für den Anleger der Optimalfall dessen, was er mit seiner Anlage erzielen kann.

2. eine Anlage ohne Ablaufmanagement, die zum Ende der Anlagedauer einen Kursrückgang verschmerzen muss. Das ist für den Anleger der Worst Case. Kurz vor Erreichen seines Ziels verliert er einen Teil seines Vermögens.

3. eine Anlage mit einem sinnvollen Ablaufmanagement, bei der zum Ende der Anlagedauer auf geringer rentierende, aber sicherere Anlageformen umgeschichtet wird.

Ihr Kunde möchte in den nächsten 30 Jahren monatlich einen Betrag von 200 € in einen Aktienfonds investieren. Für die Anlage in den Fonds unterstellen Sie eine durchschnittliche jährliche Wertsteigerung von 10 Prozent. Sie rechnen die folgenden drei Möglichkeiten mit dem Kunden nach:

1. Der Fonds erreicht die gesamten 30 Jahre eine durchschnittliche Wertsteigerung von 10 Prozent pro Jahr.

2. Der Fonds erreicht die ersten 28 Jahre eine durchschnittliche Wertsteigerung von 10 Prozent pro Jahr. In den letzten beiden Jahren verliert der Fonds allerdings pro Jahr 15 Prozent.

3. Der Fonds erreicht wiederum in den ersten 28 Jahren eine durchschnittliche Wertsteigerung von 10 Prozent pro Jahr. In den letzten beiden Jahren schichten Sie die Anlage in einen Rentenfonds um, der eine durchschnittliche jährliche Wertsteigerung von 5 Prozent erreicht.

 Berechnung: 1. Möglichkeit

Eingabe	Display	Erklärung
12 GT PMT	12.00	Der Kunde zahlt monatliche Sparbeiträge.
30 GT N	360.00	Die gesamte Sparzeit beträgt 30 Jahre.
10 GT PV	10.00	Der effektive Zins beträgt 10 %.
GT I/YR	9.57	Errechnung des Nominalzinses.
0 PV	0.00	Der Kunde investiert keinen Einmalbeitrag zu Anlagebeginn.
200 +/– PMT	– 200.00	Der Kunde zahlt monatlich 200 €.
FV	412,568.66	Nach 30 Jahren verfügt der Kunde über ein Vermögen von 412.568,66 €.

Berechnung: 2. Möglichkeit

Eingabe	Display	Erklärung
12 GT PMT	12.00	Der Kunde zahlt monatliche Sparbeiträge ein.
28 GT N	336.00	Während 28 Jahren verläuft die Entwicklung gleichmäßig.
10 GT PV	10.00	Der Effektivzins beträgt 10 %.
GT I/YR	9.57	Errechnung des Nominalzinses.
0 PV	0.00	Der Kunde investiert keinen Einmalbeitrag zu Anlagebeginn.
200 +/– PMT	– 200.00	Der Kunde zahlt monatlich 200 €.
FV	336,612.92	Nach 28 Jahren verfügt der Kunde über ein Vermögen von 336.612,92 €.
+/– PV	336,612.92	Der Betrag wird als Anfangsbetrag für die Berechnung der letzten beiden Anlagejahre übernommen.
2 GT N	24.00	Die Restlaufzeit beträgt 2 Jahre.
15 +/– GT PV	– 15.00	Der effektive Zins beträgt –15 %.
GT I/YR	– 16.14	Ermittlung des Nominalzinses.
FV	247,328.63	Nach 30 Jahren verfügt der Kunde über ein Vermögen von 247.328,63 €.

 Berechnung: 3. Möglichkeit

Eingabe	Display	Erklärung
12 GT PMT	12.00	Der Kunde zahlt monatliche Sparbeiträge ein.
28 GT N	336.00	Während 28 Jahren verläuft die Entwicklung gleichmäßig.
10 GT PV	10.00	Der Effektivzins beträgt 10 %.
GT I/YR	9.57	Errechnung des Nominalzinses.

0 PV	0.00	Der Kunde investiert keinen Einmalbeitrag zu Anlagebeginn.
200 +/- PMT	– 200.00	Der Kunde zahlt monatlich 200 € ein.
FV	336,612.92	Nach 28 Jahren verfügt der Kunde über ein Vermögen von 336.612,92 €.
+/- PV	– 336,612.92	Der Betrag wird als Anfangsbetrag für die Berechnung der letzten beiden Anlagejahre übernommen.
2 GT N	24.00	Die Restlaufzeit beträgt 2 Jahre.
5 GT PV	5.00	Der Effektivzins beträgt 5 %.
GT I/YR	4.89	Ermittlung des Nominalzinses.
FV	376,147.50	Nach 30 Jahren verfügt der Kunde über ein Vermögen von 376.147,50 €.

Die drei Varianten im Vergleich

	Möglichkeiten ohne Ablaufmanagement		Ablauf-management
	Optimalfall	Kurseinbruch in den letzten beiden Jahren	
Endvermögen	412.568,66 €	247.328,63 €	376.147,50 €
Nachteil gegen-über Optimalfall		165.240,03 €	364.21,16 €
Vorteil gegen-über Worst Case	165.240,03 €		128.818,87 €

Ergebnis: Entscheidet sich der Kunde für ein Ablaufmanagement, verliert er in unserem Beispiel gegenüber dem Optimalfall einen Betrag von knapp 37.000 €. Im Vergleich zu unserem Negativszenario steht er jedoch um einen Betrag von fast 129.000 € besser da. Unterstellen wir, dass bei einer Fortsetzung der ursprünglichen Anlage die beiden Möglichkeiten gleich wahrscheinlich sind, ist das Risiko, 129.000 € zu verlieren für den Kunden schwerwiegender als die Chance 37.000 € mehr an Vermögen aufzubauen. Die Entscheidung für ein Ablaufmanagement sollte jetzt leicht fallen.

Teil 4:

Was Rauchen wirklich kostet

Welcher Berater kennt sie nicht, die Kunden, die nach langer Erläuterung, warum sie für die Altersvorsorge sparen müssen, erklären, dass sie leider kein Geld zum Sparen übrig haben und erst dann mit dem Sparen anfangen möchten, wenn sie monatlich einen Betrag von mindestens 100 oder 200 € entbehren können.

Nicht selten sind solche Kunden trotz allem begeisterte Raucher oder geben, wie eigentlich jeder, täglich einige Euro für andere nicht unbedingt notwendige Dinge aus. Wenn Ihnen Ihr Kunde mit der Zigarette im Mund erklärt, er könne nicht sparen, nehmen Sie ihn beim Wort und rechnen einmal mit ihm durch, wie viel er tatsächlich sparen kann, wenn er nur bereit ist, auf seine Zigaretten zu verzichten.

Die Rechnung, dass jeder Raucher unterm Strich mindestens einen sehr schönen Urlaub pro Jahr in blauem Dunst auflöst ist bekannt, doch spielen Sie das Beispiel einmal etwas anders und viel eindrucksvoller durch. Lassen Sie den Raucher das Geld, das normalerweise in Zigaretten verpufft, einfach einmal rentabel investieren.

 BEISPIEL

Ein Kunde raucht täglich nur eine Packung Zigaretten im Wert von 3 €. Das macht bei 30 Tagen pro Monat immerhin schon 90 €.

Nehmen Sie an, unser Kunde hat im Alter von 15 Jahren mit dem Rauchen begonnen.

Über welches Vermögen könnte er wohl im Alter von 65 Jahren (zu Rentenbeginn) verfügen, wenn er anstatt zu rauchen monatlich nur 90 € in einen Aktienfonds eingezahlt hätte, der eine durchschnittliche Rendite von vorsichtig angenommenen 8 Prozent pro Jahr erwirtschaftet?

 **Berechnung**

Eingabe	Display	Erklärung
12 GT PMT	12.00	Der Kunde zahlt monatliche Sparbeiträge ein.
50 GT N	600.00	Mit 15 Jahren hat der Kunde noch 50 Jahre Zeit bis zu seinen Rentenbeginn.
8 GT PV	8.00	Der Effektivzins beträgt 8 %.
GT I/YR	7.72	Errechnung des Nominalzinses.
0 PV	0.00	Der Kunde investiert keinen Einmalbeitrag zu Anlagebeginn.
90 +/– PMT	– 90.00	Der Kunde zahlt monatlich 90 € ein. Die Summe, die er sonst für Zigaretten ausgibt.
FV	642,077.37	Mit 65 Jahren könnte der Kunde über ein Vermögen von über 640.000 € verfügen.

Ergebnis: Allein der Verzicht auf die Zigaretten könnte dem Kunden bis zum Rentenalter ein Vermögen von über 640.000 € einbringen. Dabei sind die regelmäßigen Preissteigerungen für Zigaretten noch nicht einmal berücksichtigt.

Auch für andere Kunden, die Ihnen erzählen, dass Sie nicht sparen können, eignet sich diese Berechnung hervorragend.

Fragen Sie diese Kunden einmal, ob sie es für möglich halten 3 € täglich bei Seite zu legen und bei ihren Ausgaben diese 3 € einzusparen. Fast jeder Kunde wird Ihnen darauf antworten, dass ihm dies ohne große Einschränkungen oder Verlust an Lebensqualität möglich ist. Wird diesen Kunden anschließend einmal demonstriert, was aus dieser geringen Einsparung im Laufe der Jahre werden kann, sucht der Kunde in der Regel selbst nach der Möglichkeit, mehr als diesen Betrag einzusparen und zu investieren.

Nun haben Sie bei unserem Raucher eben mit einer sehr vorsichtigen durchschnittlichen Rendite von 8 Prozent pro Jahr gerechnet. Schätzen

Sie einmal, welches Vermögen unser jugendlicher Raucher erreichen kann, wenn er sich im Alter von 15 Jahren gut beraten lässt und eine Anlage wählt, die anstelle der oben angenommenen 8 Prozent Rendite eine durchschnittliche Rendite von 10 Prozent pro Jahr erzielt.

Ihre Schätzung: _____

 Berechnung

Eingabe	Display	Erklärung
12 GT PMT	12.00	Der Kunde investierte monatliche Sparbeiträge.
50 GT N	600.00	Mit 15 Jahren hat der Kunde noch 50 Jahre (600 Monate) Zeit bis zu seinen Rentenbeginn.
10 GT PV	10.00	Der Effektivzins beträgt 10 %.
GT I/YR	9.57	Errechnung des Nominalzinses.
0 PV	0.00	Der Kunde investiert keinen Einmalbeitrag zu Anlagebeginn.
90 +/– PMT	– 90.00	Der Kunde zahlt monatlich 90 € ein. Die Summe, die er sonst für Zigaretten ausgibt.
FV	1,313,643.38	Mit 65 Jahren könnte der Kunde über ein Vermögen von über 1.313.643,38 € verfügen.

Ergebnis: Wird der Kunde in seiner Jugend gut beraten, kann er allein durch den Verzicht auf die Zigarette bis zum Rentenalter Millionär werden.

Was zwischenzeitlich Entnahmen wirklich kosten

Hat ein Kunde einige Jahre gespart und ein gewisses Vermögen aufgebaut, überkommt ihn häufig der Wunsch, die Anlage ganz oder zu einem Teil aufzulösen und „sich mal wieder was zu gönnen".

Diese Wünsche sind für Sparer das größte Hindernis beim Aufbau von Vermögen. Tritt ein Kunde mit dem Wunsch einer zwischenzeitlichen Entnahme an Sie heran, kann ihn die einfache Aussage, dass eine solche Entnahme ihn einen erheblichen Teil seines Ertrages kosten wird, meist nicht überzeugen.

In vielen Fällen lässt sich der Kunde dagegen leicht von Zahlen überzeugen. Rechnen Sie ihm einfach einmal vor, wie teuer die Erfüllung eines Wunsches den Kunden wirklich kommen wird. Die Ergebnisse einer solchen Berechnung sind für die meisten Kunden so erschreckend, dass die geplanten Entnahmen noch einmal überdacht werden.

 BEISPIEL

Eine Kundin hat mit 20 Jahren begonnen, monatlich einen Betrag von 200 € zu sparen. Diese Summe fließt in eine Anlage, die durchschnittlich eine Rendite von 10 Prozent pro Jahr erwirtschaftet. 10 Jahre nach dem Abschluss des Sparvertrages kommt diese Kundin nun mit dem Wunsch zu Ihnen, aus dem Sparvermögen eine Summe von 10.000 € für die Anschaffung neuer Möbel zu entnehmen.

Sie kennen Ihre Kundin und wissen, dass diese Anschaffung nicht unbedingt erforderlich ist. Doch von Argumenten lässt sie sich nicht überzeugen. Lassen Sie Zahlen sprechen.

Was kostet die zwischenzeitliche Entnahme, wenn Ihre Kundin ansonsten bis zum 60. Lebensjahr unverändert weiter spart?

Berechnung: 1. Sparplan ohne Entnahme

Eingabe	Display	Erklärung
12 GT PMT	12.00	Die Kundin zahlt monatliche Sparbeiträge ein.
40 GT N	480.00	Die Kundin spart vom 20. bis zum 60. Lebensjahr.
10 GT PV	10.00	Der effektive Zins beträgt 10 %.
GT I/YR	9.57	Errechnung des Nominalzinses.
0 PV	0.00	Die Kundin investiert keinen Einmalbeitrag zu Anlagebeginn.
200 +/− PMT	− 200.00	Die Kundin spart 200 € monatlich.
FV	1,110,069.63	Mit 60 Jahren könnte die Kundin über ein Vermögen von über 1.110.069,63 € verfügen.

 2. Möglichkeit: Die Kundin entnimmt nach 10 Jahren 10.000 €

Eingabe	Display	Erklärung
12 GT PMT	12.00	Die Kundin investiert monatliche Sparbeiträge.
10 GT N	120.00	Zunächst wird das Zwischenergebnis nach 10 Jahren Sparzeit ermittelt.
10 GT PV	10.00	Der effektive Zins beträgt 10 %.
GT I/YR	9.57	Errechnung des Nominalzinses.
0 PV	0.00	Die Kundin investiert keinen Einmalbeitrag zu Anlagebeginn.
200 +/− PMT	− 200.00	Die Kundin spart 200 € monatlich.
FV	39,972.77	Nach 10 Jahren verfügt die Kundin über ein Vermögen von 39.972,77 €.
29972.77 +/− PV	− 29,972.77	Entnimmt sie nun 10.000 €, beginnt die 2. Berechnungsperiode mit einem Kontostand von 29.972,77 €.
30 GT N	360.00	Nach der Entnahme spart die Kundin noch 30 Jahre.
FV	935,575.61	Im Alter von 60 Jahren könnte die Kundin nun über einen Betrag von 935.575,61 € verfügen.

Ergebnis:

	Endvermögen ohne Entnahme	**1.110.069.63 €**
−	Endvermögen mit Entnahme	**935.575,61 €**
	Verlust durch die einmalige Entnahme von 10.000 € nach 10 Jahren	**174.494,02 €**

Durch die einmalige Entnahme zur Anschaffung neuer Möbel verliert die Kundin im Endergebnis eine Summe von 174.494,02 €. Diesen Betrag haben die Möbel die Kundin unter dem Strich tatsächlich gekostet.

Nur wenige Berater machen ihren Kunden auf diese Art und Weise deutlich, wie stark eine zwischenzeitliche Entnahme das Endergebnis einer Kapitalanlage beeinflusst. Dabei würden viele Kunden von Entnahmen absehen, wenn ihnen klar wäre, welche großen Verluste mit diesen Entnahmen tatsächlich verbunden sind.

Vorsorge von Geburt an:
Mit 1.000 € zur ersten Million

Fast alle Eltern möchten für die Zukunft ihrer Kinder vorsorgen. Doch kaum jemand tut das wirklich so effektiv, wie es möglich wäre. Kinder haben dabei älteren Sparer und Anlegern gegenüber einen unschätzbaren Vorteil. Sie verfügen über sehr viel Zeit, in der sie Kapital für sich arbeiten lassen können.

Viele Eltern denken zwar bereits bei der Geburt eines Kindes daran, Kapital für die Ausbildung der Kinder zurückzulegen, aber die wenigsten tun das wirklich konsequent. Der Grund dafür ist recht einfach. Nur selten zeigen Finanzberater ihren Kunden spielerisch in verschiedenen Variationen, welches Vermögen sie für ihre Kinder aufbauen können, wenn sie die Zeit nutzen.

Rechnen Sie doch einmal zusammmen mit den Eltern nach, was sie schon mit einer einmaligen Anlage von nur 1.000 € bei der Geburt eines Kindes erreichen können.

? BEISPIEL

Bei der Geburt des ersten Kindes möchten die jungen Eltern einen einmaligen Betrag von 1.000 € für das Kind anlegen. Das Kapital soll in eine Anlage eingezahlt werden, die eine durchschnittliche Rendite von 12 Prozent pro Jahr erzielt. Nehmen Sie an, das Kind lässt dieses Kapital unangetastet, bis es im Alter von 65 selbst in den Ruhestand geht. Welches Vermögen steht ihm dann zusätzlich für den Lebensabend zur Verfügung?

+/- Berechnung

Eingabe	Display	Erklärung
1 GT PMT	1.00	Es handelt sich um eine Einmalanlage.
65 GT N	65.00	Die Anlagedauer beträgt 65 Jahre.
12 I/YR	12.00	Der Zins der Anlage beträgt 12 %.
1000 +/– PV	– 1,000.00	Die Eltern legen einmalig 1.000 € für ihr Kind an.
0 PMT	0.00	Während der gesamten Laufzeit werden keine Zahlungen geleistet.
FV	1,581,872.49	Im Alter von 65 verfügt das Kind allein aus dieser Anlage über ein Vermögen von 1.581.872 €.

Ergebnis: In 65 Jahren könnte das Kind über ein Vermögen von mehr als 1,5 Millionen € verfügen. Auch wenn Sie berücksichtigen, dass dieser Betrag in 65 Jahren durch Inflationseinflüsse wesentlich weniger Kaufkraft repräsentieren wird als heute, ist das bereits ein sehr guter Grundstock für ein gesichertes Leben.

Kindergeld & Fondssparen

Wie Sie bereits im vorigen Kapitel gelesen haben, können Sie für Ihre Kinder bereits mit einer sehr geringen einmaligen Anlage ein ansehnliches Vermögen aufbauen. Eltern, die bereit sind einen kleinen monatlichen Betrag zu sparen, können die Zukunft ihrer Kinder fast vollständig absichern.

Es kann auch im Gespräch mit dem Kunden gar nicht oft genug wiederholt werden, dass es für den Aufbau von Vermögen nur zwei Möglichkeiten gibt:

1. Über eine lange Zeit einen geringen Betrag regelmäßig zu sparen. Oder aber

2. Einen hohen Betrag über eine kurze Zeit regelmäßig anzulegen.

Kinder haben den Vorteil, dass sie noch über sehr viel Zeit verfügen, bis sie ihr Vermögen antasten müssen. Denken Eltern frühzeitig an den Vermögensaufbau für ihre Kinder, können sie einer zumindest finanziell sorgenfreien Zukunft entgegen sehen.

Die Mittel zum Aufbau des Vermögens für die Kinder müssen Eltern dabei nicht einmal selbst aufbringen. Es genügt, das staatliche Kindergeld oder sogar nur einen Teil davon für die Zukunft gut anzulegen.

Das Kindergeld für das erste Kind beträgt monatlich 270 DM also rund 138 € (zum Zeitpunkt der Manuskripterstellung).

 Berechnung

Nehmen Sie einmal an, die Eltern möchten ihrem Kind ein Studium ermöglichen. Zu diesem Zweck legen sie bereits direkt nach der Geburt das monatliche Kindergeld von 138 € in einen Sparplan an. Der Sparplan erwirtschaftet eine durchschnittliche Rendite von 10 Prozent und wird bis zum 19. Lebensjahr des Kindes monatlich bespart.

1. Über welches Kapital kann das Kind zu Studienbeginn verfügen?

2. Welchen Betrag könnte das Kind aus diesem Kapital über 6 Jahre während seines Studiums monatlich entnehmen, wenn das Kapital in dieser Zeit mit einer Rendite von 5,5 Prozent pro Jahr angelegt ist?

3. Wie lange könnte sich das Kind aus diesem Kapital einen monatlichen Betrag von 1.000 € entnehmen?

Lesen Sie an dieser Stelle noch nicht weiter, sondern rechnen zuerst einmal selbst.

 Berechnung 1: Kapitalbestand mit 19 Jahren:

Eingabe	Display	Erklärung
12 GT PMT	12.00	Es handelt sich um einen monatlichen Sparplan.
19 GT N	228.00	Die Anlagedauer beträgt 19 Jahre (228 Monate).
10 GT PV	10.00	Der effektive Zins der Anlage beträgt 10 %.
GT I/YR	9.57	Ermittlung des Nominalzinses.
0 PV	0.00	Es wird keine Einmaleinzahlung zu Anlagebeginn geleistet.
138 +/− PMT	− 138.00	Die monatliche Einzahlung beträgt 138 €.
FV	88,535.62	Nach 19 Jahren kann das Kind über ein Vermögen von 88.535,62 € verfügen.

Ergebnis 1: Nur durch die Einzahlung des Kindergeldes kommt bis zum 19. Geburtstag des Kindes ein Vermögen von fast 90.000 € zusammen.

Berechnung 2: Mögliche Entnahme während des Studiums

Sie verwenden sofort die Ergebnisse aus der vorherigen Rechnung.

Eingabe	Display	Erklärung
	88,535.62	Endergebnis des Sparplans (siehe oben).
+/– PV	– 88,535.62	Das Endvermögen wird als Anfangskapital des Entnahmeplans übernommen.
6 GT N	72.00	Die geplante Entnahmedauer (Studienzeit) beträgt 6 Jahre.
5.5 GT PV	5.50	Während der Entnahmezeit soll ein Effektivzins von 5,5 % erwirtschaftet werden.
GT I/YR	5.37	Ermittlung des Nominalzinses.
0 FV	0.00	Nach der Studienzeit von 6 Jahren soll das Kapital aufgezehrt sein.
PMT	1,440.94	Während des Studiums könnte das Kind über monatlich 1.440 € verfügen.

Ergebnis 2: Das Vermögen würde ausreichen, um über 6 Jahre monatlich einen Betrag von 1.440 € zu entnehmen. Das Studium des Kindes ist damit finanziell gesichert.

 Berechnung 3: Mögliche Entnahmezeit, Entnahmebetrag 1.000 € p. M.

Verwenden Sie unmittelbar die Ergebnisse aus der vorherigen Rechnung.

Eingabe	Display	Erklärung
1000 PMT	1,000.00	Der veränderte Entnahmebetrag wird vorgegeben.
N	112.97	Die Entnahmedauer (in Monaten) wird ermittelt.
RCL GT N	9.41	Umrechnung der Entnahmedauer in eine Jahresangabe.

> **Ergebnis 3:** Eine Betrag von monatlich 1.000 € könnte das Kind während seiner Ausbildung über einen Zeitraum von fast 9 $\frac{1}{2}$ Jahren aus dem angesparten Vermögen beziehen.

BEISPIEL-VARIATIONEN

Benötigt das Kind keine Entnahmen während seiner Berufsausbildung, kann es das bis zum 19. Lebensjahr angesammelte Kapital als Basis für die eigene Altersvorsorge hervorragend verwenden.

Auch hier können Sie mit dem Kunden wiederum zwei verschiedene Szenarien durchspielen:

1. Das Kind kümmert sich ab dem 19. Lebensjahr nicht mehr um seine Altersvorsorge und lässt das bis dahin mit Hilfe des Kindergelds angesammelte Kapital einfach bis zum 65. Lebensjahr weiter für sich arbeiten.

2. Das Kind übernimmt den Sparplan und zahlt bis zum 65. Lebensjahr selbst noch einen Betrag von monatlich 200 € auf diesen Sparplan ein.

Sie berechnen mit den Eltern gemeinsam das mögliche Endvermögen für das Kind.

Rechnen Sie auch hier zunächst einmal mit 10 Prozent effektiver Rendite selbst, ohne auf die Lösungswege zu schauen. Erst wenn Sie selbst die Berechnung durchgeführt haben, schauen Sie sich unsere Lösungen an.

Berechnung: Variation 1

Das Kind kümmert sich ab dem 19. Lebensjahr nicht mehr um das Thema Vermögensaufbau:

Eingabe	Display	Erklärung
1 GT PMT	1.00	Vorgabe einer Zinsperiode pro Jahr. Es handelt sich hier um die Einmalanlage des vorhandenen Kapitals.
46 GT N	46.00	Die verbleibende Anlagelaufzeit beträgt 46 Jahre.
10 GT PV	10.00	Der Effektivzins der Anlage soll 10 % betragen.
GT I/YR	10.00	Ermittlung des Nominalzinses. Der Nominalzins bei einer Zinsperiode pro Jahr ist mit dem Effektivzins identisch.
88535.62 +/– PV	– 88,535.62	Das Endvermögen des Sparplans wird als Anfangskapital der weiteren Berechnung übernommen.
0 PMT	0.00	Während der Laufzeit werden keine weiteren Einzahlungen geleistet.
FV	7,098,744.39	Im Alter von 65 könnte das Kind über ein Vermögen von mehr als 7 Millionen € verfügen.

Ergebnis Variation 1:
Auch ohne weitere Einzahlungen zu leisten kann das Kind im Alter von 65 über mehr als 7 Millionen € verfügen. Genug Kapital, um einen gesicherten Ruhestand zu genießen. Allein die Sparsamkeit der Eltern genügt hier für die Altersvorsorge des Kindes.

Berechnung: Variation 2

Das Kind leistet selbst weitere Einzahlungen in den Sparplan:
Sie arbeiten wieder mit den Ergebnissen aus der vorherigen Rechnung.

Eingabe	Display	Erklärung
12 GT PMT	12.00	Umstellung des Rechners auf einen monatlichen Sparplan.
46 GT N	552.00	Die verbleibende Anlagelaufzeit beträgt 46 Jahre. Nach der Veränderung der unterjährigen Perioden muss die Laufzeit neu eingegeben werden.
10 GT PV	10.00	Der Effektivzins der Anlage soll 10 % betragen.
GT I/YR	9.57	Ermittlung des Nominalzinses.
200 +/– PMT	– 200.00	Das Kind zahlt selbst monatlich 200 € in den Sparplan ein.
FV	9,084,652.04	Im Alter von 65 könnte das Kind über ein Vermögen von mehr als 9 Millionen € verfügen.

Ergebnis Variation 2:
Durch eine zusätzliche monatliche Einzahlung von 200 € kann das Kind das Endvermögen, über das es im Alter von 65 Jahren verfügt, um rund 2 Millionen € erhöhen.
Sie sehen, die laufenden Einzahlungen ab dem 20. Jahr erhöhen das Anlageergebnis bei weitem nicht mehr so stark, wie viele Leser wahrscheinlich vermutet haben. Den größten Einfluss auf die Höhe des Endvermögens haben die ersten Zahlungen. Mit diesem Kapital nutzen Sparer den Zinseszins-Effekt am besten aus.

Aktienchancen – Wo steht der Dow Jones in 100 Jahren?

Jeder kennt die Kursprognosen, die in regelmäßigen Abständen von allen Börsenexperten abgegeben werden. Von einer kurzfristigen Prognose nimmt dabei keiner Notiz, diese Vorhersagen finden sich fast täglich in der einschlägigen Presse.

Doch vor zwei Jahren schaffte es ein altbekannter Börsenguru und Namensgeber einer gleichlautenden Fondsgesellschaft mit einer Kursprognose eine dicke Schlagzeile im Handelsblatt zu produzieren. Seine Aussage: „In 100 Jahren wird der Dow Jones bei 1.000.000 Punkten stehen." Fachleute und Laien bestaunten den Mut dieser Aussage, Journalisten machten eine Schlagzeile daraus.

Doch war diese Aussage wirklich so mutig, wie es zunächst einmal den Anschein hatte?

 BEISPIEL

Im Jahr 1999 schwankte der Dow Jones zwischen etwa 9.000 und 11.500 Punkten. Rechnen Sie doch einfach einmal nach, von welcher Rendite dieser Börsenguru ausgegangen ist, als er seine Kursprognose stellte. In der Berechnung gehen wir von 10.000 Punkten im Dow Jones aus.

Rechnen Sie auch hier zuerst selbst, bevor Sie sich den Rechenweg anschauen.

 **Berechnung**

Eingabe	Display	Erklärung
1 GT PMT	1.00	Es geht um die Rendite einer einmaligen Zahlung/Wertekombination.
100 GT N	100.00	Der gesamte Betrachtungszeitraum beträgt 100 Jahre.
10000 +/– PV	– 10,000.00	Im Jahre 1999 stand der Dow Jones bei 10.000 Punkten. Diesen Punktestand erfassen Sie als Einzahlung.
0 PMT	0.00	Während der Laufzeit erfolgen keine Zahlungen.
1000000 FV	1,000,000.00	Nach 100 Jahren soll der Dow Jones bei 1.000.000 Punkten stehen.
I/YR	4.71	Ermittlung der Rendite.

Ergebnis: Bei seiner Kursprognose legte der Börsenguru eine durchschnittliche Rendite von 4,71 Prozent pro Jahr zu Grunde. Diese Zahl erscheint nicht besonders hoch.

Zum historischen Vergleich ziehen Sie die Daten der vergangenen 100 Jahre hinzu. Am 2.1.1900 schloss der Dow Jones bei einem Stand von 50 Punkten, 100 Jahre später, am 3.1.2000, bei 11.358 Punkten. Sie berechnen die Rendite, die der Dow Jones in den letzten 100 Jahren aufwies. Notieren Sie selbst die Berechnungsschritte.

 **Berechnung**

Eingabe	Display	Erklärung
1 GT PMT	1.00	Es geht um die Rendite einer einmaligen Zahlung/Wertekombination.
100 GT N	100.00	Der gesamte Betrachtungszeitraum beträgt 100 Jahre.
50 +/– PV	– 50.00	Im Jahre 1900 stand der Dow Jones bei 50 Punkten. Diesen Punktestand erfassen Sie als Einzahlung.
0 PMT	0.00	Während der Laufzeit erfolgen keine Zahlungen.
11358 FV	11,358.00	100 Jahre später stand der Dow Jones bei 11.358 Punkten.
I/YR	5.58	Ermittlung des Zinssatzes.

> **Ergebnis:** Selbst in den vergangenen einhundert Jahren, in denen der Dow Jones von mehreren schweren Kursrückgängen und Crashs betroffen war (1929, 1987, 1989 etc.), erzielte der Index noch eine durchschnittliche Performance von 5,58 Prozent pro Jahr.

Fazit

*Der Börsenguru ist mit seiner Prognose **kein** Risiko eingegangen. Er unterstellte eine durchschnittliche Wertsteigerung, die noch unter der Wertsteigerung der von einigen schweren Crashs erschütterten vergangenen einhundert Jahre liegt.*

Teil 4:

Cost Average in der Praxis – einmal zum Nachrechnen!

Fast jeder Berater und interessierte Anleger hat schon einmal vom so genannten Cost-Average-Effekt gehört. Kaum jemand hat diesen Effekt aber einmal nachgerechnet und sich klar gemacht, wie groß die Auswirkungen dieses Effekts für den Anleger sein können.

Der Cost-Average-Effekt oder Durchschnittskosteneffekt tritt bei Fondssparplänen auf, bei denen ein Anleger unabhängig vom aktuellen Preis der Fondsanteile regelmäßig für einen festen Betrag Fondsanteile erwirbt. Das führt dazu, dass bei sinkenden Anteilspreise mehr Anteile gekauft werden als bei steigenden Anteilspreisen. Durch die höhere Anzahl gekaufter Anteile bei niedrigen Anteilspreisen verbilligt sich der durchschnittliche Einstandpreis des Anlegers.

Der Cost-Average-Effekt führt so bei Fondssparplänen dazu, dass Anleger, die gleichbleibende Beträge sparen, automatisch antizyklisch, also entgegen der Marktbewegung, investieren. Bei steigenden Kursen erwerben sie weniger Anteile, während sie bei fallenden Kursen automatisch mehr Anteile kaufen.

Durch die Verbilligung des Einstandspreises bei fallenden Kursen können Anleger das Ergebnis ihrer Investitionen im Vergleich zu dem regelmäßigen Kauf gleich vieler Fondsanteile vergrößern.

Der Vorteil des Sparplans für die Anleger: Durch die Ausnutzung des Cost-Average-Effekts kaufen Sparer ihre Investmentanteile nie zu teuer. Damit sind die Investmentsparer von dem Druck befreit, den idealen Zeitpunkt für den Kauf von Fondsanteilen zu finden. Dieses Timing des Marktes ist in der Praxis äußerst schwierig und gelingt nur sehr selten.

Im Folgenden wollen wir ein paar Beispiele zum Cost-Average-Effekt untersuchen.

Ein Anleger investiert seit einem Jahr monatlich 100 € in einen Aktienfonds. Die Preise für einen Fondsanteil schwankten in dieser Zeit erheblich.

Nun möchte der Kunde von Ihnen wissen, wie hoch bisher die Rendite seines Fondssparplans war.

Die Preise der Fondsanteile im Detail:

Monat	Preis eines Fondsanteils
1	150 €
2	100 €
3	80 €
4	90 €
5	85 €
6	75 €
7	70 €
8	75 €
9	80 €
10	85 €
11	90 €
12	100 €

Wie gehen Sie vor? Versuchen Sie, selbst einen Lösungsweg zu entwickeln, bevor Sie sich unsere Lösung anschauen.

 **Berechnung**

Zunächst ermitteln wir, wie viele Fondsanteile der Anleger gekauft hat:

Monat	Preis eines Fondsanteils	Sparbetrag	Gekaufte Anteile
			$\dfrac{\text{Sparbeitrag}}{\text{Preis eines Fondsanteils}}$
1	150 €	100 €	0,67
2	100 €	100 €	1,00
3	80 €	100 €	1,25
4	90 €	100 €	1,11
5	85 €	100 €	1,18
6	75 €	100 €	1,33
7	70 €	100 €	1,43
8	75 €	100 €	1,33
9	80 €	100 €	1,25
10	85 €	100 €	1,18
11	90 €	100 €	1,11
12	100 €	100 €	1,00
Summen:		**1.200 €**	**13,84**
Gesamtwert der gekauften Fondsanteile:			**1.383,71 €**

Nachdem Sie ermittelt haben, wie viele Fondsanteile der Sparer während der Laufzeit des Sparplans gekauft hat, kennen Sie auch den Wert der Fondsanteile am Ende des Sparplans. Damit verfügen Sie über alle Informationen, die zur Ermittlung der Rendite notwendig sind. Die Angaben noch einmal im Überblick:

- ☐ monatlicher Fondssparplan
- ☐ monatliche Einzahlung: 100 €
- ☐ Laufzeit: 1 Jahr

■ Wert der gekauften Fondsanteile nach einem Jahr: 1.383,71 €.

■ Eine Einmaleinzahlung wurde zu Beginn des Sparplans nicht geleistet.

Sie berechnen nun die Rendite:

Eingabe	Display	Erklärung
12 GT PMT	12.00	Es handelt sich um einen monatlichen Sparplan.
1 GT N	12.00	Sie berechnen das erste Jahr des Sparplans.
0 PV	0.00	Eine Anfangszahlung fließt nicht.
100 +/- PMT	– 100.00	Der Kunde zahlt monatlich 100 € ein.
1383.71 FV	1,383.71	Nach einem Jahr verfügt der Sparer über ein Vermögen von 1.383,71 €.
I/YR	30.64	Ermittlung des Zinses.
GT PV	35.33	Ermittlung des Effektivzinses.

Ergebnis: Die Rendite des Sparplans während der Laufzeit von einem Jahr betrug 35,33 Prozent. Diese Rendite erzielte der Anleger, obwohl der Anteilspreis noch nicht wieder auf den Preis gestiegen ist, den er zu Beginn des Sparplans gezahlt hat.

Das gezeigte Beispiel lässt sich hervorragend verwenden, um Kunden zu erläutern, wie wichtig es ist, einen Fondssparplan auch oder besser gerade dann fortzusetzen, wenn die Kurse einmal sinken. So lange die Aussicht besteht, dass die Kurse sich wieder erholen – das war in der Vergangenheit so gut wie immer der Fall –, wird der Kunde sich auf Dauer über sehr hohe Erträge seiner Anlage freuen können.

Auf diese Berechnung wird häufig die Frage gestellt, ob diese theoretische Musterberechnung auch in der Praxis funktioniert.

Dazu möchten wir Ihnen im Folgenden einige Beispiele aus der Vergangenheit vorstellen.

Anleger, die clever den Cost-Average-Effekt ausgenutzt haben, konnten in der Vergangenheit auch bei rückläufigen Börsenkursen gute Gewinne machen.

Auch das kann anhand von Daten und Fakten belegt werden. In der Folge finden Sie die Monatsschlussstände einiger großer Aktienindizes über ausgewählte Zeiträume, jeweils nach und während eines starken Kursrückgangs. Rechnen Sie selbst einmal nach, welche Renditen Anleger erzielen konnten, die im Monat vor Beginn eines Crashs einen Sparplan begonnen haben und bei Erreichen des Ausgangskurses alle Papiere verkauft haben. Wir nehmen an, dass der Kunde in einen Fonds investiert, dessen Fondsanteile sich gleich mit dem Aktienindex entwickeln. Als Anteilspreis können Sie dann den jeweiligen Indexstand zum Monatsende annehmen.

 BEISPIEL

Betrachten Sie einmal Dow Jones und DAX 30 nach dem Crash von 1987:

DOW JONES

Datum	Indexstand	Investitionsbetrag	Gekaufte Anteile
31.08.1987	2.662,95		
30.09.1987	2.596,28		
30.10.1987	1.993,53		
30.11.1987	1.833,55		
31.12.1987	1.938,83		
29.01.1988	1.958,22		
29.02.1988	2.071,62		
31.03.1988	1.988,06		
29.04.1988	2.032,33		

31.05.1988	2.031,12		
30.06.1988	2.141,71		
29.07.1988	2.128,73		
31.08.1988	2.031,65		
30.09.1988	2.112,91		
31.10.1988	2.148,65		
30.11.1988	2.114,51		
30.12.1988	2.168,57		
31.01.1989	2.342,32		
28.02.1989	2.258,39		
31.03.1989	2.293,62		
28.04.1989	2.418,80		
31.05.1989	2.480,15		
30.06.1989	2.440,06		
31.07.1989	2.660,66		
Summen:			
Gesamtwert der gekauften Fondsanteile:			
Rendite:			

Hinweis: Für die Berechnung der Rendite ist es gleichgültig, welche Sparrate Sie verwenden. Wichtig ist nur, dass Sie über die gesamte Laufzeit eine konstante Sparrate ansetzen.

Ergebnis: Beim Dow-Jones-Sparplan von August 1987 bis Juli 1989 ergibt sich eine Rendite von 22,3 Prozent pro Jahr.

DAX 30

Datum	Indexstand	Investitionsbetrag	Gekaufte Anteile
30.09.1987	1.500,17		
30.10.1987	1.177,38		
30.11.1987	1.022,84		
30.12.1987	1.000,00		
29.01.1988	935,57		
29.02.1988	1.079,55		
31.03.1988	1.063,17		
29.04.1988	1.054,46		
31.05.1988	1.083,31		
30.06.1988	1.141,80		
29.07.1988	1.181,72		
31.08.1988	1.165,36		
30.09.1988	1.252,69		
31.10.1988	1.300,79		
30.11.1988	1.275,99		
29.12.1988	1.327,87		
31.01.1989	1.312,73		
28.02.1989	1.288,66		
31.03.1989	1.322,66		
28.04.1989	1.370,90		
31.05.1989	1.407,29		
30.06.1989	1.473,72		
31.07.1989	1.554,16		
Summen:			
Gesamtwert der gekauften Fondsanteile:			
Rendite:			

Ergebnis: Anleger, die von September 1987 bis Juli 1989 auf einen Fonds-sparplan auf Basis des Dax 30 gesetzt haben, erzielten bei gleichmäßiger Be-sparung eine durchschnittliche Rendite von 30,13 Prozent.

Im Anhang finden Sie zusätzlich die Daten des Dow Jones nach dem Crash von 1929. Wer möchte, kann auch diese Datenreihen einmal durchrechnen.

Vorsicht

Während sich der Cost-Average-Effekt in Phasen sinkender Börsen-kurse zu Gunsten der Anleger auswirkt, schlägt der Effekt gegen den Investor um, wenn Anleger während steigender Kurse Fondsanteile kaufen und diese später zu einem gesunkenen Kurs wieder verkaufen müssen. In einer solchen Situation bleibt Anlegern nichts anderes übrig als abzuwarten, bis sich die Kurse wieder erholt haben.

Teil 5

Das etwas andere Verkaufsgespräch

Die Basis für den Erfolg jedes Finanzdienstleisters sind erfolgreiche Kundengespräche. Hinzu kommt die Gewinnung von Neukunden, die für die meisten Finanzberater zunehmend schwieriger wird.

Im Folgenden verrate ich Ihnen eine wirkungsvolle und sofort in der Praxis umsetzbare Methode, wie Sie künftig mit Hilfe eines einfachen Kundengesprächs jederzeit einen überzeugenden Dialog zum Thema Geld beginnen und erfolgreich zu Ende führen können.

Es handelt sich um ein einfaches, spannendes Verkaufsgespräch zum Thema private Altersvorsorge. Eine verblüffend einfache Methode für faszinierende (Geld)Dialoge, begeisterte Kunden und zusätzliche Empfehlungen für Gespräche mit Neukunden. Sie benötigen für dieses Gespräch keine großen technischen Hilfsmittel. Vergessen Sie den Laptop. Alles, was Sie benötigen, ist ein Taschenrechner, ein Blatt Papier und ein Stift. Lediglich die Hilfsmittel, mit denen Sie auch die vergangenen Aufgaben gelöst haben. Auf diese Weise können Sie dieses Gespräch jederzeit ohne große Vorbereitung führen. Ich habe dies in vielen Jahren aktiven Verkaufens in dieser Form mit großem Erfolg praktiziert. Über 10.000 Finanzdienstleister haben diese Methode seit 1998 mit großem Erfolg übernommen.

Wenn Sie Finanzdienstleister und Führungskraft sind, wenn Sie also eigene Mitarbeiterinnen und Mitarbeiter haben, dann gilt: Trainieren Sie Ihre Mannschaft mit diesem Verkaufsgespräch. Sie wird mit zuvor unbekannter Begeisterung Geldgespräche führen wollen. Die Zeiten, in denen Sie mühevoll Ihre Mitarbeiter zu Kundenkontakten überreden mussten, sind ab sofort vorbei.

Thema Altersvorsorge – ein typischer Dialog

 **BEISPIEL**

Steigen wir in das Gespräch mit dem Kunden über seine Altersvorsorge ein. Fast alle Kunden haben in der Zwischenzeit festgestellt, dass auf die gesetzliche Rentenversicherung kein Verlass mehr ist.

Das Gespräch beginnt mit einer einfachen Frage an den Kunden:

„Stellen Sie sich vor, Sie sind 65 Jahre alt und möchten sich zur Ruhe setzen. Vergessen Sie einmal, dass es eine gesetzliche Rentenversicherung gibt. Über welchen Betrag möchten Sie dann im Monat verfügen können, sozusagen als Privatrente aus Ihrem eigenen Vermögen an Sie gezahlt? Wie lange möchten Sie über diesen Betrag verfügen können?

Hinweis: Sie können natürlich noch lockerer anfangen. Fragen Sie dann Ihren Kunden einfach „Wann möchten Sie in Rente gehen? Also wann sollte der Zeitpunkt gekommen sein, an dem Sie sich aus Ihrem bis dahin angesammelten Vermögen eine private Zusatzrente auszahlen können?" Dann nehmen Sie die Jahreszahl auf, die Ihnen Ihr Kunde nennt. Der Vorteil: Von der ersten Frage an spürt der Kunde, dass Sie kein vorgefertigtes Verkaufsgespräch herunterbeten. Im Gegenteil: Sie signalisieren ihm, dass es Ihnen wirklich individuell um ihn und seine Bedürfnisse geht. Die Botschaft lautet: Wer fragt, der führt. Fragen Sie Ihre Kunden von Beginn an nach ihren Vorstellungen und führen Sie dadurch. Das sind die Erfolgsschritte eins und zwei.

Zurück zur oben gestellten Frage und dazu, welche Privatrente Ihr Kunde ab dem 65. Lebensjahr monatlich beziehen möchte.

Mit dieser Frage bringen Sie den Kunden erstmals dazu, selbst darüber nachzudenken, wie er sich seinen Lebensabend vorstellt. Eine Antwort kann jeder Kunde formulieren. Wichtig dabei ist: Weisen Sie Ihren Kunden – oder Ihre Kundin – im Gespräch darauf hin, dass ganz bewusst alle möglichen Rentenansprüche bei der Antwort auf diese Frage außer Acht gelassen werden sollen. Fordern Sie Ihren Kunden, Ihre Kundin auf, so zu tun, als gäbe es keine gesetzliche oder betriebliche Rentenzahlung.

Schließlich weiß ohnehin niemand, wie hoch die gesetzliche oder die betriebliche Alterversorgung eines Tages wirklich sein wird. Wenn Sie diese Erklärung der ersten Frage zu diesem Verkaufsgespräch anfügen, wird dem jeder Kunde, jede Kundin zustimmen und Sie fahren mit Ihrem Verkaufsgespräch fort.

Nehmen wir an, Ihr Kunde nennt Ihnen einen monatlichen Betrag von 3.000 €, den er monatlich zur freien Verfügung haben möchte. Diesen Betrag möchte er über einen Zeitraum von 25 Jahren, also bis zu seinem 90. Lebensjahr aus seinem Kapital entnehmen können.

 Berechnung

Sie rechnen einmal zusammen mit Ihrem Kunden nach, über welches Kapital er mit 65 Jahren verfügen muss, damit er sich die gewünschte monatliche Rente von 3.000 € bei einem relativ sicheren Zinssatz von 6 Prozent in der Entnahmezeit leisten kann.

Eingabe	Display	Erklärung
12 GT PMT	12.00	Der Kunde möchte monatlich einen bestimmten Betrag entnehmen.
25 GT N	300.00	Insgesamt möchte er die Entnahme 25 Jahre lang durchführen.
6 GT PV	6.00	Sie nehmen einen Effektivzins von 6 % während der Entnahmezeit an.
GT I/YR	5.84	Umrechnung auf den Nominalzins.
3000 PMT	3,000.00	Der Kunde möchte monatlich einen Liquiditätszufluss von 3.000 €.
0 FV	0.00	Nach 25 Jahre Entnahmezeit soll das Kapital aufgezehrt sein.
PV	– 472,723.21	Damit er sich diese Entnahme leisten kann, muss der Kunde mit 65 Jahren über ein Barvermögen von 472.723,21 € verfügen.

Nun kennen Sie bereits den Betrag, den unser Kunde benötigt, damit er sich ab dem 65. Lebensjahr seinen Wunsch erfüllen kann.

Sie kommen nun zum zweiten Teil des Beratungsgesprächs. Sie sprechen mit dem Kunden darüber, wie er dieses Vermögen, das er für die Absicherung seines Ruhestands benötigt, aufbauen kann.

Haben Sie es mit einem vorsichtigen Anleger zu tun, werden Sie uns über die Ansparmöglichkeiten mit Lebens- oder Rentenversicherungen oder die Möglichkeiten von Rentenfonds unterhalten.

Bevor Sie jedoch auf die verschiedenen Produkte eingehen, sprechen Sie nun erst einmal mit dem Kunden über die Möglichkeit, in der ihm noch bleibenden Zeit das notwendige Vermögen anzusparen.

Im nächsten Schritt erfragen Sie, wie lange der Kunde noch sparen kann, bis er mit der gewünschten monatlichen Entnahme beginnen will. Nehmen Sie einmal an, unser Kunde ist heute 25 Jahre alt. Dann hat er noch 40 Jahre Zeit, das benötigte Vermögen anzusparen.

Sie können hier bereits während des Gesprächs die ersten Eingaben für die Berechnung des erforderlichen Sparbetrages machen. Den soeben ermittelten Betrag für das Vermögen mit 65 können Sie sofort als Endergebnis des nun folgenden Sparplans übernehmen. Ändern Sie dazu das Vorzeichen mit der Taste +/−, sodass der Wert positiv dargestellt wird und drücken anschließend FV, damit ist der Wert als Endwert abgespeichert.

Sie setzen das Gespräch fort und erfassen dabei sofort die Informationen, die uns der Kunde gibt:

Frage/Antwort	Eingabe	Display	Erläuterung
Wann möchten Sie mit der Entnahme beginnen? Wie lange möchten Sie noch sparen? Antwort: 40 Jahre	40 GT N	480,00	Der Kunde hat noch 40 Jahre Zeit, das notwendige Vermögen anzusparen.

Haben Sie bereits vorher ein wenig mit dem Kunden gesprochen, können Sie seine Risikoneigung bereits einschätzen. Je nach der Risikoeinschätzung des Kunden wählen Sie den Effektivzins, die Sie zur Berechnung des Ansparplans zu Grunde legen.

Haben Sie es mit einem sehr vorsichtigen Anleger zu tun, werden Sie bereits jetzt daran denken, diesem Kunden im Anschluss eine Lebens- oder Rentenversicherung als das für ihn geeignete Produkt anzubieten. In diesem Fall rechnen Sie mit einer Rendite von beispielsweise 6 Prozent weiter. Handelt es sich dagegen um einen Kunden, der chancenorientiert anlegen möchte und auch mit einer zwischenzeitlichen Wertschwankung seiner Anlagen leben kann, können Sie eine Anlage in eine Fondspolice oder einen Aktienfondssparplan zu Grunde legen und mit einer durchschnittlichen Rendite von 8 bis 10 Prozent weiterarbeiten. Gehen Sie in unserer ersten Musterberechnung einmal von einem Aktienfondssparplan aus, der eine durchschnittliche Rendite von 10 Prozent pro Jahr erzielt.

Eingabe	Display	Erläuterung
10 GT **PV**	10.00	Sie gehen in der Zeit des Vermögensaufbaus von einer Kapitalanlage aus, die einen durchschnittlichen Effektivzins von 10 % pro Jahr erzielt.
GT **I/YR**	9.57	Ermittlung des Nominalzinssatzes.

Verfügt der Kunde über Kapital, das er bereits heute für die Altersvorsorge verwenden möchte, kann er dieses bereits zu Beginn in den Sparplan einzahlen. Steht kein Kapital zur Verfügung, erfassen Sie auch das. Damit kennen Sie alle Informationen, um dem Kunden berechnen zu können, wie hoch seine Sparzahlungen sein müssen, damit er sich seine gewünschte Privatrente auszahlen kann.

Fassen wir noch einmal zusammen:

- 40 Jahre Spardauer
- Startkapital: 0 €
- Rendite 10 Prozent
- notwendiges Endvermögen: 472.723,21 € (aus der vorherigen Berechnung bekannt)

Mit Ausnahme des Startkapitals haben Sie bereits alle Angaben während unseres Gesprächs im Rechner erfasst. Mit wenigen Eingaben ermitteln Sie die notwendige Sparzahlung des Kunden.

Eingabe	Display	Erläuterung
0 PV	0.00	Der Kunde leistet keine Einmalzahlung.
PMT	– 85.17	Der Kunde muss monatlich einen Betrag von 85,17 € ansparen.

Ergebnis: Wenn der Kunde heute beginnt, monatlich einen Betrag von rund 85 € in einen Aktienfondssparplan zu sparen, kann er sich selbst vom 65. bis zum 90. Lebensjahr aus seinem Kapital eine monatliche Rente von 3.000 € zahlen.

Erst an diesem Punkt beginnen Sie, mit dem Kunden über geeignete Produkte zu sprechen, die ihm helfen, sein Ziel zu erreichen. Mit Ihren Berechnungen haben Sie zunächst einmal das Interesse des Kunden für seine persönliche Altersvorsorge geweckt. Die Ermittlung der notwendigen Sparrate zeigt gleichzeitig, dass es gerade für junge Kunden sehr gut möglich ist, das erforderliche Vermögen aufzubauen. In den meisten Gesprächen mit Kunden ist zu diesem Zeitpunkt erreicht, dass Ihr Kunde sparen will. Verstehen Sie? Sie sitzen zu diesem Zeitpunkt vor einem Kunden, dessen eigenes Bedürfnis es ist, zu sparen.

Jetzt ist es Ihre Aufgabe als Berater, dem Kunden die Lösung für sein Problem zu bieten. Die Frage, die an dieser Stelle von Kunden gestellt wird, lautet: Mit welcher Kapitalanlage kann ich dieses Ziel erreichen. Jetzt können Sie dem Kunden das geeignete Produkt vorstellen und erläutern.

☐ Vorteil für den Berater:

Sie beginnen ein Gespräch nicht damit, dem Kunden die Vorzüge eines bestimmten Produkts zu erklären und damit genau das Gleiche zu tun wie hundert andere Berater und Verkäufer vor Ihnen. Sie sprechen den

Kunden auf einer Ebene an, auf die sich noch nie ein Berater mit ihm begeben hat. Sie erfragen die persönlichen Bedürfnisse des Kunden und ermitteln die Lösungen aus dem Gespräch heraus (nach den Angaben des Kunden).

Diese Vorgehensweise führt zu ungeahntem Vertrauen Ihrer Kunden in Ihre Person als Berater. Sie fragen, Ihr Kunde antwortet, Sie rechnen vor und sprechen mit Ihrem Kunden über die Rechenergebnisse. Sie ersparen sich langwierigen Produktverkauf, den jeder andere auch bietet, denn bekanntermaßen hat jeder Finanzberater die vermeintlich beste Lösung.

Auf welchen Berechnungen baut dieses Beratungsgespräch auf?

Was ist passiert? In diesem etwas anderen Verkaufsgespräch kombinieren Sie einen Entnahmeplan (die gewünschte Rente des Kunden) mit einem Ansparplan zum Aufbau des für die Rente notwendigen Vermögens. Damit Sie den Ansparplan berechnen können, müssen Sie zunächst das für den Rentenbezug notwendige Kapital ermitteln. Sie steigen in unser Gespräch also gewissermaßen „von hinten" ein. Die Frage ist nicht, wie viel der Kunde sparen will oder kann, sondern zunächst einmal geht es darum, herauszufinden, wie viel Vermögen der Kunde zu einem bestimmten Zeitpunkt benötigt.

Hinweis: Eben diese Vorgehensweise, bei der Ihr Kunde Ihnen nicht zu Beginn sagt, wie viel er sparen will, sondern Ihnen seine Geldbedürfnisse verrät, bringt Sie und Ihre Kunden in jedem Gespräch zusammen.

Betrachten Sie die Abbildung auf der nächsten Seite: Bei dieser Berechnung haben viele Neueinsteiger die Schwierigkeit, die verschiedenen Zahlungsströme zu identifizieren und zu lösen. Oft wird versucht, die Berechnung im Zeitablauf durchzuführen. Der einzig mögliche Berechnungsweg setzt jedoch entgegen dem Zeitablauf an. Zunächst wird der Entnahmeplan (Schritt 1) berechnet. Damit steht dann eine weitere Information für den Ansparplan (Schritt 2) zur Verfügung, sodass auch dieser nun problemlos berechnet werden kann.

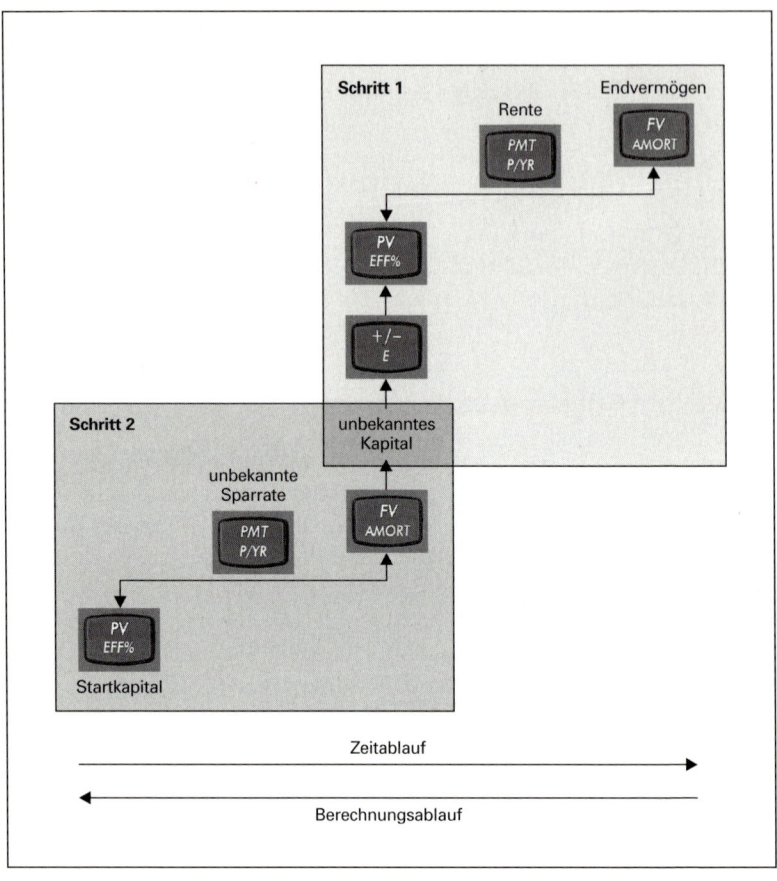

Schritt 1

Rente

Endvermögen

PMT P/YR

FV AMORT

PV EFF%

+/− E

Schritt 2

unbekanntes Kapital

unbekannte Sparrate

PMT P/YR

FV AMORT

PV EFF%

Startkapital

Zeitablauf

Berechnungsablauf

Fortsetzung des Verkaufsgesprächs

Bislang haben Sie mit dem Kunden über seine Altersvorsorge gesprochen, ohne dabei die Auswirkungen der Inflation zu berücksichtigen. Doch als verantwortungsbewusste Berater müssen Sie diesen Aspekt in die Beratung einfließen lassen. Unter Inflation verstehen Sie den Kaufkraftverlust des Kapitals durch Preissteigerungen.

Wenn Sie jetzt denken, Inflation gibt es bei uns doch kaum, müssen wir Sie enttäuschen. Es gibt auch im Alltag immer noch eine ständige Preissteigerung. Allerdings ist die Inflation nicht mehr so stark, dass sie sofort auffällt. In der ersten Hälfte des 20. Jahrhunderts sah es da in Deutschland schon anders aus. Schätzen Sie doch einmal, auf welchen Betrag der höchste in Deutschland je gedruckte Geldschein lautete. Im Jahr 1923 wurde eine Banknote herausgegeben, die auf den Betrag von 100 Billionen Mark – als Zahl 100.000.000.000.000 – lautete. Innerhalb weniger Jahre war der Wert der Mark ins Bodenlose gefallen. Die folgende Tabelle zeigt die ungefähren Dollarkurse aus der Zeit zwischen 1920 und 1923.

Datum	1 Dollar in Mark
01.01.1920	50
01.01.1921	75
01.01.1922	190
01.07.1922	400
01.01.1923	9.000
01.06.1923	100.000
01.09.1923	10.000.000
10.10.1923	10.000.000.000
25.10.1923	1.000.000.000.000
15.11.1923	4.200.000.000.000

Es ist zwar anzunehmen, dass wir eine derart starke Inflation nicht so schnell wieder erleben werden, aber ganz ohne Geldentwertung funktioniert es auch bei uns nicht.

In den vergangenen Jahren lag die Inflationsrate in Deutschland im Durchschnitt bei etwa 3 Prozent pro Jahr. Das heißt, für einen festen Geldbetrag X können sich in einem Jahr vermutlich 3 Prozent weniger leisten als noch heute. Auf Sicht von einem Jahr gesehen, mag das noch kein Problem darstellen, sprechen Sie aber mit dem Kunden über seine Altersvorsorge, geht es dabei um Zahlungen, die erst in 20, 30 oder mehr Jahren fließen werden. Betrachtet man einen so langen Zeitraum, macht sich der inflationsbedingte Kaufkraftverlust erheblich bemerkbar.

Auf diesen Kaufkraftverlust müssen Sie Ihren Kunden hinweisen. Denn: In über 90 Prozent aller Fälle ist der Betrag, den der Kunde Ihnen als Wunschrente nennt, an der heutigen Kaufkraft gemessen. Sagt also Ihr Kunde heute, er hätte gern mit Beginn in 30 Jahren monatlich 3.000 € als private Zusatzrente, unterstellt er die heutige Kaufkraft der 3.000 €. Das heißt aber anders herum ausgedrückt: Unser Kunde will in diesem Beispiel gar nicht über eine Rente von 3.000 € verfügen. Er möchte vermutlich vielmehr über den Betrag verfügen, der bei seinem Rentenbeginn die gleiche Kaufkraft hat wie ein Betrag von 3.000 € heute. Ihnen als Finanzberater muss die Einbeziehung der Inflation ohnehin am Herzen liegen. Steigt doch letztlich absehbar der notwendige Sparbetrag, den der Kunde investieren muss, um seine gewünschte Vorsorge aufzubauen.

Rechnen Sie einmal zusammen mit dem Kunden nach, wie viel Kaufkraft seine gewünschten 3.000 € in 40 Jahren noch haben werden.

Wie würden Sie die Inflation mit dem HP 10 B II berechnen?

 Berechnung

Eingabe	Display	Erklärung
1 GT PMT	1.00	Inflation wird als einmaliger Vorgang pro Jahr berechnet. Innerhalb des Jahres werden keine Berechnungsschritte vorgenommen.
40 GT N	40.00	Sie betrachten einen Zeitraum von 40 Jahren.
3 I/YR	3.00	Es wird eine durchschnittliche Inflationsrate von 3 % unterstellt.
3000 FV	3,000.00	In 40 Jahren wird der Kunde monatlich über einen Betrag von 3.000 € verfügen.
0 PMT	0.00	Während der Inflationsberechnung werden keine zwischenzeitlichen Zahlungen erfolgen (grundsätzlich bei Inflationsberechnungen).
PV	– 919.67	Der Betrag von 3.000 € in 40 Jahren wird mit einem jährlichen Zinssatz von 3 % abgezinst. Da der HP eine solche Abzinsung nur vornehmen kann, wenn er Einzahlungen und Auszahlungen erkennen kann, weist er den Betrag mit einem negativen Vorzeichen aus.

Ergebnis: Der Betrag von 3.000 € (nominal) in 40 Jahren entspricht nach heutiger Kaufkraft lediglich einer Summe von rund 920 €. Der Anleger hätte sich also bei seinem Bedarf für den Ruhestand um mehr als 60 Prozent verschätzt, wenn er keine Inflationseinflüsse berücksichtigt.

Als seriöser und guter Berater, der auf die Bedürfnisse seiner Kunden eingeht, müssen Sie den Kunden darauf hinweisen, dass eine monatliche Entnahme von 3.000 € mit Sicherheit nicht dazu ausreichen wird, seine Wünsche zu erfüllen.

 Berechnung

In der Folge rechnen Sie gemeinsam mit dem Kunden aus, welchen Betrag er wirklich benötigt, damit er sich den gewünschten Lebensstandard leisten kann. Aus der vorherigen Berechnung sind noch alle Angaben im Rechner gespeichert, sodass Sie mit nur einer Eingabe zum Ergebnis gelangen können.

Eingabe	Display	Erklärung
3000 +/- PV	– 3,000.00	Nach heutiger Kaufkraft möchte der Kunde über einen Betrag von 3.000 € verfügen.
FV	9,786.11	In 40 Jahren benötigt der Kunde einen Betrag von 9.786,11 € entsprechen.

Ergebnis: Um die gewünschte reale Kaufkraft zu erhalten, benötigt unser Kunde in 40 Jahren anstelle der von ihm genannten 3.000 € einen Betrag von fast 10.000 € monatlich. Dabei haben Sie mit einer vorsichtigen Inflationsrate von 3 Prozent pro Jahr gerechnet. Steigt die Inflation zukünftig an, fällt der benötigte Betrag noch höher aus.

 **Berechnung**

Nachdem Sie mit dem Kunden seinen wirklichen Bedarf geklärt haben, können Sie ausrechnen, welchen Betrag er monatlich sparen muss, damit der sich diese Entnahmen ab seinem 65. Lebensjahr leisten kann.

Sie gehen vor wie bereits bei der ersten Berechnung:

Eingabe	Display	Erklärung
12 **GT** **PMT**	12.00	Der Kunde möchte monatlich einen bestimmten Betrag entnehmen.
25 **GT** **N**	300.00	Insgesamt möchte er die Entnahme 25 Jahre lang durchführen.
6 **GT** **PV**	6.00	Sie nehmen einen Effektivzins von 6 % während der Entnahmezeit an.
GT **I/YR**	5.84	Umrechnung auf den Nominalzins.
10000 **PMT**	10,000.00	Der Kunde möchte monatlich einen Liquiditätszufluss von 10.000 €.
0 **FV**	0.00	Nach 25 Jahre Entnahmezeit soll das Kapital aufgezehrt sein.
PV	– 1,575,744.02	Damit er sich diese Entnahme leisten kann, muss der Kunde mit 65 Jahren über ein Barvermögen von 1.575.744,02 € verfügen.

Zwischenergebnis: Unter Berücksichtigung der Inflation muss der Kunde ein Vermögen von 1.575.744,02 € bis zu seinem Rentenbeginn ansparen.

Eingabe	Display	Erklärung
+/– FV	**1,575,744.02**	Dieser Betrag wird als gewünschtes Endergebnis des nun zu berechnenden Sparplans übernommen.
40 GT N	**480**	Der Sparer hat noch 40 Jahre Zeit sein Sparziel zu erreichen.
10 GT PV	**10.00**	Für die Sparphase nehmen Sie einen durchschnittlichen effektiven Zins von 10,0 % an.
GT I/YR	**9.57**	Ermittlung des Nominalzinses.
0 PV	**0.00**	Der Kunde leistet kein Sonderzahlungen zu Beginn des Sparplans.
PMT	**– 283.90**	Um sein Ziel zu erreichen, muss der Kunde einen Betrag von 283,90 € monatlich sparen.

Ergebnis: Möchte der Kunde sein Ziel erreichen, muss er unter Berücksichtigung der Inflation für die nächsten 40 Jahre monatlich einen Betrag von 283,90 € sparen. Zur Erinnerung: Berücksichtigt er die Inflation nicht, weil Sie ihn nicht darauf hingewiesen haben, kann der Kunde real nur über etwa ein Drittel dessen verfügen, was er sich vorgestellt hat. Dann fällt allerdings die monatliche Sparrate mit 146 € um 50 Prozent geringer aus, Ihre Provision als Berater ist bei einem höheren Abschluss selbstverständlich auch höher.

Wichtig

Beraten Sie Kunden bei der Planung der Altersvorsorge, weisen Sie unbedingt auf die Auswirkungen von Kaufkraftverlusten durch Inflation hin. Der Kunde könnte eine böse Überraschung erleben, wenn Sie keine Inflation bei der Planung berücksichtigen. Und wie bereits erwähnt: Zusätzlich steigt durch die Berücksichtigung der Inflation die notwendige Sparleistung des Kunden und damit Ihre Provision. Die Botschaft lautet also: Nutzen Sie auf seriöse Weise und völlig berechtigt Inflation als Verkaufsförderung.

Die Rentnerinflation – Wie viel Geld Ihr Kunde wirklich brauchen wird

Bis jetzt haben Sie mit dem Kunden über seine Altersversorgung gesprochen und ihm die Einflüsse der Inflation auf seine Vermögensplanung gesprochen.

Beim Ansatz der Inflation sind Sie von der durchschnittlichen Inflationsrate ausgegangen, wie sie das statistische Bundesamt regelmäßig bekannt gibt. Diese Inflationsrate wird ermittelt anhand der Preissteigerung für die Bestandteile eines statistischen Warenkorbs, der sich an den Bedürfnissen eines durchschnittlichen Haushalts orientieren soll. Dabei sind in diesem Warenkorb nicht nur die reinen Lebenshaltungskosten, sondern auch Ausgaben für Reisen, Telekommunikation und Ähnliches enthalten.

Spannend und für die Höhe Ihrer Verkaufsabschlüsse hochinteressant wird ein Blick auf die von mir so genannte Rentnerinflation. Betrachten Sie dazu einmal die Einkommen von Rentnerhaushalten, die den größten Teil ihres Budgets zur Bestreitung ihres Lebensunterhalts aufbringen müssen:

Monatliches Haushaltseinkommen von Rentnerhaushalten in Westdeutschland		
1970	1998	Steigerung in Prozent pro Jahr
558 Mark	3.964 Mark	

Ermitteln Sie einmal die tatsächliche Steigerung der Einkommen. Die Berechnung können Sie genau so durchführen, wie eine Berechnung der Inflationsraten.

Monatliches Haushaltseinkommen von Rentnerhaushalten in Westdeutschland		
1970	1998	Steigerung in Prozent pro Jahr
558 Mark	3.964 Mark	7,25

Sie sehen: Die Einkommenssteigerung ist bei Haushalten mit geringem Einkommen wesentlich höher ausgefallen, als die durchschnittliche Inflationsrate des statistischen Bundesamtes.

Gehen Sie nun davon aus, dass Haushalte mit geringen Einkommen beinahe das gesamte Einkommen verwenden müssen, um den Grundbedarf des alltäglichen Lebens abzudecken, wird deutlich, dass eine Kalkulation des Vorsorgebedarfs für die Zukunft auf der Basis der Inflationsdaten des statistischen Warenkorbes die tatsächlichen Verhältnisse nicht unbedingt trifft. Vielmehr ist es sinnvoll, hier mit der soeben ermittelten Erhöhung der Haushaltseinkommen von Rentnerhaushalten mit geringem Einkommen zu kalkulieren. Zumindest dann, wenn Sie als Finanzberater für Ihre Kunden auf Nummer sicher gehen wollen.

In der Regel wird auch Ihr Kunde seine gewünschte monatliche Rente dazu verwenden, seinen Lebensstandard zu sichern, bzw. seinen Lebensunterhalt zu bestreiten. Das heißt aber auch, dass Sie in diesem Fall nicht mit der Inflationsangabe des statistischen Bundesamtes rechnen können, sondern als verantwortungsvoller Berater statt dessen die Einkommenssteigerung von Haushalten mit geringem Einkommen ansetzen müssen. Nur so erfassen Sie nicht die statistisch geglätteten Preissteigerungen, sondern den tatsächlichen Anstieg der Lebenshaltungskosten.

Rechnen Sie unter Berücksichtigung dieser „Rentnerinflation" einmal die Daten nach, die Sie soeben mit dem Kunden im Beratungsgespräch aufgenommen haben:

Zur Erinnerung: Der heute 25 Jahre alte Kunde möchte ab dem 65. Lebensjahr über 25 Jahre eine monatliche Rente aus seinem Kapital beziehen, die einer Kaufkraft von heute 3.000 € entspricht. Das Vermögen soll in dieser Zeit mit einer durchschnittlichen Rendite von 6 Prozent pro Jahr angelegt werden. Damit er sich diese Entnahmen leisten kann, möchte der Kunde in den nächsten 40 Jahren einen monatlich gleich bleibenden Betrag in eine Kapitalanlage investieren, die eine Rendite von 10 Prozent pro Jahr erzielt.

Ermitteln Sie einmal die Ergebnisse und tragen diese in die unten stehen Tabelle ein. Zum direkten Vergleich der Differenzen finden Sie die bisherigen Berechnungsergebnisse noch einmal dargestellt.

Hinweis: Die Zahlen der folgenden Tabelle gehen von der nicht gerundeten, nötigen Rente aus; in diesem Fall 9.786 € (vgl. Ergebnis Seite 189).

Die Ergebnisse finden Sie auf der folgenden Seite.

	Ohne Berücksichtigung von Inflation	Bei 3 % Inflation laut Statistischem Bundesamt	Bei Berücksichtigung der „Rentnerinflation"
Benötigte Rente	3.000,00 €	9.786,00 €	
Notwendiges Vermögen mit 65	472.723,00 €	1.542.023,00 €	
Notwendige Sparrate	85,17 €	277,82 €	

Die Anlage dieser Sparzahlungen wird er vermutlich über den Berater abwickeln, der ihm erstmals die Notwendigkeit zum Sparen derart klar und verständlich erläutert hat.

	Ohne Berücksichtigung von Inflation	Bei 3 % Inflation laut Statistischem Bundesamt	Bei Berücksichtigung der „Rentnerinflation"
Benötigte Rente	3.000,00 €	9.786 €	49.319,00 €
Notwendiges Vermögen mit 65	472.723,00 €	1.542.023,00 €	7.771.412,00 €
Notwendige Sparrate	85,17 €	277,82 €	1.400,00 €

Ergebnis: Um einen vollständigen Ausgleich des Kaufkraftverlusts zu gewährleisten benötigt Ihr Kunde ein Vielfaches des Betrags, den er ursprünglich einmal genannt hat. Selbst wenn er nicht in der Lage sein sollte, den gesamten Betrag aufzubringen, der erforderlich wäre, dieses Ziel zu erreichen, ist dem Kunden nach dieser Berechnung erstmals klar geworden, dass er so viel wie möglich für seine Altersvorsorge sparen muss.

Wie Sie Dynamik berücksichtigen

Viele Auszahlpläne oder Rentenpläne gehen in der Entnahmephase von einer regelmäßigen Steigerung des Entnahmebetrages aus. Eine solche Steigerung können Sie mit dem HP 10 B II nicht direkt in einem Rechenschritt berücksichtigen.

Ist Ihnen das zu Beginn des Entnahmeplans verfügbare Vermögen bekannt, haben Sie die Möglichkeit, in einzelnen Berechnungsschritten für jeden individuellen Entnahmebetrag den Auszahlungsplan zu berechnen.

Kennen Sie auch das Anfangsvermögen nicht, müssen Sie sich durch eine Näherungslösung behelfen. Bei einer gleich bleibenden Steigerung des Entnahmebetrags in regelmäßig gleich bleibenden Zeitabständen können Sie hier ein Näherungsergebnis erzielen, indem Sie an Stelle der tatsächlichen regelmäßigen Zahlung die durchschnittliche Höhe der Rentenzahlung während der Rentenbezugszeit verwenden. Dazu ermitteln Sie zunächst die Höhe der Auszahlung nach der letzten Rentensteigerung. Im Anschluss bilden Sie den Mittelwert zwischen der letzten – der höchsten – gezahlten Rentenzahlung und der ersten, niedrigsten Rentenzahlung. Mit diesem Mittelwert können Sie nun näherungsweise über die gesamte Laufzeit des Rentenplans kalkulieren. Das Ergebnis weicht zwar leicht von dem Ergebnis bei exakter Berechung ab, ist jedoch als Näherungswert durchaus akzeptabel und verwendbar.

Rechnen für Profis

Im Folgenden möchte ich Ihnen einige wirklich anspruchsvolle Frage-stellungen vorstellen, die Sie mit Hilfe des HP 10 B II lösen können. Diese komplexen Fragestellungen sind nicht unbedingt tägliche Praxis, kom-men aber von Zeit zu Zeit auch im Beratungsalltag vor.

Verstehen Sie diese Aufgabenstellung bitte als eine Art Abschlusstest. Wenn Sie in der Lage sind, diese Fragestellungen ohne Hilfestellung zu lösen, haben Sie die Grundlagen von Zahlungsströmen verinnerlicht. Gelingt Ihnen die Lösung dieser Fragen in der angegebenen Zeit, können Sie sich jederzeit beruhigt mit dem Taschenrechner bewaffnet auf den Weg zum Kundengespräch machen. Sie werden dort mit großer Sicher-heit nicht auf Fragen stoßen, die Sie nicht beantworten können. Die Bot-schaft lautet daher: Verstehen Sie die folgenden Seiten als eine kleine He-rausforderung.

Eine Finca auf Mallorca

 BEISPIEL

Karin W. (35 Jahre) ist allein erziehende Mutter zweier Kinder. Sie kann monatlich einen Betrag von 250 € sparen. In 5 Jahren möchte sie ihrem Sohn mit 4.000 € den Berufsstart erleichtern. In 8 Jahren soll ihre Toch-ter den gleichen Betrag erhalten, allerdings möchte Karin der Tochter den Betrag zur Verfügung stellen, der die gleiche Kaufkraft hat, wie die Summe, die der Bruder 3 Jahre zuvor bekommen hat (Inflationsrate

3,16 Prozent). In 8 Jahren möchte Karin sich einen Partner suchen. Dieser soll monatlich einen Betrag von 300 € zu ihren Sparzahlungen hinzuzahlen.

In 14 Jahren hat sie die Möglichkeit, eine Finca auf Mallorca von einem Freund zu kaufen. Der Kaufpreis soll 50.000 € betragen. Auch hier haben sich die beiden darauf geeinigt, dass die Inflation bis zum Kauf berücksichtigt werden soll.

Für die Anlage geht Karin W. von einer effektiven Rendite von 8 Prozent pro Jahr aus.

Karin W. fragt Sie als ihren Berater nun:

1. Kann sie ihre Ziele erreichen?

2. Wenn ja: Wie viel kann sie selbst ab dem 8. Jahr weniger sparen, wenn ihr Partner 300 € monatlich zuzahlt?

3. Wenn nein: Wie viel muss der Partner zuzahlen, damit sie ihre Ziele erreicht?

4. Wie viel muss ab dem 11. Jahr ein Zweitfreund (Mallorca) für Karin sparen, damit sie sich im 14. Jahr auf Mallorca für dann 120.000 € einen Ferrari als Zweitwagen leisten kann?

Eine solch komplexe Fragestellung stiftet zunächst einmal Verwirrung. Sie haben schnell wieder Ordnung in Ihren Gedanken und erkennen die richtige Vorgehensweise, wenn Sie sich zuerst einmal die Zahlungsströme verdeutlichen.

Stopp

Bevor Sie weiterlesen, gilt einmal mehr: Denken Sie zuerst ohne jegliche Hilfe nach. Sortieren Sie Ihre Gedanken und schreiben Sie Ihre Gedanken auf. Skizzieren Sie den Sachverhalt, insbesondere die Zahlungsströme. Verstehen Sie. Ordnen Sie den Sachverhalt gedanklich. Dann handeln Sie und beginnen zu rechnen. Das sind die Erfolgsschritte eins und zwei. Und: Erst wenn Sie diese beiden Erfolgsschritte einhalten, bereiten Ihnen die folgenden Aufgaben so richtig Spaß.

Teil 6:

Die Auszahlungen:

- [ ] in 5 Jahren: 4.000 €
- [ ] in 8 Jahren 4.000 € + Inflationsausgleich
- [ ] in 14 Jahren 50.000 € + Inflationsausgleich

Die Einzahlungen:

- [ ] 1. bis 8. Jahr: 250 € monatliche Sparzahlung von Karin W.
- [ ] 9. bis 14. Jahr: 250 € monatliche Sparzahlung Karin W. + 300 € Sparzahlung monatlich vom Partner

 Berechnung

Als ersten Berechnungsschritt werden für alle Zahlungen die Nominalwerte ermittelt. Das heißt, dort, wo ein Inflationsausgleich durchgeführt werden soll, ermitteln wir den tatsächlich anfallenden Zahlungsbetrag.

1. Zahlung an die Tochter: Hier ist ein Inflationsausgleich über 3 Jahre zu berücksichtigen.

Eingabe	Display	Erklärung
1 GT PMT	1.00	Es handelt sich um eine Inflationsberechnung, daher rechnen wir mit einer Periode jährlich.
3 GT N	3.00	Der Inflationsausgleich soll über 3 Jahre stattfinden.
3.16 I/YR	3.16	Die angenommene Inflationsrate beträgt 3,16 % jährlich.
4000 +/– PV	– 4,000.00	Der ursprüngliche Betrag war: 4.000 €.
0 PMT	0.00	
FV	4,391.31	Karin W. müsste der Tochter in 8 Jahren einen Betrag von 4.391 € zur Verfügung stellen, wenn die Tochter gegenüber dem Sohn nicht schlechter gestellt sein soll.

2. Kaufpreis der Finca: Der Kauf soll in 14 Jahren erfolgen. Der Kaufpreis nach heutiger Kaufkraft soll 50.000 € betragen.

Eingabe	Display	Erklärung
1 GT PMT	1.00	Es handelt sich um eine Inflationsberechnung, daher rechnen wir mit einer Periode jährlich.
14 GT N	14.00	Der Inflationsausgleich soll über 14 Jahre stattfinden.
3.16 I/YR	3.16	Die angenommene Inflationsrate beträgt 3,16 % jährlich.
50000 +/– PV	– 50,000.00	Der ursprüngliche Betrag war 50.000 €.
0 PMT	0.00	
FV	77,290.95	Der Kaufpreis der Finca wird nominal 77.291 € betragen.

Damit sind alle notwendigen Zahlungen als Nominalgrößen bekannt, mit denen wir arbeiten und rechnen können.

Wir ermitteln das Endergebnis des geplanten Spar- und Entnahmeplans in mehreren Berechnungsschritten. Zunächst stellen wir den absoluten Zahlungsstrom dar:

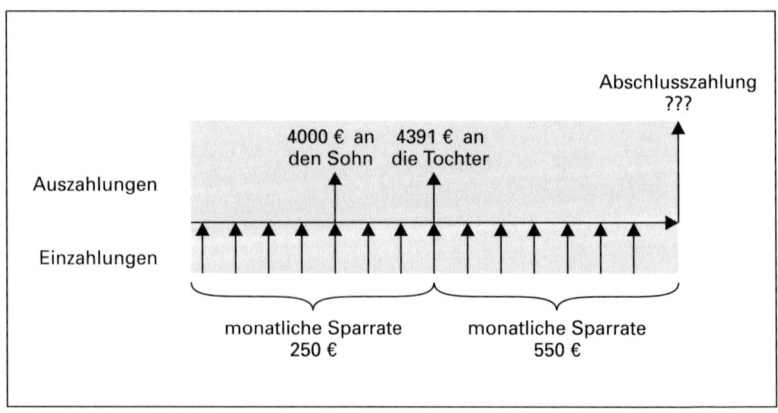

Aus dieser Darstellung lassen sich die erforderlichen Berechnungen leicht ersehen:

Die ersten 5 Sparjahre bis zur Zahlung an den Sohn:

Eingabe	Display	Erklärung
12 GT PMT	12.00	Karin W. spart monatlich.
5 GT N	60.00	Wir betrachten die ersten 5 Jahre des Sparplans.
8 GT PV	8.00	Wir nehmen einen Effektivzins von 8 % an.
GT I/YR	7.72	Umrechnung auf den Nominalzins.
0 PV	0.00	Karin W. verfügt nicht über Kapital für eine Einmalanlage.
250 +/− PMT	− 250.00	Karin W. spart monatlich 250 €.
FV	18,236.16	Kontostand nach 5 Jahren.

Nach 5 Jahren verfügt Karin W. über ein Vermögen von 18.236,16 €. Davon erhält der Sohn 4.000 €.

Wir rechnen weiter von der Zahlung an den Sohn bis zur nächsten Veränderung des Zahlungsstrom, der Auszahlung an die Tochter.

Eingabe	Display	Erklärung
	18,236.16	
− 4000 = +/− PV	− 14,236.16	Es werden 4.000 € entnommen. Der verbleibende Teil wird als Anfangskapital in den nächsten Berechnungsschritt übernommen.
3 GT N	36.00	Die zweite Berechnungsstufe.
FV	28,024.81	Kontostand nach insgesamt 8 Jahren.

Nach 8 Jahren verfügt Karin W. über ein Vermögen von 28.024,81 €. Davon erhält die Tochter 4.391,31 €. Ab diesem Zeitpunkt wird ihr Partner sie unterstützen und zusätzlich 300 € monatlich einzahlen.

Die beiden sparen den Rest der Zeit gemeinsam weiter.

Eingabe	Display	Erklärung
	28,024.81	
– 4391.31 = +/– PV	– 23,633.50	Es werden 4.391,31 € entnommen. Der verbleibende Teil wird als Anfangskapital in den nächsten Berechnungsschritt übernommen.
6 GT N	72.00	Die letzte Sparperiode bis zur Entnahme dauert noch 6 Jahre (72 Monate).
550 +/– PMT	– 550.00	Jetzt zahlt der Partner ebenfalls ein, damit ergibt sich ein monatlicher Sparbetrag von 550 €.
FV	87,671.15	Kontostand nach insgesamt 14 Jahren.

Ergebnis: In 14 Jahren kann Karin W. über ein Vermögen von 87.671 € verfügen. Die Finca kostet nach Inflationsausgleich 77.291 €. Das Kapital genügt, um sich diesen Wunsch zu erfüllen.

Frage 3 ist damit gegenstandslos. Karin W. muss ihre Sparzahlung nicht erhöhen, sondern kann ab dem 9. Jahr ihre eigene Einzahlung reduzieren.

 Berechnung

Wir arbeiten direkt mit den bereits gespeicherten Werten weiter!

Eingabe	Display	Erklärung
77290.95 FV	77,290.95	Karin W. benötigt als Endvermögen einen Betrag von 77.290.95 €.
PMT	– 436.20	Bereits mit einer Sparzahlung 436,20 € in der letzten Sparphase kann Karin W. ihr Zielvermögen erreichen.

Berechnung

In 3 Jahren soll der Zweitfreund für Karin bei einer Rendite von 8 Prozent ein Vermögen von 120.000 € ansparen. Welchen Betrag muss er monatlich in die Freundschaft zu Karin investieren?

Eingabe	Display	Erklärung
12 GT PMT	12.00	Es wird monatlich eingezahlt.
3 GT N	36.00	Die Zahlungen werden 3 Jahre lang geleistet.
8 GT PV	8.00	Wir nehmen einen Effektivzins von 8 % an.
GT I/YR	7.72	Umrechnung auf den Nominalzins.
0 PV	0.00	Eine Einmalanlage wird nicht gezahlt.
120000 FV	120,000.00	Das Sparziel ist ein Vermögen von 120.000 €.
PMT	– 2,972.85	Um das Zielvermögen zu erreichen, muss monatlich ein Betrag von 2.972,85 € angelegt werden.

Ergebnis: Damit Karin sich den Traumwagen leisten kann, muss der Freund monatlich einen Betrag von 2.972,85 € anlegen.

Ihr Kunde hat ganz genaue Vorstellungen, welche Beträge er im Alter benötigt. Er möchte mit 60 Jahren in den Ruhestand gehen. Vom 60. bis zum 70. Lebensjahr möchte er eine monatliche Rente von 4.000 € beziehen. Vom 70. bis zum 80. Lebensjahr soll die Rente nur noch 3.000 € betragen. Dafür möchte er mit 75 Jahren einen Betrag von 50.000 € einmalig aus seinem Vermögen entnehmen, um eine Weltreise zu unternehmen. Ab dem 80. Lebensjahr will er eine monatliche Rente von 2.800 € lebenslänglich erhalten. Sein Kapital soll durch diese Rente nicht mehr verringert werden. Der Kunde ist heute 25 Jahre alt.

Seine Fragen an Sie:

1. Wie viel Kapital muss er bis zum 60. Lebensjahr ansparen, damit er sich die geplanten Entnahmen bei einer Rendite seiner Anlagen von 6 Prozent leisten kann?

2. Welchen Betrag muss er ab sofort monatlich sparen, damit er das notwendige Kapital aufbauen kann (Rendite in der Sparzeit: 11 Prozent)?

3. Welchen Betrag wird er seinen Erben hinterlassen?

Auch bei dieser Fragestellung müssen Sie sich zuerst einmal alle Zahlungsströme verdeutlichen. Betrachten Sie dafür die grafische Darstellung auf der nächsten Seite.

Sie sehen: Der Wunsch des Kunden lässt sich nicht in einem einzigen Zahlungsstrom darstellen. Damit der notwendige Sparvertrag berechnet werden kann, müssen wir das Zielvermögen im Alter von 60 Jahren kennen. Dieses Endvermögen können wir in diesem Fall nicht mit einer einzigen Berechnung ermitteln.

Wir kommen hier nur weiter, wenn wir jede einzelne Phase des Auszahlungszeitraums separat betrachten. Hier kann für jede der einzelnen Auszahlungsphasen zunächst einmal der Barwert aller Zahlungen zu Beginn des Auszahlungszeitraums ermittelt werden. Diesen Wert müssen wir weiter auf den Zeitpunkt abzinsen, zu dem der erste Auszahlungsplan beginnt, also auf das 60. Lebensjahr des Kunden.

Teil 6:

Diese Berechnung muss für jede Phase des Auszahlungszeitraums durchgeführt werden. Die Summe aller Barwerte zum 60. Lebensjahr des Kunden ist gleich dem Vermögen, das zu Beginn der Auszahlungen zur Verfügung stehen muss.

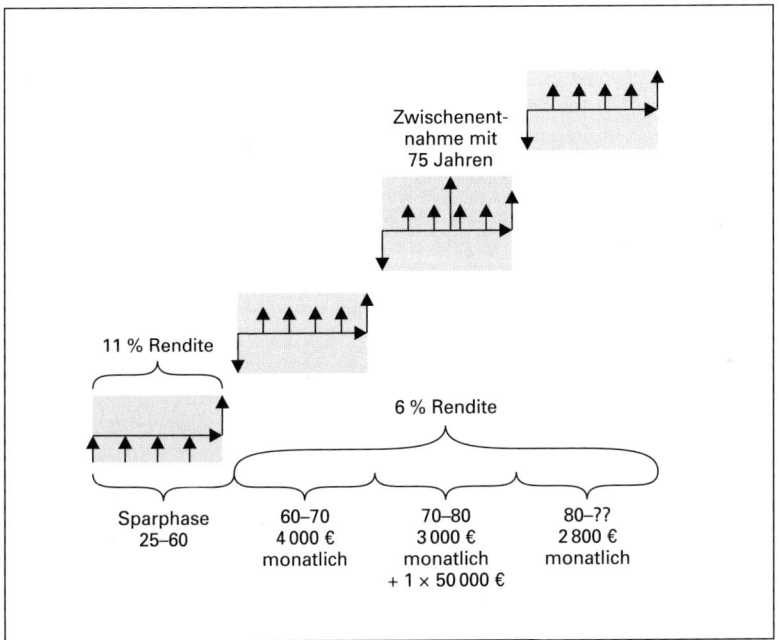

Auf den folgenden Seiten können Sie die Berechnungen durchführen:

Berechnung 1: Barwert der Zahlungen zwischen 60. und 70. Lebensjahr

Eingabe	Display	Erklärung
12 GT PMT	12.00	Es fließen monatliche Zahlungen.
10 GT N	120.00	Wir betrachten einen Zeitraum von 10 Jahren.
6 GT PV	6.00	Es wird ein Effektivzins von 6 % angenommen.
GT I/YR	5.84	Umrechnung auf den Nominalzins.
4000 PMT	4,000.00	Es sollen monatlich 4.000 € Rentenzahlung fließen.
0 FV	0.00	Wir setzen kein Endvermögen an. Den Zeitraum ab dem 70. Lebensjahr betrachten wir später separat.
PV	– 362,897.29	Um die Zahlungen zwischen dem 60. und dem 70. Lebensjahr zu gewährleisten, benötigt der Kunde einen Betrag von 362.897,29 €.

 Berechnung 2: Zahlungen zwischen dem 70. und dem 80. Lebensjahr

Eingabe	Display	Erklärung
12 GT PMT	12.00	Es fließen monatliche Zahlungen.
10 GT N	120.00	Wir betrachten einen Zeitraum von 10 Jahren.
6 GT PV	6.00	Es wird ein Effektivzins von 6 % angenommen.
GT I/YR	5.84	Umrechnung auf den Nominalzins.
3000 PMT	3,000.00	Es sollen monatlich 3.000 € Rentenzahlung fließen.
0 FV	0.00	Wir setzen kein Endvermögen an. Den Zeitraum ab dem 70. Lebensjahr betrachten wir später separat.
PV	– 272,172.96	Um die Zahlungen zwischen dem 70. und dem 80. Lebensjahr zu gewährleisten, benötigt der Kunde einen Betrag von 272.172,96 €.

Dieser Betrag von 272.172,96 € wird zu Beginn des 70. Lebensjahres benötigt. Da wir das Vermögen errechnen möchten, das der Kunde mit 60 Jahren benötigt, müssen wir weitere 10 Jahre abzinsen.

Teil 6:

Eingabe	Display	Erklärung
	– 272,172.96	
+/– FV	272,172.96	Der Betrag wird als Endwert übernommen.
0 PMT	0.00	Es wird keine Rente mehr entnommen.
PV	– 151,979.96	Barwert zum 60. Lebensjahr.

Um zwischen dem 70. und 80. Lebensjahr eine monatliche Rente von 3.000 € entnehmen zu können, muss unser Kunde mit 60 Jahren einen Betrag von 151.979,96 € mit einer Rendite von 6 Prozent anlegen.

 Berechnung 3: Einmalige Entnahme mit 75 Jahren

Auch das Kapital, das für die Sicherung dieser Zahlung zum 60. Lebensjahr vorhanden sein muss, ermitteln wir durch die Berechnung des Barwerts.

Eingabe	Display	Erklärung
1 GT PMT	1.00	Es handelt sich um eine Einmalzahlung.
15 GT N	15.00	Die Zahlung soll 15 Jahre nach dem 60. Geburtstag erfolgen.
6 GT PV	6.00	Es wird ein Effektivzins von 6 % angenommen.
GT I/YR	6.00	Umrechnung auf den Nominalzins.
0 PMT	0.00	
50000 FV	50,000.00	Es soll ein Betrag von 50.000 € fließen.
PV	– 20,863.25	

> **Ergebnis:** Damit die Zahlung im Alter von 75 Jahren gewährleistet werden kann, wird zum 60. Lebensjahr ein Kapital von 20.863,25 € benötigt.

Berechnung 4: Zahlungen ab dem 80. Lebensjahr

Hier muss ermittelt werden, welches Kapital der Kunde benötigt, damit er sich eine lebenslange Rente von 2.800 € selbst zahlen kann.

Diese Berechnung kann nicht mit der Funktion TVM des Taschenrechners durchgeführt werden. Die manuelle Berechnung ist jedoch völlig unkompliziert.

Zunächst wird dazu ermittelt, wie viel Zinsen der Anleger im Jahr benötigt, damit er diese Rente erhalten kann. Dieser Betrag entspricht dem 12-Fachen der gewünschten Rente, also 12 · 2.800 € = 33.600 €.

Der Rest ist eine einfache Dreisatzrechnung. Bei einer angenommenen Rendite von 6 Prozent entsprechen diese 33.600 € 6 Prozent des notwendigen Kapitals. Damit ermittelt sich das notwendige Kapital wie folgt:

$$33.600 \cdot \frac{100}{6} = 560.000 \text{ €}$$

Dieser Betrag muss im Alter von 80 Jahren noch zur Verfügung stehen, damit diese Rente gezahlt werden kann. Der gleiche Betrag wird später einmal an die Erben fallen, da zur Rentenzahlung nur die Zinsen entnommen werden.

Auch den Betrag von 560.000 €, der zur Zahlung der „ewigen Rente" verfügbar sein muss, zinsen wir nun auf das Ende des Ansparplans ab.

Eingabe	Display	Erklärung
1 GT PMT	1.00	Es handelt sich um eine Einmalzahlung.
20 GT N	20.00	Der Betrag soll 20 Jahre nach dem 60. Geburtstag zur Verfügung stehen.
6 GT PV	6.00	Es wird ein Effektivzins von 6 % angenommen.
GT I/YR	6.00	Umrechnung auf den Nominalzins.
0 PMT	0.00	
560000 FV	560,000.00	Es soll ein Betrag von 560.000 € im Alter von 80 Jahren bereitsteht.
PV	– 174,610.65	

Jetzt kennen wir die Barwerte aller Auszahlungsströme zum Ende der Sparphase. Die Summe aller Barwerte ist das Kapital, das unser Anleger bis zu seinem 60. Geburtstag ansparen muss, damit er seine gewünschten Rentenzahlungen erhalten kann.

Wir addieren die einzelnen Barwerte auf und berechnen den Sparplan:

Zahlungsstrom/Zahlung	Barwert zu 60. Lebensjahr des Kunden
Rentenzahlung 60. – 70. Lebensjahr	362.897,29 €
Rentenzahlung 70. – 80. Lebensjahr	151.979,96 €
einmalige Entnahme im Alter von 75 Jahren	20.863,25 €
„ewige Rentenzahlung" ab dem 80. Lebensjahr	174.610,65 €
Summe:	**710.351,15 €**

Diese Summe muss der Kunde bis zu seinem 60. Lebensjahr ansparen. Die Berechnung der notwendigen Sparzahlungen stellen für Sie kein Problem mehr dar:

Eingabe	Display	Erklärung
12 GT PMT	12.00	Der Kunde wird monatlich sparen.
35 GT N	420.00	Der gesamte Ansparplan dauert 35 Jahre.
11 GT PV	11.00	Es wird ein Effektivzins von 11 % angenommen.
GT I/YR	10.48	Umrechnung auf den Nominalzins.
0 PV	0.00	Der Kunde verfügt über kein Startkapital.
710351.15 FV	710,351.15	Es soll ein Betrag von 710.351,15 € angespart werden.
PMT	– 165,13	Er muss 35 Jahre lang 165,13 € sparen, um seine Ziele zu erreichen.

Ergebnis: Damit sich Ihr Kunde seine gewünschten Rentenzahlungen ab dem 60. Lebensjahr leisten kann, muss er ab sofort monatlich einen Betrag von 165,13 € sparen.

Geld in Containern

Teil 1

Im Folgenden finden Sie eine weitere Variante einer spannenden Aufgabe für alle Fortgeschrittenen. Bei dieser Aufgabe stellen wir Ihnen zunächst ein Angebot vor. Beim Anbieter handelt es sich um ein seriöses Unternehmen, das seit vielen Jahren mit demselben Produkt am Finanzdienstleistungsmarkt tätig ist. Das Angebot in der von uns genannten Form wurde vor einiger Zeit interessierten Finanzdienstleistern und Kunden präsentiert. Der Vollständigkeit halber muss erwähnt werden, dass die betreffende Firma bereits seit langem die Zahlen zu den einzelnen Angeboten anders präsentiert.

Es geht also nicht um Produktschelte, sondern darum, dass Sie völlig selbständig das folgende Finanzprodukt bzw. das folgende Angebot unter die Lupe nehmen (vgl. Seite 211 f.).

▨ Anmerkungen:

1. Bitte rechnen Sie bei Ihrer Kontrolle mit 91,25 Tagen/Quartal.
2. Beachten Sie, dass die Zahlungen nachschüssig erfolgen.
3. Die Spalte „Rechnerische Rückführung" ergibt sich, indem von der Gesamtinvestition die garantierte Rückführung pro Container, bezogen auf die Gesamtzahl der gekauften Container, subtrahiert wird. Der verbleibende Betrag wird durch 24 (Quartale) dividiert. Das Ergebnis ist die rechnerische Rückführung.

Jetzt sind Sie an der Reihe. Prüfen Sie bitte einmal die einzelnen Zahlen nach und vor allem: Prüfen Sie, ob die angenommene, durchschnittliche Rendite eine richtige oder eher eine irreführende Zahl ist (sofern von Ihnen als Vermittler keine weiteren Angaben erfolgen). Lassen Sie sich dabei Zeit. Lesen und prüfen Sie genau. Stellen Sie sich vor, Sie sitzen bei diesem Kunden. Sie können sich alles leisten, auch ausreichend Zeit zur Berechnung.

Teil 6:

Angebot Nr: 140
ST 9532 G

Standard Stahl
20 Fuss
Container

— NEU —

Maße und Gewichte:	Aussenlänge	6096 mm	Höchstgew.	24.000 kg
	Aussenbreite	2438 mm	Eigengew.	2.268 kg
	Aussenhöhe	2591 mm	Max. Ladegew.	21.550 kg
Int. Zulassungen:	ISO Intern. Standards Org.			
	TIR			
	CSC Container Safety Convention			
	Australian Department of Health			
	UIC Union Intern. de Conteneurs			

Mieter/Vermietungs-agent:	DIVERSE Containerleasinggesellschaften aus Gründen der Risikostreuung Die Container sind bereits vermietet.
Lieferung	SOFORT
Versicherung:	marine all risks insurance, voll vom jeweiligen Mieter getragen
Wartung/Reparatur:	vertraglich vom jeweiligen Mieter übernommen

Garantie-Miete lt. Verwaltungsvertrag:	DM 2,02 pro Kalendertag fest auf 6 Jahre Dies ergibt bezogen auf den Kaufpreis 16,76 %.
Mietdauer:	6 Jahre
Rückkauf garantiert:	Rückkaufwert pro Container: DM 1.780,00 am Ende des 6. Jahres
Beginn der Garantie-Miete: GmbH	nach 10 Arbeitstagen bei Treuhandabwicklung und nach 5 Arbeitstagen bei Bezahlung auf Konten der P & R
Auszahlungsmodus:	1/4 jährlich nachschüssig. Die erste Mietzahlung erfolgt nach dem ersten vollen Quartal.
Kaufpreis:	DM 4.400,00 pro Container
Mindestabnahme:	6 Stück

Bitte wenden!

RENDITE-BERECHNUNGSBEISPIEL
für Angebot 140

Kauf von 10 Containern zum Stückpreis von DM 4.400,00
Gesamtinvestition: DM   44.000,00
Mietkonditionen: DM   20,20 (10 Stück x 2,02) Tagesmiete für 6 Jahre
garant. Rückkauf: DM   17.800,00

QUAR-TAL	KAPITAL QUART.ANF.	GESAMT MIETE	RECHN. RÜCKFÜHR.	RECHN. ERTRAG	KAPITAL- QUART. ENDE	STEUER bei 35 %	REND. n. St.	REND. p. a.
1	44.000,00	1.843,25	1.091,67	751,58	42.908,33	0,00	1,71	
2	42.908,33	1.843,25	1.091,67	751,58	41.816,66	0,00	1,75	
3	41.816,66	1.843,25	1.091,67	751,58	40.724,99	0,00	1,80	
4	40.724,99	1.843,25	1.091,67	751,58	39.633,32	0,00	1,85	7,11
5	39.633,32	1.843,25	1.091,67	751,58	38.541,65	0,00	1,90	
6	38.541,65	1.843,25	1.091,67	751,58	37.449,98	0,00	1,95	
7	37.449,98	1.843,25	1.091,67	751,58	36.358,31	0,00.	2,01	
8	36.358,31	1.843,25	1.091,67	751,58	35.266,64	0,00	2,07	7,93
9	35.266,64	1.843,25	1.091,67	751,58	34.174,97	0,00	2,13	
10	34.174,97	1.843,25	1.091,67	751,58	33.083,30	0,00	2,20	
11	33.083,30	1.843,25	1.091,67	751,58	31.991,63	0,00	2,27	
12	31.991,63	1.843,25	1.091,67	751,58	30.899,96	0,00	2,35	8,95
13	30.899,96	1.843,25	1.091,67	751,58	29.808,29	0,00	2,43	
14	29.808,29	1.843,25	1.091,67	751,58	28.716,62	0,00	2,52	
15	28.716,62	1.843,25	1.091,67	751,58	27.624,95	0,00	2,62	
16	27.624,95	1.843,25	1.091,67	751,58	26.533,28	0,00	2,72	10,29
17	26.533,28	1.843,25	1.091,67	751,58	25.441,61	0,00	2,83	
18	25.441,61	1.843,25	1.091,67	751,58	24.349,94	0,00	2,95	
19	24.349,94	1.843,25	1.091,67	751,58	23.258,27	0,00	3,09	
20	23.258,27	1.843,25	1.091,67	751,58	22.166,60	0,00	3,23	12,10
21	22.166,60	1.843,25	1.091,67	751,58	21.074,93	0,00	3,39	
22	21.074,93	1.843,25	1.091,67	751,58	19.983,26	0,00	3,57	
23	19.983,26	1.843,25	1.091,67	751,58	18.891,59	0,00	3,76	
24	18.891,59	1.843,25	1.091,67	751,58	17.799,92	83,30	3,54	14,26
		44.238,00	26.200,08	17.954,62	17.799,92	83,30	60,64	60,64

zuz. steuerfr. Rückkauf: <u>17.800,00</u>
Kapitalrückführung: 44.000,08

Die Netto-Rendite auf das jeweils eingesetzte Kapital beträgt insg.: 60,64 %

Die durchschn. Rendite – nach Steuern – p. a. beträgt:60,64/ 6 J. 10,10 %

P. S.: Die Rendite wird in obiger Berechnung auf die in der Spalte Rechn.ertrag ausgewiesenen Beträge berechnet. Tatsächlich ausgeschüttet wird der in der Spalte Gesamtmiete genannte Betrag. Die Einkünfte aus der Containervermietung unterliegen nicht der 30-prozentigen Zinsabschlagsteuer!

Teil 2

Nun zum zweiten Teil. Sie haben Ihrem Kunden im Beratungsgespräch die Anlage in solche Container empfohlen. Ihr Kunde fragt Sie nun nach Ihrer Meinung zu der folgenden – zugegeben cleveren – Idee: „Wenn ich jetzt noch die Auszahlungen zwischendurch wieder anlege, kann ich doch die Rendite durch den Zinseszinseffekt der angelegten Sparbeiträge erheblich steigern, oder?" Diese Frage des Kunden geben wir nun an Sie weiter. Rechnen Sie jetzt. Verzinsen Sie die quartalsweisen Ausschüttungen mit sagen wir a) 6 und b) 8 Prozent effektiv jährlich. Wie hoch ist jetzt beim gleichen Beispiel die Rendite?

Kompliment! An dieser Aufgabe scheitern die meisten Finanzdienstleister kläglich. Wenn Sie dagegen diese Aufgabe gelöst haben, zählen Sie, unabhängig von den weiteren Hilfsmitteln, die Sie in Ihrer Beratung ansonsten einsetzen, gewiss zu den Fortgeschrittenen.

Hinweis

Ich empfehle Ihnen, hin und wieder dieses Buch zur Seite zu legen. Erst einige Tage später schlagen Sie willkürlich die ein oder andere Seite auf, beginnen zu lesen und zu rechnen. Wenn Sie so vorgehen, prägen sich die Aufgaben und Rechenschritte immer schneller und bleibender ein. Denken Sie daran: Vom Ultrakurzzeitgedächtnis zum Kurzzeitgedächtnis und letztlich zum Langzeitgedächtnis gibt es nur ein Geheimnis: die Wiederholung.

Übungsaufgaben

Auf den folgenden Seiten wartet in gewisser Hinsicht Ihre ganz persönliche Abschlussprüfung. Nehmen Sie sich ein wenig Zeit. Zeit, um möglichst viele Aufgaben nacheinander zu rechnen. Das fordert und fördert Ihr Zahlendenken. Die Aufgaben auf den folgenden Seiten haben dabei einen unterschiedlichen Schwierigkeitsgrad.

Leichtere Übungsaufgaben

1. Aufgabe

Für eine neue Fertigungsmaschine braucht ein Unternehmer 40.000 €. Er kann bei einem Zinssatz von 6 Prozent jährliche Raten in Höhe von 6.000 € leisten. Kann er das Darlehen innerhalb von 8 Jahren tilgen?

2. Aufgabe

In 20 Jahren hat sich ein Startkapital von 10.000 € vervierfacht. Wie hoch war der jährliche Zins der Geldanlage?

3. Aufgabe

Eine Anleihe, in die Sie 10.000 € investieren, gibt vierteljährlich Zinscoupons in Höhe von 200 € aus. Nach einem Jahr erhalten Sie Ihre 10.000 € voraussichtlich in voller Höhe wieder zurück. Wie hoch ist
a) der Nominalzins
b) der Effektivzins?

4. Aufgabe

Ein Konto wird jährlich mit 6 Prozent verzinst. Jährlich werden 6.000 € eingezahlt. Berechnen Sie den Kontostand nach 10 Jahren bei
a) vorschüssiger jährlicher,
b) nachschüssiger jährlicher Einzahlung.

5. Aufgabe

Bezogen auf die Ausgangsdaten von Aufgabe 4 berechnen Sie nun den Kontostand nach 10 Jahren bei
a) einer monatlichen vorschüssigen Einzahlung von 500 €,
b) einer monatlichen nachschüssigen Einzahlung von 500 €.

6. Aufgabe

Wie viel Kapital muss Herr Dreher als Einmalanlage bei einem Jahreszinssatz von 4 Prozent anlegen, damit er nach 9 Jahren 40.000 € erhält?

7. Aufgabe

Frau Heinrich, 32 Jahre alt, möchte für ihre Rente einen Aktienfondssparplan nutzen. Sie nehmen 10 Prozent Rendite pro Jahr an. Ihre Kundin möchte bis zu ihrem 65. Lebensjahr monatlich 150 € sparen. Da aber gerade der Urlaub vor der Tür steht, möchte sie erst in 3 Monaten anfangen zu sparen. Was kostet Sie jeder Tag, den sie ihre Geldanlage hinauszögert?

8. Aufgabe

Die Stadt Koblenz wurde in den 90er Jahren 2000 Jahre alt. Stellen Sie sich vor, jemand hätte bei Stadtgründung auf einem dortigen Sparkonto 1 Pfennig vergessen. Wenn es ein Sparbuch mit 1-prozentiger Verzinsung gewesen wäre: Wie viel Geld hätte man der Stadt zum Geburtstag schenken können?

9. Aufgabe

35 Jahre sollen in einen Aktienfonds monatlich 150 € eingezahlt werden. Nehmen sie eine durchschnittliche Rendite von 10 Prozent pro Jahr an. Nach 10 Jahren werden dem Fonds 5.000 € entnommen. Was hat die Entnahme den Sparer zum Ende der Laufzeit gekostet?

Mittelschwere Übungsaufgaben

10. Aufgabe

Vergleichen Sie zwei Finanzierungsmodelle für eine Eigentumswohnung. Es müssen 150.000 € finanziert werden. Berechnen Sie die monatliche Rate mit einem Tilgungssatz von 1 Prozent im Jahr, bezogen auf das Modell b).

a) 15 Jahre Laufzeit, Zinsfestschreibung zu 5,0 Prozent Zins pro Jahr,
b) 20 Jahre Laufzeit, Zinsfestschreibung zu 5,5 Prozent Zins pro Jahr.

Welches Finanzierungsmodell ist günstiger bzw. wie hoch darf der Zinssatz der Anschlussfinanzierung werden, wenn man die Restschuld von a) über weitere 5 Jahre finanziert?

11. Aufgabe

Bruder und Schwester (beide 20) haben unterschiedliche Einstellungen dem Sparen gegenüber: Der Bruder möchte jetzt, während der Ausbildung, monatlich 50 € in einen Aktienfonds für eine Zusatzrente sparen. Nach 5 Jahren will er dann insgesamt 150 € monatlich sparen. Seine Schwester bevorzugt es, erst in 5 Jahren für die Rente monatlich 150 € zu sparen. Beide wollen mit 60 in Rente gehen. Unterstellen sie eine vorsichtige Wertentwicklung des Aktienfonds von 8 Prozent und berechnen Sie

a) die entstehende Differenz der Endsummen,
b) die monatliche Sparrate der Schwester, wenn Sie das gleiche Ergebnis möchte.

12. Aufgabe

Vater (42) und Sohn (20) wollen für ihre Rente vorsorgen. Beide wollen ab ihrem 65. Lebensjahr eine monatliche Zahlung von 750 € erhalten.

a) Wie hoch muss die Summe des Vermögens sein, damit diese Rente über 15 Jahre gezahlt werden kann?
b) Wie hoch ist die monatliche Belastung für den Vater?
c) Wie hoch ist die monatliche Belastung für den Sohn?

Beide legen in einen Aktienfonds an, Sie rechnen vorsichtig mit 10 Prozent Rendite im Jahr. Der Auszahlplan soll mit 5 Prozent verzinst werden. In beiden Fällen ist mit effektivem Zinssatz zu rechnen.

13. Aufgabe

Herr Schmidt ist 25 Jahre alt. Die staatliche Rente ist ihm nicht genug. Unter dem Aspekt der Inflation (unterstellen Sie 2,5 Prozent durchschnittlich pro Jahr) möchte er ab dem 65. Lebensjahr monatlich 500 € (nach der Kaufkraft zum gegenwärtigen Zeitpunkt) über 20 Jahre ausgezahlt bekommen. Unterstellen Sie in der Ansparphase (Aktienfonds) eine jährliche vorsichtige Rendite von 10 Prozent. Für den Auszahlplan wählen Sie 5 Prozent.

a) Wie viel Vermögen muss Herr Schmidt ansparen, um seinen Plan zu realisieren?

b) Wie hoch ist seine monatliche Belastung in der Ansparphase?

14. Aufgabe

Der Auszubildende Fritz (16) erbt von seiner Oma 3.000 €. Da er noch in der Ausbildung steht, kann er sich keine monatlichen Sparraten für eine zusätzliche Rente leisten. Er will die 3.000 € aber in einem Aktienfonds (10 Prozent Rendite im Jahr) anlegen.

Wie viel Vermögen hat er im Alter von 60 Jahren angespart, wenn er ab dem 20. Lebensjahr zusätzlich noch 100 € monatlich im gleichen Fonds anspart?

15. Aufgabe

Ein Beamter möchte von seinem 62. Geburtstag an zusätzlich über 20 Jahre eine monatliche Rente von 1.000 € erhalten. Sowohl in der Anspar- als auch in der Auszahlungszeit wird sein Konto jährlich mit 5,5 Prozent effektiv verzinst.

a) Welchen Betrag muss er dafür 30 Jahre lang bis zu seinem 62. Geburtstag vierteljährlich einzahlen?

b) Welche ewige Rente könnte er bei diesen Einzahlungen erhalten? Das bedeutet, dass kein Kapital verzehrt wird.

16. Aufgabe

Als Verkaufspreis erhält ein Grundstücksverkäufer folgende Rentenzusage: Über 10 Jahre erhält er eine monatliche Rente in Höhe von 1.500 €. Welcher Verkaufspreis wird bei einem nominellen Jahreszinssatz von 5 Prozent erreicht?

17. Aufgabe

Herr Meier verkauft sein Haus für 250.000 €. Der Käufer möchte nicht bar zahlen, sondern 20 Jahre lang eine konstante monatliche Rente bezahlen. Wie hoch ist bei einem Jahreszinssatz von nominal 7 Prozent der nachschüssige und vorschüssige Rentenbetrag?

18. Aufgabe

Bei welchem nominellen Jahreszinssatz verdreifacht sich ein Kapital in 10 Jahren
a) falls die Zinsen jährlich bezahlt werden?
b) falls die Zinsen jeweils nach 3 Monaten bezahlt werden?

19. Aufgabe

Bei einer jährlichen Verzinsung soll aus einem Kapital von 100.000 € eine jährliche Rente von 10.000 € gezahlt werden. Berechnen Sie die Laufzeit der Rente bei einer Verzinsung von
a) 6 Prozent
b) 9 Prozent
c) 12 Prozent

20. Aufgabe

Ein Kredit für den Unternehmer Schmidt über 350.000 € mit einer Laufzeit von 10 Jahren ist jeweils jährlich mit 7 Prozent zu verzinsen. Der Tilgungssatz beträgt 1 Prozent jährlich. Bestimmen Sie die monatlichen Raten. Wie hoch ist die Restschuld nach 10 Jahren?

21. Aufgabe

Zum Ende eines Jahres zahlt die Firma Hansen jeweils 8.000 €. Es soll damit eine Schuld in Höhe von 80.000 € getilgt werden. Es ist ein Jahreszinssatz von 7 Prozent für 10 Jahre vereinbart. Ein neuer Zinssatz beträgt nach 10 Jahren 8 Prozent. Wie hoch muss die neue jährliche Rate sein, damit die Schuld in weiteren 10 Jahren endgültig getilgt ist?

22. Aufgabe

Lisa Müller (25 Jahre alt) steigt von der Uni frisch ins Berufsleben ein. Plötzlich hat sie ein Nettogehalt von 1.500 € monatlich. In ihrem bisherigen Studentenleben kam sie mit rund 500 € aus. Sie gönnt sich 100 € mehr im Monat und will den Rest sparen. In 4 Jahren möchte Sie dann weniger sparen und statt 900 € nur noch 100 € anlegen.

a) Hat Lisa mit 60 eine reelle Chance auf eine vernünftige Rente, wenn sie eine effektive Rendite von 10 Prozent für realistisch halten?

b) Kann sie mit ihren Anlageplänen eine monatliche Rente über 25 Jahre in Höhe von 4.000 € monatlich bei einem Zinssatz von nominal 5 Prozent aufbauen?

23. Aufgabe

Gelegenheitsarbeiter Hubert spielt seit 35 Jahren jede Woche für 15 € Lotto und hat noch nie gewonnen. Er ist jetzt 65 Jahre alt und seine Rente ist mager. Berechnen Sie ihm das Vermögen, das entstanden wäre, wenn er seine Lottoeinsätze monatlich mit 60 € angelegt hätte. Machen Sie ihn nicht zu unglücklich und rechnen Sie ganz vorsichtig mit nur 5 Prozent effektiv pro Jahr. Wenn er noch nicht überzeugt ist, werden Sie drastischer und rechnen Sie mit 10 Prozent Rendite. Setzen Sie noch einen drauf und verrenten Sie ihm dieses Vermögen über 20 Jahre bei einem Zins von nominal 5 Prozent pro Jahr.

24. Aufgabe

5 Jahre möchte Herr Becker einen Aktienfonds als Geldanlage nutzen, um in 5 Jahren ein neues Auto zu finanzieren. Er hat gehört, dass man sein Geld leicht verdoppeln kann und legt 10.000 € an. Sie raten ihm, lieber einen Rentenfonds zu wählen, der über diesen Zeitraum sicher 6 Prozent (effektiv) pro Jahr erwirtschaften kann. Nach 5 Jahren treffen Sie Herrn Becker wieder und der Fonds hat sich folgendermaßen entwickelt: In den ersten 4 Jahren gab es eine Rendite von 10 Prozent im Jahr. Im 5. Jahr brach die Börse ein und der Fonds verlor 30 Prozent. Berechnen Sie die tatsächliche Rendite nach 5 Jahren. Welche Alternative (Aktien- oder Rentenfonds) wäre die bessere gewesen?

25. Aufgabe

Der Aktienfondssparer Heinrich bittet Sie um Hilfe, nachdem sein Fonds, den er mit monatlich 150 € für seine Rente bespart, im ersten Jahr 20 Prozent, die nächsten beiden jeweils 40 Prozent und 4. Jahr 10 Prozent verloren hat. Insgesamt soll in den Fonds 30 Jahre eingezahlt werden. Können Sie Heinrich beruhigen, wenn Sie über die nächsten 26 Jahre durchschnittlich 11 Prozent erwarten? Berechnen Sie danach die durchschnittliche Rendite über 30 Jahre.

26. Aufgabe

Erklären Sie dem 28-jährigen Angestellten Horst, dass ein Ablaufmanagement eines Aktienfondssparplans eine sinnvolle Alternative ist, wenn man große Verluste am Ende der Laufzeit umgehen will. Es soll 32 Jahre gespart werden, der Fonds soll eine durchschnittliche Rendite von 10 Prozent erwirtschaften. Spielen Sie mit ihm drei mögliche Szenarien durch, wenn Horst monatlich 150 € spart:
a) konstante Rendite über 32 Jahre,
b) 29 Jahre Einzahlung in den Aktienfonds, in den letzten 3 Jahren erfolgt ein Ablaufmanagement in einem Rentenfonds zu 5 Prozent effektiv im Jahr,
c) 30 Jahre erwirtschaftet der Fonds 10 Prozent, in den letzten beiden Jahren verliert er jeweils 10 Prozent im Jahr.

27. Aufgabe

Malermeister Pinsel erbt unerwartet 20.000 €. Er ist verheiratet. Kinder sind erst in ein paar Jahren geplant. Daher hat er über einen Dachgeschossausbau bereits nachgedacht. Dieser würde ihn etwa 40.000 € kosten.

Machen Sie ihm deutlich, dass er, wenn er das geerbte Geld nun anlegt, den Ausbau praktisch umsonst bekommt. Rechnen Sie alternativ mit einer Geldanlage, die ihm 6 Prozent bzw. 10 Prozent einbringt.
a) Wie lange muss Herr Pinsel warten, bis der Ausbau ohne zusätzliche Finanzierung möglich ist?
b) Herr Pinsel ist so begeistert von der Idee, dass er monatlich noch 100 € zusätzlich ansparen möchte. Unterstellen Sie etwas vorsichtiger 7 Prozent und sagen ihm, wie lange es dann dauert.

28. Aufgabe

Auf einer Versteigerung ersteigert Herr Müller ein Gemälde. Der Kaufpreis beträgt 380.000 €. Er versichert das Kunstwerk für 5.000 € im Jahr. Nach 8 Jahren und 6 Monaten verkauft er es für 600.000 €. Untersuchen

Sie, ob dies für Herrn Müller ein lohnendes Geschäft war, wenn er sein Geld anderweitig auch für 5 Prozent effektiven Jahreszins hätte anlegen können.

29. Aufgabe

Architekt Schubert braucht einen neuen Wagen. Der neue Kombi soll 35.000 € kosten. Er möchte den Wagen finanzieren und hat zwei Alternativen:
a) Finanzierung über 4 Jahre beim Händler über den vollen Kaufpreis zu 1,2 Prozent effektivem Jahreszins,
b) Finanzierung über die Hausbank zu 7,96 Prozent effektivem Jahreszins. Sein Vorteil: Er tritt als Barzahler auf und bekommt daher einen Rabatt in Höhe von 4.500 €.

Welche Alternative ist die günstigste für Herrn Schubert, wenn man Effektivverzinsung und Liquidität als Kriterien in Betracht zieht?

Anspruchsvolle Übungsaufgaben

30. Aufgabe

Mit 6 Prozent nominalem Jahreszins wird eine Schuld in Höhe von 70.000 € verzinst. Nach 5 tilgungsfreien Jahren soll sie in weiteren 10 Jahren in gleichen Raten halbjährlich zurückgezahlt werden. Berechnen Sie diese Rate, falls während der tilgungsfreien Zeit
a) die laufenden Zinsen gezahlt,
b) keine Zinsen gezahlt werden.

31. Aufgabe

In einem Beratungsgespräch mit einem Kunden, der sich für seine Altersvorsorge interessiert, ergeben sich die unterschiedlichsten Fragestellungen. Nehmen Sie für eine langfristige Aktienfondsanlage eine Rendite von 10 Prozent im Jahr an, für eine Verrentung ab dem 60. Lebensjahr 5 Prozent pro Jahr. Der Kunde ist 30 Jahre alt und hat folgende Bedürfnisse:

a) Sofortige Einmaleinzahlung in Höhe von 5.000 € plus monatlicher Sparrate von 200 €. Berechnen Sie das Endvermögen des Kunden mit 60 Jahren.

b) Berechnen Sie die monatliche Rente, wenn der Kunde 20 Jahre lang monatliche Zahlungen erhält.

c) Wie hoch muss das angesparte Vermögen sein, wenn die monatliche Rente 1.500 € betragen soll? Wie hoch ist die monatliche Belastung in der Ansparphase?

d) Wie hoch muss die monatliche Belastung ohne Einmalanlage sein, wenn man unter Berücksichtigung der Inflationsrate von 3 Prozent p.a eine monatliche Rente von 1.500 € erhalten will?

32. Aufgabe

Ein Mietshaus wird von einem Makler für 620.000 € zum Kauf angeboten. Es erzielt jährliche Mieteinnahmen in Höhe von 80.000 €. Steuern, Instandhaltung und weitere jährliche Aufwendungen kann man mit 17.000 € pauschal pro Jahr ansetzten. 20 Jahre später hat das Haus einen Wiederverkaufswert von 75 Prozent des aktuellen Kaufpreises. Lohnt sich der Kauf des Hauses als Kapitalanlage, wenn man einen steuerlichen und inflationären Aspekt unberücksichtigt lässt. Vergleichen Sie das Ergebnis mit einer Einmalanlage in einen Aktienfonds, der eine durchschnittliche Rendite pro Jahr von 9 Prozent erwirtschaftet.

33. Aufgabe

Ein Steuersparmodell, bei dem eine Einmalanzahlung von 100.000 € fällig ist, bringt in den ersten 2 Jahren eine jährliche Gewinnbeteiligung von 4.000 €. In den beiden folgenden Jahren gibt es keine Gewinne. Im 5. und 6. Jahr gibt es sogar 12.000 € und bis zum 10. Jahr weitere 7.500 € jährlich. Nach 10 Jahren bekommt der Anleger seine Einlage zurück und erhält einen Bonus von 40.000 € zusätzlich. Die jährlichen Ausschüttungen werden zu jeweils 5 Prozent jährlich verzinst. Kann diese Anlage ohne Berücksichtigung des Steueraspekts einen Aktienfonds schlagen, der über 10 Jahre Laufzeit eine Rendite von 8 Prozent bringt?

34. Aufgabe

Für den Kauf einer Eigentumswohnung hat Herr Schulze zwei Angebote. Es sollen 150.000 € finanziert werden.

a) Finanzierung zu 7 Prozent Zins pro Jahr mit gleichzeitiger Tilgung über 15 Jahre.

b) Finanzierung zu 7,5 Prozent effektivem Jahreszins über 15 Jahre. Mit 5 Jahren Tilgungsaussetzung. Danach erfolgen monatliche Raten in Höhe von 1.350 €. Der monatliche Differenzbetrag zu der Rate aus Aufgabe a) soll in den ersten 5 Jahren in einen Aktienfonds (durchschnittlich 9 Prozent Rendite über 15 Jahre) angelegt werden. Kann er damit die Restschuld nach 15 Jahren tilgen?

Zu welcher Variante würden Sie Herrn Schulze raten?

35. Aufgabe

Bausparer Herbert spart monatlich 100 € über 10 Jahre zu einem Zins von 3 Prozent. Nach 10 Jahren bekommt er ein Vermögen von 14.000 € und ein Darlehen über 14.000 € ausbezahlt, das er in weiteren 10 Jahren zu 2,5 Prozent Zinsen tilgt.

a) Wie hoch ist seine monatliche Belastung in der Tilgungsphase?

b) Wie hoch wäre der Vergleichszinssatz eines Darlehens, wenn er in der Ansparphase 7 Prozent effektive Verzinsung erreichen könnte?

36. Aufgabe

Ein Darlehen von 180.000 € wird zu 6 Prozent Zins und 2 Prozent Tilgung zuzüglich ersparter Zinsen gewährt. Die Zins- und Tilgungszahlungen werden monatlich geleistet. Nach der Zahlung der vierten Rate sinkt der Zins auf 5 Prozent. Wie hoch ist die Restschuld des Darlehens bei gleichbleibender Rate nach 10 Jahren?

37. Aufgabe

Auf ein Darlehen werden quartalsweise 2 Prozent Zinsen fällig. Die zusätzliche Tilgung erfolgt mit 2,6 Prozent des ursprünglichen Kreditbetrags pro Quartal. Wie lange dauert es, bis die Schuld getilgt ist?

38. Aufgabe

Ein Annuitätendarlehen in Höhe von 50.000 € wird halbjährlich mit jeweils 4 Prozent verzinst. Die Zins- und Tilgungszahlungen erfolgen zum Jahresende. Wie hoch ist die jährliche Rate, wenn das Darlehen in 20 Jahren getilgt sein soll?

Teil 7:

Lösungen zu den Übungsaufgaben

1. Lösung

Eingabe	Display	Erklärung
1 GT PMT	1.00	Der Kunde zahlt eine jährliche Rate.
8 GT N	8.00	Er zahlt 8 Raten in 8 Jahren.
6 I/YR	6.00	Der jährliche Nominalzins beträgt 6 %.
40.000 PV	40,000.00	Die Schuld beträgt 40.000 € und wird dem Kunden gutgeschrieben (positive Anfangszahlung).
6000 +/– PMT	– 6,000.00	Die jährliche Rate beträgt 6.000 €. Sie fließt dem Kunden ab, daher negatives Vorzeichen.
FV	– 4,369.12	4.369,12 € ist die Höhe der Restschuld nach 8 Jahren.

Ergebnis: Nach 8 Jahren hat der Unternehmer noch eine Restschuld von 4.369,12 € zu zahlen. Die vollständige Tilgung des Darlehens in 8 Jahren gelingt also nicht.

2. Lösung

Eingabe	Display	Erklärung
1 GT PMT	1.00	Gehen Sie von einer jährlichen Zinsverrechnung aus.
20 GT N	20.00	Die Laufzeit der Geldanlage ist 20 Jahre.
10000 +/– PV	– 10,000.00	Es wurden 10.000 € vor 20 Jahren eingezahtl, dem Anleger ist Kapital abgeflossen, daher negatives Vorzeichen.
0 PMT	0.00	Es gab keine regelmäßigen Zahlungen.
40000 FV	40,000.00	Nach 20 Jahren hat sich das Grundkapital vervierfacht. Sie fließen dem Anleger zu, daher positives Vorzeichen.
I/YR	7.18	Der jährlich Zins lag bei 7,18 %.

Ergebnis: Die Geldanlage erbrachte eine durchschnittliche jährliche Verzinsung von 7,18 Prozent.

3. Lösung

a) Nominalzins:

Eingabe	Display	Erklärung
4 GT PMT	4.00	Vierteljährlich werden Zinscoupons ausgegeben.
1 GT N	4.00	Der Betrachtungszeitraum beträgt ein Jahr. Daher gibt es 4 Ausgaben der Coupons.
10000 +/– PV	– 10,000.00	Es werden 10.000 € eingezahlt.
200 PMT	200.00	Ein Coupon ist 200 € wert.
10000 FV	10,000.00	Nach einem Jahr fließen dem Anleger wieder 10.000 € zu.
I/YR	8.00	Der Nominalzins beträgt 8 %.

Ergebnis: Der Nominalzins der Anleihe beträgt 8 Prozent.

b) Effektivzins:

Sie können die vorhandenen Daten aus a) übernehmen und brauchen nur einen weiteren Rechenschritt:

Eingabe	Display	Erklärung
GT PV	8.24	Der Effektivzins beträgt 8,24 %.

Ergebnis: Der Effektivzins der Anleihe beträgt 8,24 Prozent.

Teil 7:

Investment-Vorsorge für jede

Lebensphase.

Innovatives Investment: als reine Vermögens-Anlage oder als fondsgebundene Lebens- und Renten-Versicherung zur optimalen Vorsorge.

Basis sind über 40 Spitzen-Fonds „qualified by Skandia": von renommierten, internationalen Investment-Häusern, kontinuierlich geprüft durch ein eigenes, internationales Expertenteam.

Skandia bietet damit Investment mit optimaler Flexibilität: in Aktien-, Renten-, Immobilien- oder Geldmarktfonds. In unterschiedliche Risikostufen. Als persönliches Portfolio aus bis zu 10 Fonds. Oder in vier gemanagte Portfolios, die auch untereinander oder mit Einzelfonds mischbar sind. Und das alles außergewöhnlich günstig: Bei Skandia zahlen Sie keine Ausgabeaufschläge; Fondswechsel ist jederzeit möglich.

Telefon Geschäftspartner-Service
0 18 02-SKANDIA (7 52 63 42)
Telefax (0 30) 3 10 07 - 26 00
E-Mail info@skandia.de

www.skandia.de

Skandia

4. Lösung

a) bei vorschüssiger Einzahlung:

Eingabe	Display	Erklärung
GT MAR	BEGIN	Umstellung auf vorschüssige Zahlungen.
1 GT PMT	1.00	Es erfolgt eine Zahlung im Jahr.
10 GT N	10.00	Die Zahlungen erstrecken sich über 10 Jahre.
6 I/YR	6.00	Der nominelle Jahreszinssatz beträgt 6 %.
0 PV	0.00	Es erfolgt keine Anfangszahlung.
6000 +/– PMT	– 6,000.00	Jährlich werden 6.000 € auf das Konto eingezahlt. Der Kunde leistet die Zahlung, daher ist das Vorzeichen negativ.
FV	83,829.86	Das Ergebnis vorschüssiger Zahlungen beträgt 83.829,86 €.

Ergebnis: Das Endvermögen bei jährlich vorschüssigen Zahlungen über 10 Jahre beträgt 83.829,86 €.

a) bei nachschüssiger Einzahlung:

Eingabe	Display	Erklärung
GT MAR		Bitte beachten Sie, dass das Wort *BEGIN* im Display unten nicht mehr eingeblendet ist.
FV	79,084.77	Das Ergebnis nachschüssiger Zahlungen beträgt 79.084,77 €.

Ergebnis: Das Endvermögen bei jährlich nachschüssigen Zahlungen über 10 Jahre beträgt 79.084,77 €.

5. Lösung

a) vorschüssige Zahlungen:

Eingabe	Display	Erklärung
12 GT PMT	12.00	Es erfolgen 12 Zahlungen im Jahr.
10 GT N	120.00	Die Zahlungen erstrecken sich über 120 Monate.
6 I/YR	6.00	Der nominelle Jahreszinssatz beträgt 6 %.
0 PV	0.00	Es erfolgt keine Anfangszahlung.
500 +/– PMT	– 500.00	Monatlich werden 500 € auf das Konto eingezahlt. Der Kunde leistet die Zahlung, daher ist das Vorzeichen negativ.
GT MAR	BEGIN	Umstellung auf vorschüssige Zahlungen.
FV	82,349.37	Das Ergebnis vorschüssiger Zahlungen beträgt 82.349,37 €.

Ergebnis: Das Endvermögen monatlich vorschüssiger Zahlungen über 10 Jahre beträgt 82.349,37 €.

b) nachschüssige Zahlungen:

Eingabe	Display	Erklärung
GT MAR		Bitte beachten Sie, dass das Wort *BEGIN* im Display unten nicht mehr eingeblendet ist.
FV	81,939.67	Das Ergebnis nachschüssiger Zahlungen beträgt 81.939,67 €.

Ergebnis: Das Endvermögen bei monatlich nachschüssigen Zahlungen über 10 Jahre beträgt 81.939,67 €.

6. Lösung

Eingabe	Display	Erklärung
1 GT PMT	1.00	Es erfolgt eine jährliche Verrechnung der Erträge.
9 GT N	36.00	Die Gesamtlaufzeit der Anlage beträgt 9 Jahre.
4 I/YR	4.00	Der nominelle Jahreszins beträgt 4 %.
0 PMT	0.00	Es erfolgen keine regelmäßigen Zahlungen.
40000 FV	40,000.00	Nach 9 Jahren sollen dem Anleger wieder 40.000 € zufließen (positives Vorzeichen).
PV	– 28,103.47	PV zeigt Ihnen in diesem Fall das benötigte Startguthaben an.

Ergebnis: Um nach 9 Jahren bei einer jährlichen Verzinsung von 4 Prozent einen Betrag in Höhe von 40.000 € zu erhalten, muss man 28.103,47 € anlegen.

7. Lösung

Vermögen bei sofortigem Sparbeginn:

Eingabe	Display	Erklärung
12 GT PMT	12.00	Es erfolgen monatliche Zahlungen.
33 GT N	396.00	In 33 Jahren werden 396 monatliche Zahlungen geleistet.
10 GT PV	10.00	Es wird ein effektiver Zins von 10 % pro Jahr unterstellt.
GT I/YR	9.57	Ermittlung des Nominalzinssatzes.
0 PV	0.00	Es erfolgt keine Einmalanlage.
150 +/– PMT	– 150.00	Monatlich werden 150 € gezahlt.
FV	418,073.04	Nach 33 Jahren hat der Kunde ein Vermögen von 418.073,04 € angespart.

Ergebnis: Fängt Frau Heinrich sofort an zu sparen, kann sie nach 33 Jahren auf ein Vermögen von 418.073,04 € zurückgreifen.

Vermögen nach 3 Monaten Wartezeit:

Eingabe	Display	Erklärung
393 N	393.00	Es werden nur 393 monatliche Zahlungen geleistet.
FV	407,786.22	Nach 32 Jahren und 9 Monaten hat der Kunde ein Vermögen von 407.786,22 € angespart.

Ergebnis: Frau Heinrich kostet jeder Tag, den sie zögert:
418.073,04 € – 407.786,22 € = 10.286,82 €
10.286,82 € : 90 = **114,30 €**

8. Lösung

Eingabe	Display	Erklärung
1 GT PMT	1.00	Es erfolgt eine Verrechnung der Erträge pro Jahr.
2000 GT N	2,000.00	Die Anlagedauer soll 2000 Jahre betragen.
1 I/YR	1.00	Der Nominalzins der Anlage soll 1 % betragen.
0.01 +/– PV	– 0.01	Es wird einmalig ein Pfennig angelegt.
0 PMT	0.00	Es erfolgen keine periodischen Zahlungen.
FV	4,392,862.05	Nach 2000 Jahren ist ein Vermögen von 4.392.862,05 DM vorhanden.

Ergebnis: Die Stadt Koblenz hätte sich bestimmt über 4.392.862,05 DM zum Geburtstag gefreut.

Sparplan ohne Entnahme:

Eingabe	Display	Erklärung
12 GT PMT	12.00	Es erfolgen monatliche Zahlungen.
35 GT N	420.00	In 35 Jahren werden 420 Monatszahlungen getätigt.
10 GT PV	10.00	Der Fonds hat einen durchschnittlichen Effektivzins von 10 % pro Jahr.
GT I/YR	9.57	Ermittlung des Nominalzinssatzes.
0 PV	0.00	Es erfolgt keine Einmaleinzahlung.
150 +/– PMT	– 150.00	Es erfolgen monatliche Einzahlungen von 150 €.
FV	509,818.65	Nach 35 Jahren kann der Kunde über ein Vermögen von 509.818,65 € verfügen.

Ergebnis: Ohne Entnahme kann der Kunde nach 35 Jahren über ein Vermögen von 509.818,65 € verfügen.

Berechnung des Sparplans mit Entnahme:

Eingabe	Display	Erklärung
10 GT N	120.00	Nach 10 Jahren und 120 monatlichen Zahlungen wird ein Zwischenergebnis ermittelt.
FV	29,979.58	Nach 10 Jahren kann der Kunde über ein Vermögen von 29.979,58 € verfügen.
– 5000 = 24979.58 +/– PV	– 24,979.58	Nach Abzug von 5.000 € (Entnahme) beginnt die zweite Berechnungsperiode mit dem Kontostand von 24.979,58 €.
25 GT N	300.00	Die Restlaufzeit der Anlage beträgt 25 Jahre. Damit fallen 300 weitere monatliche Zahlungen an.
FV	455,645.14	Nach 35 Jahren kann der Kunde über ein Vermögen von 455.645,14 € verfügen.

Ergebnis: Die Entnahme kostet den Sparer in diesem Fall nach 35 Jahren 54.173,51 € (= 509.818,65 – 455.645,14).

Ein kleiner Trick für mehr Genauigkeit und noch schnelleres Rechnen!

Nachdem Sie nun zahlreiche Aufgaben sorgfältig bearbeitet und gelöst haben, verrate ich Ihnen nun einen „Trick", wie Sie mit drei weiteren Tasten einzelne Aufgaben noch komfortabler und sicherer berechnen. Es handelt sich um die Tasten

Sparplan ohne Entnahme:

Eingabe	Display	Erklärung
12 GT PMT	**12.00**	Es erfolgen monatliche Zahlungen.
35 GT N	**420.00**	In 35 Jahren werden 420 Monatszahlungen getätigt.
10 GT PV	**10.00**	Der Fonds hat einen durchschnittlichen Effektivzins von 10 % pro Jahr.
GT I/YR	**9.57**	Ermittlung des Nominalzinssatzes.
0 PV	**0.00**	Es erfolgt keine Einmaleinzahlung.
150 +/– PMT	**– 150.00**	Es erfolgen monatliche Einzahlungen von 150 €.
FV	**509,818.65**	Nach 35 Jahren kann der Kunde über ein Vermögen von 509.818,65 € verfügen.
➔ M	**509,818.65**	Die Zahl wird in einen Speicher des Taschenrechners übernommen.

Ergebnis: Ohne Entnahme kann der Kunde nach 35 Jahren über ein Vermögen von 509.818,65 € verfügen.

Berechnung des Sparplans mit Entnahme:

Eingabe	Display	Erklärung
10 GT N	120.00	Nach 10 Jahren und 120 monatlichen Zahlungen wird ein Zwischenergebnis ermittelt.
FV	29,979.58	Nach 10 Jahren kann der Kunde über ein Vermögen von 29.979,58 € verfügen.
– 5000 = 24979.58 +/– PV	– 24,979.58	Nach Abzug von 5.000 € (Entnahme) beginnt die zweite Berechnungsperiode mit dem Kontostand von 24.979,58 €.
25 GT N	300.00	Die Restlaufzeit der Anlage beträgt 25 Jahre. Damit fallen 300 weitere monatliche Zahlungen an.
FV	455,645.14	Nach 35 Jahren kann der Kunde über ein Vermögen von 455.645,14 € verfügen.
+/– M+	– 455,645.12	Die negative Zahl wird zu der Speicherzahl hinzugefügt. Damit nimmt die positive Zahl im Speicher ab. Wichtig ist, dass die Zahl negativ ist, da sonst die 455.645,12 € zu der Speicherzahl addiert wird.
RM	54,173.53	Die Speicherzahl, die übrig geblieben ist, wird aufgerufen.

Ergebnis: Die Entnahme kostet dem Kunden ein Vermögen von 54.173,53 €. Es ist zur 1. Rechnung ein Unterschied von 2 Cent, da der Rechner die genauen Zahlen speichert.

Im Gegensatz zur 1. Rechnung ist es nicht notwendig die Ergebnisse aufzuschreiben und später in einer seperaten Rechnung voneinander zu subtrahieren. Es ist somit eine komfortablere Lösung, die zusätzlich eine Fehlerquote drastisch senkt. Wichtig ist nur, dass Sie eine negative Zahl zum Speicher hinzuaddieren, damit sich die positive Zahl im Speicher um den negativen Betrag senkt.

Wenn Sie diese Rechnung beherrschen, sind Sie gegenüber den Beratern, die das Ergebnis aufschreiben, zeitlich klar im Vorteil.

Teil 7:

10. Lösung

Monatliche Rate:

$$\frac{150.000 \cdot (5,5 + 1)}{100 \cdot 12} = 812,50 \text{ €}$$

Berechnung der Restschuld von Darlehen b) nach 20 Jahren:

Eingabe	Display	Erklärung
12 GT PMT	**12.00**	Der Kunde zahlt 12 Raten im Jahr.
20 GT N	**240.00**	Er zahlt 240 Raten in 20 Jahren.
5.5 I/YR	**5.50**	Der jährliche Nominalzins beträgt 5,5 %.
150000 PV	**150,000.00**	Das Darlehen beträgt 150.000 € und wird dem Kunden gutgeschrieben (positive Anfangszahlung).
812.50 +/– PMT	**– 812.50**	Die monatliche Rate beträgt 812,50 €. Sie fließt dem Kunden ab, daher negative Vorzeichen.
FV	**– 95,546.58**	95.546,58 € ist die Höhe der Restschuld nach 20 Jahren.

Ergebnis: 95.546,58 € ist die Höhe der Restschuld nach 20 Jahren. Bitte speichern oder notieren Sie sich diesen Wert für die Folgerechnung.

Restschuld von Darlehen a) mit der bereits errechneten monatlichen Rate:

Eingabe	Display	Erklärung
12 GT PMT	12.00	Der Kunde zahlt 12 Raten im Jahr.
15 GT N	180.00	Er zahlt 180 Raten in 15 Jahren.
5 I/YR	5.00	Der jährliche Nominalzins beträgt 5 %.
150000 PV	150,000.00	Das Darlehen beträgt 150.000 € und wird dem Kunden gutgeschrieben (positive Anfangszahlung).
812.50 +/– PMT	– 812.50	Die monatliche Rate beträgt 812,50 €. Sie fließt dem Kunden ab, daher negatives Vorzeichen.
FV	– 99,883.32	99.883,32 € ist die Höhe der Restschuld nach 15 Jahren.

Ergebnis: 99.883,32 € ist die Höhe der Restschuld nach 15 Jahren.

Mit dieser Restschuld ermitteln wir den Zinssatz, zu dem die Anschlussfinanzierung höchstens abgeschlossen werden darf, damit bei gleich bleibenden monatlichen Zahlungen die gleiche Restschuld erreicht wird wie in Alternative b). Das bedeutet, dass die nächsten 5 Jahre mit dieser monatlichen Rate weiter finanziert wird.

Zinssatz der Anschlussfinanzierung:

Eingabe	Display	Erklärung
12 GT PMT	12.00	Der Kunde zahlt 12 Raten im Jahr.
5 GT N	60.00	Er zahlt 60 Raten in 5 Jahren.
RCL FV	– 99,883.32	Entnehmen Sie die bereits berechnete Restschuld aus dem Speicher.
+/– PV	99,883.32	Insgesamt sind nach 15 Jahren noch 99.883,32 € zu finanzieren.

812.50 +/– PMT	– 812.50	Die monatliche Rate beträgt weiterhin 812,50 €. Sie fließt dem Kunden ab, daher negatives Vorzeichen.
95546.58 +/– FV	– 95,546.58	Nach weiteren 5 Jahren soll die gleiche Restschuld vorliegen, wie bei der ursprünglichen Zinsfestschreibung über 20 Jahre.
I/YR	9.07	Der Darlehenszins, bei dem der Kunde in beiden Fällen gleich steht, wird ermittelt.

Ergebnis: Steigt der Darlehenszins der Anschlussfinanzierung über 9,07 Prozent, so ist das Angebot b) für den Kunden die bessere Alternative. Ist eine Anschlussfinanzierung günstiger als 9,07 Prozent zu erwarten, so ist Alternative a) zu bevorzugen.

11. Lösung

a) Endguthaben nach 40 Jahren des Bruders zunächst die ersten 5 Jahre:

Eingabe	Display	Erklärung
12 GT PMT	12.00	Es erfolgen monatliche Einzahlungen.
5 GT N	60.00	In 5 Jahren werden 60 monatliche Raten gezahlt.
8 GT PV	8.00	Sie erwarten einen jährlichen Effektivzins von 8 %.
GT I/YR	7.72	Ermittlung des Nominalzinses.
0 PV	0.00	Zu Beginn der Laufzeit wird keine Einmalanlage getätigt.
50 +/– PMT	50.00	Die monatliche Sparrate beträgt 50 €.
FV	3,647.23	Nach 5 Jahren verfügt der Anleger über ein Vermögen von 3.647,23 €.

Ergebnis: Nach 5 Jahren verfügt der Bruder über ein Vermögen von 3.647,23 €.

Diesen Wert tragen Sie nun als Startkapital für die restlichen 35 Jahre ein:

Eingabe	Display	Erklärung
35 GT N	**420.00**	In 35 Jahren werden 420 monatliche Raten gezahlt.
RCL FV	**3,647.23**	Aufruf der Speicherbelegung.
+/– PV	**3,647.23**	Tragen Sie diesen Wert als Einmaleinzahlung der Restlaufzeit ein. Er fließt dem Anleger ab, daher negatives Vorzeichen.
150 +/– PMT	**– 150.00**	Die neue monatlich Sparrate beträgt 150 €.
FV	**375,310.72**	Nach 35 Jahren verfügt der Anleger über ein Vermögen von 375.310,72 €.

Ergebnis: Nach insgesamt 40 Jahren verfügt der Bruder über ein Vermögen von 375.310,72 €.

Berechnen Sie nun das Vermögen der Schwester nach 35 Jahren mit monatlich gezahlten 150 €. Sie benötigen nur eine kleine Änderung der eingegebenen Werte:

Eingabe	Display	Erklärung
0 PV	**0.00**	Wir setzen die Einmaleinzahlung der vorherigen Rechnung einfach auf „Null".
FV	**321,385.14**	Nach 40 Jahren verfügt der Anleger über ein Vermögen von 321.385,14 €.

Ergebnis: Nach 35 Jahren verfügt die Schwester über ein Vermögen von 321.385,14 €. Es ergibt sich also eine Differenz von 53.925,58 € (für den Bruder würde dies etwa einen neuen Kleinwagen bedeuten ...). Wichtiger Hinweis: Zur Übung wenden Sie auch hier den auf Seite 233 beschriebenen Trick an, wie Sie noch genauer und schneller rechnen.

Teil 7:

Monatliche Sparrate der Schwester, mit dem Ziel das gleiche Endergebnis wie ihr Bruder zu erreichen:

Eingabe	Display	Erklärung
375310.72 FV	375,310.72	Nach 35 Jahren soll das Vermögen 375.310,72 € betragen.
PMT	– 175.17	Die notwendige monatliche Zahlung müsste 175,17 € betragen.

Ergebnis: Die Schwester müsste monatlich 175,17 € einzahlen, um das gleiche Ergebnis wie ihr Bruder zu erreichen.

12. Lösung

a) notwendiges Vermögen im Alter von 65 Jahren:

Eingabe	Display	Erklärung
12 GT PMT	12.00	Es werden monatliche Rentenzahlungen geleistet.
15 GT N	180.00	Es werden in 15 Jahren 180 Rentenbeiträge gezahlt.
5 GT PV	5.00	Eingabe des effektiven Zinses.
GT I/YR	4.89	Ermittlung des Nominalzinssatzes
0 FV	0.00	Nach 15 Jahren ist das Vermögen komplett aufgezehrt.
750 PMT	750.00	750 € erhält der Anleger als monatliche Rente.
PV	– 95,538.87	95.538,87 € muss der Anleger bis zum 65. Lebensjahr angespart haben.

Ergebnis: Vater und Sohn müssen jeweils 95.538,87 € bis zum 65. Lebensjahr angespart haben.

b) Monatliche Belastung für den Vater in der Ansparphase:

Eingabe	Display	Erklärung
12 GT PMT	12.00	Es werden monatliche Zahlungen geleistet.
23 GT N	276.00	Es werden in 23 Jahren 276 monatliche Beiträge gezahlt.
10 GT PV	10.00	Der jährliche effektive Zins soll 10 % betragen.
GT I/YR	9.57	Ermittlung des Nominalzinses von 9,57 %.
0 PV	0.00	Es erfolgt keine Anfangszahlung.
95538.87 FV	95,538.87	Nach 23 Jahren soll ein Vermögen in Höhe von 95.538,87 € angespart sein.
PMT	95.78	Der Anleger muss 95,78 € monatlich einzahlen.

Ergebnis: Um seinen Plan zu realisieren, muss der Vater monatlich 95,78 € ansparen.

b) monatliche Belastung für den Sohn in der Ansparphase:

Eingabe	Display	Erklärung
45 GT N	540.00	Es werden in 45 Jahren 540 monatliche Beiträge eingezahlt.
PMT	– 10.60	Der Anleger muss 10,60 € monatlich einzahlen.

Ergebnis: Um seinen Plan zu realisieren, müsste der Sohn monatlich 10,60 € sparen.

Teil 7:

13. Lösung

Inflationsbedingte Wertveränderung von 500 €:

Eingabe	Display	Erklärung
1 GT PMT	1.00	Es erfolgt eine Verrechnung pro Jahr.
40 GT N	40.00	Berechnung der Inflation nach 40 Jahren.
2.5 I/YR	2.50	Die Inflationsrate beträgt 2,5 % im Jahr.
500 +/– PV	– 500.00	Betrachten sie diesen Wert als Einmalanlage.
0 PMT	0.00	Regelmäßige Zahlungen erfolgen nicht.
FV	1,342.53	In 40 Jahren entsprechen 1.342,53 € der heutigen Kaufkraft von 500 €.

Ergebnis: In 40 Jahren entsprechen 1.342,53 € der heutigen Kaufkraft von 500 €.

a) notwendiges Vermögen im 65. Lebensjahr:

Eingabe	Display	Erklärung
12 GT PMT	12.00	Es werden monatliche Rentenzahlungen geleistet.
20 GT N	240.00	Es werden In 20 Jahren 240 Rentenzahlungen geleistet.
5 GT PV	5.00	Sie nehmen einen Effektivzins von 5 % an.
GT I/YR	4.89	Ermittlung des Nominalzinses.
0 FV	0.00	Nach 20 Jahren ist das Vermögen komplett aufgezehrt.
1342.53 PMT	1,342.53	1.342,53 € erhält der Anleger als monatliche Rente.
PV	– 205,331.45	205.331,45 € muss der Anleger bis zum 65. Lebensjahr gespart haben.

> **Ergebnis:** 205.331,45 € muss der Anleger bis zum 65. Lebensjahr angespart haben.

b) monatliche Belastung in der Ansparphase:

Eingabe	Display	Erklärung
12 GT PMT	**12.00**	Es werden monatliche Zahlungen geleistet.
40 GT N	**480.00**	Es werden in 40 Jahren 480 monatliche Beiträge geleistet.
10 GT PV	**10.00**	Der jährliche effektive Zins soll 10 % betragen.
GT I/YR	**9.57**	Ermittlung des Nominalzinses von 9,57 %.
0 PV	**0.00**	Es erfolgt keine Anfangszahlung.
205331.45 FV	**205,331.45**	Nach 40 Jahren soll ein Vermögen in Höhe von 205.331,45 € angespart sein.
PMT	**– 36.99**	Der Anleger muss 36,99 € monatlich sparen.

> **Ergebnis:** Um seinen Plan zu realisieren, muss Herr Schmidt monatlich 36,99 € investieren.

14. Lösung

Wertentwicklung der Einmalanlage nach vier 4:

Eingabe	Display	Erklärung
1 GT PMT	1.00	Es erfolgt eine Verrechnung der Erträge pro Jahr.
4 GT N	4.00	Das Geld wird 4 Jahre angelegt.
10 GT PV	10.00	Der jährliche Effektivzins der Anlage beträgt 10 %.
GT I/YR	10.00	Der jährliche Nominalzinssatz ist ebenfalls 10 %.
3000 +/– PV	– 3,000.00	Einmalige Anfangszahlung, sie fließt vom Kunden weg, daher negatives Vorzeichen.
0 PMT	0.00	Es erfolgt keine monatliche Zahlung.
FV	4,392.30	Das angesparte Vermögen beträgt 4.392,30 €.

Ergebnis: Das Guthaben der Einmalanlage beträgt nach 4 Jahren 4.392,30 €.

Fritz' Gesamtvermögen im Alter von 60 Jahren:

Eingabe	Display	Erklärung
12 GT PMT	12.00	Es erfolgen monatliche Ratenzahlungen.
40 GT N	480.00	Das Geld wird 4 Jahre angelegt.
10 GT PV	10.00	Der jährliche Effektivzins der Anlage beträgt 10 %.
GT I/YR	9.57	Der jährliche Nominalzinssatz ist 9,57 %.
4392.30 +/– PV	– 4,392.30	Einmalige Anfangszahlung, sie fließt vom Kunden weg, daher negatives Vorzeichen.
100 +/– PMT	– 100.00	Fritz spart monatlich 100 €.
FV	753,827.04	Das angesparte Vermögen beträgt 753.827,04 €.

Teil 7:

15. Lösung

a) erforderlicher Ansparbetrag für eine 20 Jahre lang laufende Rente in Höhe von 1.000 €:

Eingabe	Display	Erklärung
12 GT PMT	12.00	Der Kunde erhält monatliche Rentenzahlungen.
20 GT N	240.00	Der Kunde erhält 240 Monate eine Auszahlung.
5.5 GT PV	5.50	Sie erwarten einen jährlichen Effektivzins von 5,5 %.
GT I/YR	5.37	Ermittlung des Nominalzinses, mit dem der HP 10 B II rechnet.
0 FV	0.00	Am Ende der Laufzeit ist das Kapital vollständig aufgebraucht.
1000 PMT	1,000.00	Während der Anlagelaufzeit erhält der Kunde 1.000 € monatlich.
PV	– 146,984.64	Zu Beginn der Laufzeit braucht der Kunde 146.984,64 €.

Ergebnis: Der Beamte benötigt für seine Rente im Alter von 63. Jahren eine Summe von 146.984,64 €. So viel muss er ansparen, damit er seine Ablaufleistung von monatlich 1.000 € erhält.

Monatliche Rate bei vierteljährlicher Einzahlung, die unser Beamter aufwenden muss, um die obige Summe zu erreichen

Eingabe	Display	Erklärung
4 GT PMT	4.00	Es erfolgen 4 Einzahlungen pro Jahr.
30 GT N	120.00	Der Kunde zahlt 120 Monate ein.
5.5 GT PV	5.50	Vorgabe des Effektivzinses.
GT I/YR	5.39	Ermittlung des Nominalzinses.
RCL PV	– 146,984.64	Der Rechner gibt die vorher benötigte Anfangssumme aus.
+/– FV	146,984.64	Am Ende der Laufzeit soll der Anleger über 146.984,64 € verfügen.
0 PV	0.00	Es wird keine Einmalanlage getätigt.
PMT	– 497.16	Der Kunde muss vierteljährlich 497,16 €.

Ergebnis: Der Beamter muss über 30 Jahre vierteljährlich 497,16 € einzahlen, damit er mit einer monatlichen Rentenzahlung in Höhe von 1.000 € rechnen kann.

b) Höhe der ewigen Rente bei dieser Einzahlung (das bedeutet, dass das Anfangs- gleich dem Endkapital sein muss)

Eingabe	Display	Erklärung
12 GT PMT	12.00	Der Kunde erhält monatliche Zahlungen.
20 GT N	240.00	Der Kunde erhält 240 Monate lang Zahlungen.
5.5 GT PV	5.50	Der effektive Zins liegt bei 5,50 %.
GT I/YR	5,37	Ermittlung des nominalen Zinssatzes.
RCL FV	146,984.64	Aufruf der Speicherbelegung.
+/– PV	– 146,984.64	Am Ende der Laufzeit soll der Anleger über 146.984,64 € verfügen.
PMT	657.27	Die monatliche Rente beträgt 657,27 €.

Ergebnis: Die monatliche ewige Rente des Beamten beträgt 657,27 €. Dabei ist am Ende der Laufzeit das anfänglich vorhandene Kapital erhalten geblieben, denn er erhält ja prinzipiell nur die Zinszahlungen.

Anmerkung: Bei dieser Berechnung ist es egal, welche Laufzeit Sie vorgeben. Da der Kunde immer nur die Zinsen entnimmt, verändert sich das Ergebnis nicht.

16. Lösung

Eingabe	Display	Erklärung
12 GT PMT	12.00	Es erfolgen 12 Rentenzahlungen pro Jahr.
10 GT N	120.00	Der Kunde erhält 120 Monate Zahlungen.
5 I/YR	5.00	Der nominelle Jahreszinssatz beträgt 5 %.
1500 PMT	1,500.00	Der Kunde erhält 1.500 € als monatliche Rente.
0 FV	0.00	Zum Abschluss der Vereinbarung gibt es keine weitere Zahlung.
PV	141,422.03	Ermittlung des Barwerts aller Zahlungen.

Ergebnis: Aus der monatlichen Rente ergibt sich der Verkaufspreis des Grundstücks. Unter Berücksichtigung eines jährlichen Nominalzinses von 5 Prozent ergibt sich daraus ein Verkaufspreis in Höhe von 141.422,03 €.

17. Lösung

a) nachschüssiger Rentenbetrag:

Eingabe	Display	Erklärung
12 GT PMT	12.00	Es erfolgen 12 Rentenzahlungen pro Jahr.
20 GT N	240.00	Der Kunde erhält 240 Monate eine Zahlung.
7 I/YR	7.00	Der nominelle Jahreszinssatz beträgt 7 %.
250000 +/- PV	- 250,000.00	Der Verkaufspreis liegt bei 250.000 €.
0 FV	0.00	Es erfolgt keine Abschlusszahlung.
PMT	1,938.25	Die monatlich nachschüssige Rente beträgt 1.938,25 €.

Ergebnis: Die monatliche Rente beträgt 1.938,25 € (der HP 10 B II ist standardmäßig auf nachschüssige Rechnungen eingestellt).

b) vorschüssige Rentenzahlung:

Eingabe	Display	Erklärung
12 GT PMT	12.00	Es erfolgen 12 Rentenzahlungen pro Jahr.
20 GT N	240.00	Der Kunde erhält 240 Monate eine Zahlung.
7 I/YR	7.00	Der nominelle Jahreszinssatz beträgt 7 %.
250000 +/- PV	- 250,000.00	Der Verkaufspreis liegt bei 250.000 €.
0 FV	0.00	Es erfolgt keine Abschlusszahlung.
GT MAR	BEGIN	Umstellung auf vorschüssige Zahlungen.
PMT	1,927.01	Die monatlich vorschüssige Rente beträgt 1.927,01 € Rente.

Ergebnis: Die monatlich vorschüssige Rente für Herrn Kluge liegt niedriger als die nachschüssige.

18. Lösung

Die Höhe des Kapitals können Sie beliebig wählen, zum Beispiel 1 €.

a)

Eingabe	Display	Erklärung
1 GT PMT	1.00	Es erfolgt eine Verrechnung der Erträge pro Jahr.
10 GT N	10.00	Die Gesamtlaufzeit der Anlage beträgt 10 Jahre.
1 +/– PV	– 1.00	Einmalig wird 1 € angelegt.
0 PMT	0.00	Es erfolgen keine regelmäßigen Einzahlungen.
3 FV	3.00	Nach 10 Jahren sollen dem Anleger wieder 3 € zufließen.
I/YR	11.61	Der benötigte Zins liegt bei 11,61 %.

Ergebnis: Um in 10 Jahren das eingesetzte Kapital zu verdreifachen, ist eine Verzinsung von 11,61 Prozent erforderlich.

b)

Eingabe	Display	Erklärung
4 GT PMT	4.00	Es erfolgt eine vierteljährliche Verrechnung der Erträge pro Jahr
10 GT N	40.00	Die Gesamtlaufzeit der Anlage beträgt 10 Jahre (40-mal wird der Ertrag verrechnet).
I/YR	11.14	Der benötigte Zins liegt bei 11,14 %.

Ergebnis: Um in 10 Jahren das eingesetzte Kapital zu verdreifachen, ist ein Zins von 11,14 Prozent nötig.

19. Lösung

a) mit 6 Prozent:

Eingabe	Display	Erklärung
1 GT PMT	1.00	Der Kunde erhält eine Rentenzahlung pro Jahr.
6 I/YR	6.00	Der Nominalzins beträgt 6 %.
100000 +/− PV	− 100,000.00	Anfangskapital, aus dem die Rente gezahlt wird.
10000 PMT	10,000.00	Während der Anlagelaufzeit erhält der Kunde 10.000 € im Jahr.
0 FV	0.00	Am Ende der Laufzeit ist das Kapital vollständig aufgebraucht.
N	15.73	Nach 15,73 Jahren ist das Kapital verzehrt.

Ergebnis: Nach 15,73 Jahren wäre das gesamte Kapital verzehrt.

b) mit 9 Prozent:

Folgende Änderungen müssen gemacht werden:

Eingabe	Display	Erklärung
9 I/YR	9.00	Der Nominalzins beträgt 9 %.
N	26.72	Nach 26,72 Jahren ist das Kapital aufgezehrt.

Ergebnis: Nach 26,72 Jahren wäre das gesamte Kapital verzehrt.

Teil 7:

c) mit 12 Prozent:

Folgende Änderungen müssen gemacht werden:

Eingabe	Display	Erklärung
12 I/YR	**12.00**	Der Nominalzins beträgt 12 %.
N	**no Solution**	???

Ergebnis: Das Kapital wird nicht aufgezehrt, weil die jährliche Auszahlung kleiner als die jährlichen Zinsen sind.

Prüfen Sie das, indem Sie für die Darlehenslaufzeit ein Jahr eingeben und den Kontostand nach einem Jahr abfragen.

Eingabe	Display	Erklärung
1 GT N	**1.00**	Laufzeit von einem Jahr vorgeben.
FV	**102,000.00**	Nach einem Jahr ist das Vermögen trotz der Entnahme von 10.000 € auf 102.000 € angewachsen. Es wird also nie der beabsichtigte Kapitalverzehr stattfinden.

20. Lösung

$$\text{Darlehensrate} = \frac{350.000 \cdot (7+1)}{100 \cdot 12} = 2.333,33 = 2.333,33 \;€$$

Eingabe	Display	Erklärung
12 GT **PMT**	**12.00**	Der Kunde zahlt monatliche Raten.
10 GT **N**	**120.00**	Der Darlehensnehmer zahlt 120 Monatsraten in 10 Jahren.
7 I/YR	**7.00**	Nominaler Jahreszins des Kredits.
350000 PV	**350,000.00**	Zu Beginn der Darlehenslaufzeit erhält der Kreditnehmer einen Betrag in Höhe von 350.000 € ausgezahlt. Der Betrag fließt ihm zu, daher wird der Wert positiv erfasst.
− 2333.33 PMT	**− 2,333.33**	Die monatlichen Zahlungen an die Bank betragen 2.333,33 €, daher negative regelmäßige Zahlung.
FV	**− 299,517.51**	Die Restschuld nach 10 Jahren, zahlbar an die Bank, beträgt 299.517,51 €.

Ergebnis: Nach 10 Jahren Laufzeit und 120 Monatsraten von 2.333,33 € bei einem Nominalzinssatz von 7 Prozent beträgt die Restschuld 299.517,51 €.

21. Lösung

a) Restschuld:

Eingabe	Display	Erklärung
1 GT PMT	1.00	Der Kunde zahlt einmal am Ende des Jahres.
10 GT N	10.00	Der Kunde zahlt 10 Raten in 10 Jahren.
7 I/YR	7.00	Der jährliche Nominalzins beträgt 7 %.
80000 PV	80,000.00	Die Schuld beträgt 80.000 € und wird dem Kunden gutgeschrieben (positive Anfangszahlung).
8000 +/– PMT	– 8,000.00	Die jährlichen Raten (Zins + Tilgung) betragen 8.000 €.
FV	– 46,840.52	Die Restschuld beträgt 46.840,52 €.

Ergebnis: Die Restschuld nach 10 Jahren bei einem Zinssatz von 7 Prozent liegt bei 46.840,52 €. Diesen Wert sollten Sie speichern oder notieren.

a) Annuität:

Eingabe	Display	Erklärung
8 I/YR	8.00	Der jährliche Nominalzins beträgt 8 %.
46840.52 PV	46,840.52	Die Restschuld beträgt 46.840,52 € (positive Zahlung, weil dieser Betrag dem Kunden zufloss).
0 FV	0.00	Am Ende der Laufzeit soll die Schuld bezahlt sein.
PMT	– 6,980.62	Die jährliche Annuität beträgt 6.980,62 €.

Ergebnis: Die jährliche Annuität liegt nach 10 Jahren und 8 Prozent Jahreszins bei 6.980,62 €.

Teil 7:

22. Lösung

a) die ersten 4 Jahre:

Eingabe	Display	Erklärung
12 GT PMT	12.00	Es erfolgen monatliche Zahlungen.
4 GT N	48.00	In 4 Jahren werden 48 monatliche Zahlungen geleistet.
10 GT PV	10.00	Es wird ein effektiver Zins von 10 % pro Jahr unterstellt.
GT I/YR	9.57	Ermittlung des Nominalzinssatzes.
0 PV	0.00	Es erfolgt keine Einmalanlage.
900 +/– PMT	– 900.00	Monatlich werden 900 € gezahlt.
FV	52,380.57	Nach 4 Jahren hat der Anleger ein Vermögen von 52.380,57 €.

Ergebnis: Nach 4 Jahren kann Lisa bereits auf ein Vermögen von 52.380,57 € zurückgreifen.

Aufgebautes Vermögen bis zum 60. Lebensjahr:

Eingabe	Display	Erklärung
12 GT PMT	12.00	Es erfolgen monatliche Zahlungen.
31 GT N	372.00	In 31 Jahren werden 372 monatliche Zahlungen geleistet.
10 GT PV	10.00	Es wird ein effektiver Zins von 10 % pro Jahr unterstellt.
GT I/YR	9.57	Ermittlung des Nominalzinssatzes.
RCL FV	52,380.57	Entnehmen Sie dem Speicher das Vermögen der ersten 4 Jahre.

+/- PV	- 52,380.57	Tragen Sie das bereits angesparte Vermögen als einmalige Zahlung ein.
100 +/- PMT	- 100.00	Monatlich werden 100 € gezahlt.
FV	1,233,577.37	Nach 35 Jahren kann der Anleger über ein Vermögen von 1.233.577,37 €.

Ergebnis: Lisa kann nach 35 Jahren über ein Vermögen von 1.233.577,37 € verfügen.

b) möglicher Restwert nach 25 Jahren:

Eingabe	Display	Erklärung
12 GT PMT	12.00	Es erfolgen monatliche Zahlungen.
25 GT N	300.00	In 25 Jahren werden 300 monatliche Zahlungen geleistet.
5 I/YR	5.00	Der Nominalzins der Anlage beträgt 5 %.
RCL FV	1,233,577.37	Entnehmen Sie dem Speicher das vorhandene Vermögen.
+/- PV	- 1,233,577.37	Tragen Sie das vorhandene Vermögen als einmalige Zahlung ein.
4000 PMT	4,000.00	Die monatliche Rente soll 4.000 € betragen.
FV	1,912,402.28	Nach 25 Jahren bleibt noch ein Vermögen von 1.912.402,28 € übrig.

Ergebnis: Lisa Müller braucht sich um ihre Rente und möglicherweise auch um die ihrer Kinder keine Sorgen mehr zu machen, denn der Restwert in Höhe von 1.912.402,28 € nach 25 Jahren Rente ist sogar noch höher als das Vermögen, das zu Rentenbeginn vorhanden war. Herzlichen Glückwunsch, Frau Müller!

23. Lösung

Berechnung mit 5 Prozent effektiv:

15 * 4 = 60 € pro Monat

Eingabe	Display	Erklärung
12 GT PMT	12.00	Es erfolgen monatliche Zahlungen.
35 GT N	420.00	In 35 Jahren werden 420 monatliche Zahlungen geleistet.
5 GT PV	5.00	Es wird ein Effektivzins von 5 % pro Jahr unterstellt.
GT I/YR	4.89	Ermittlung des Nominalzinssatzes.
0 PV	0.00	Es erfolgt keine Einmalanlage.
60 +/- PMT	– 60.00	Monatlich werden 60 € gezahlt.
FV	66,507.78	Nach 35 Jahren hätte der Kunde ein Vermögen von 66.507,78 € angespart.

Ergebnis: Hätte Hubert auf das Lottospielen verzichtet, hätte er jetzt 66.507,78 € zur Verfügung.

Berechnung mit 10 Prozent Rendite:

Eingabe	Display	Erklärung
10 GT PV	10.00	Es wird ein Effektivzins von 10 % pro Jahr unterstellt.
GT I/YR	9.57	Ermittlung des Nominalzinssatzes.
FV	203,927.46	Nach 35 Jahren hätte der Kunde ein Vermögen von 203.927,46 € angespart.

Ergebnis: Mit einer 10-prozentigen Rendite hätte Hubert sogar ein Vermögen von 203.927,46 € erreicht.

Verrentung über 20 Jahre:

Eingabe	Display	Erklärung
12 GT PMT	12.00	Der Kunde erhält monatliche Auszahlungen.
20 GT N	240.00	Der Kunde erhält 240 Monate eine Auszahlung
5 I/YR	5.00	Der Nominalzins der Anlage soll 5 % betragen.
RCL FV	203,927.46	Der Rechner gibt das vorher berechnete Vermögen aus.
+/– PV	– 203,927.46	Sie zahlen das Vermögen als Einmalanlage ein.
0 FV	0.00	Nach 20 Jahren soll das Vermögen aufgezehrt sein.
PMT	1,345.83	Die monatliche Rente beträgt 1.345,83 €.

Ergebnis: Die monatliche Rente beträgt 1.345,83 €.

24. Lösung

a) Entwicklung des Aktienfonds:

Eingabe	Display	Erklärung
1 GT PMT	1.00	Es erfolgt eine Verrechnung der Erträge pro Jahr. In diesem Fall sind Nominal- und Effektivzins gleich. Daher geben Sie den Zins im dritten Schritt direkt ein.
4 GT N	4.00	4 Jahre wird das Geld angelegt.
10 I/YR	10.00	Der Fonds bringt 10 % Rendite im Jahr.
10000 +/– PV	– 10,000.00	Es erfolgt eine Einmaleinzahlung in Höhe von 10.000 €.
0 PMT	0.00	Es erfolgen keine monatlichen Zahlungen.

FV	14,641.00	Nach 4 Jahren hat der Fonds ein Vermögen von 14.641,00 € erwirtschaftet.
1 GT N	1.00	Ein weiteres Jahr wird das Geld angelegt.
30 +/– I/YR	– 30.00	Es wird ein Zins von –30 % in diesem Jahr unterstellt.
RCL FV	14,641.00	Das Ergebnis der ersten 4 Jahre entnehmen Sie aus dem Speicher.
+/– PV	– 14,641.00	Sie tragen das Ergebnis der vorherigen Rechnung als Einmalanlage ein.
FV	10,248.70	Das Vermögen nach 5 Jahren beträgt 10.248,70 €.

Ergebnis: Nach 5 Jahren besitzt Herr Becker 10.248,70 €. Nicht gerade das, was er erwartet hat. Streuen Sie noch ein bisschen Salz in die Wunde und berechnen Sie ihm seine tatsächliche Rendite.

Eingabe	Display	Erklärung
1 GT PMT	1.00	Es erfolgt eine Verrechnung der Erträge pro Jahr.
5 GT N	5.00	5 Jahre wird das Geld angelegt.
10000 +/– PV	– 10,000.00	Es erfolgt eine Einmaleinzahlung in Höhe von 10.000 €.
0 PMT	0.00	Es erfolgen keine monatlichen Zahlungen.
10.248.70 FV	10,248.70	Nach 5 Jahren hat der Fonds ein Vermögen von 10.248,70 € erwirtschaftet.
I/YR	0.49	Der Effektivzins der Anlage liegt bei 0,49 % pro Jahr.

Ergebnis: Selbst ein Sparbuch hätte die Spekulation des Herrn Becker übertreffen können, bei einer tatsächlichen Rendite von 0,62 Prozent. Da hätte er besser den Rentenfonds gewählt.

25. Lösung

Gesamtvermögen nach 30 Jahren:

Eingabe	Display	Erklärung
12 GT PMT	12.00	Es erfolgen monatliche Zahlungen.
1 GT N	12.00	In 1. Jahr werden 12 monatliche Zahlungen getätigt.
20 +/– GT PV	– 20.00	Im ersten Jahr verliert der Fonds 20 % effektiv.
GT I/YR	– 22.11	Ermittlung des Nominalzinssatzes.
0 PV	0.00	Es erfolgt keine Einmaleinzahlung.
150 +/– PMT	– 150.00	Es erfolgen monatliche Einzahlungen in Höhe von 150 €.
FV	1,628.36	Nach einem Jahr hat der Fonds nur 1.628,36 € erwirtschaftet.
2 GT N	24	In 2. und 3. Jahr werden 24 weitere monatliche Zahlungen getätigt.
40 +/– GT PV	– 40.00	Der Fonds verliert durchschnittlich 40 % pro Jahr.
GT I/YR	– 50.01	Ermittlung des Nominalzinssatzes.
RCL FV	1,628.36	Entnehmen Sie das Vermögen nach einem Jahr aus dem Speicher.
+/– PV	– 1,628.36	Geben Sie das Vermögen des ersten Jahres als Einmaleinzahlung an.
FV	2,889.72	Nach 3 Jahren hat der Fonds 2.889,72 € erwirtschaftet.
1 GT N	12.00	Im 4. Jahr werden 12 monatliche Zahlungen getätigt.
10 +/– GT PV	– 10.00	Im 4. Jahr verliert der Fonds 10 % effektiv.
GT I/YR	– 10.49	Ermittlung des Nominalzinssatzes.
RCL FV	2,889.72	Entnehmen Sie das Vermögen der ersten 3 Jahre aus dem Speicher.
+/– PV	– 2,889.72	Geben Sie das Vermögen der ersten 3 Jahre als Einmaleinzahlung an.

FV	4,316.68	Nach 4 Jahren hat der Fonds 4.316,68 € „erwirtschaftet".
26 GT N	312.00	In weiteren 24 Jahren werden 312 monatliche Zahlungen getätigt.
11 GT PV	11.00	Sie erwarten einen jährlichen Effektivzins von 11 %.
GT I/YR	10.48	Ermittlung des Nominalzinssatzes.
RCL FV	4,316.68	Entnehmen Sie das Vermögen der ersten 4 Jahre aus dem Speicher.
+/– PV	– 4,316.68	Geben Sie das Vermögen der ersten 4 Jahre als Einmalzahlung an.
FV	306,889.80	Nach 30 Jahren hat Heinrich ein Vermögen von 306.889,80 € „erwirtschaftet".

Ergebnis: Nach 30 Jahren kann Heinrich auf ein Vermögen von 306.889,80 € zurückgreifen.

Durchschnittliche Rendite über 30 Jahre:

Eingabe	Display	Erklärung
30 GT N	360.00	In 30 Jahren werden 360 monatliche Zahlungen getätigt.
0 PV	0.00	Es erfolgt keine Einmaleinzahlung.
I/YR	9.53	Ermittlung des Nominalzinssatzes.
GT PV	9.96	9,96 % ist der Effektivzins der Rendite.

Ergebnis: Trotz des schlechten Starts seiner Aktienanlage kann Heinrich immer noch eine ordentliche Wertentwicklung erreichen, die mit effektiven 9,96 Prozent nur 1,04 Prozent von den vorgegebenen 11 Prozent abweicht. Wenn Sie Lust haben, dann können Sie diesem Ergebnis noch die Wertentwicklung gegenüberstellen, die eine 11-prozentige Rendite über 30 Jahre erwirtschaftet hätte.

26. Lösung

a) Wertentwicklung bei 10 Prozent Rendite pro Jahr:

Eingabe	Display	Erklärung
12 GT PMT	12.00	Es erfolgen monatliche Zahlungen.
32 GT N	384.00	In 32 Jahren werden 384 monatliche Zahlungen getätigt.
10 GT PV	10.00	Der Fonds hat einen durchschnittlichen Effektivzins von 10 % pro Jahr.
GT I/YR	9.57	Ermittlung des Nominalzinssatzes.
0 PV	0.00	Es erfolgt keine Einmaleinzahlung.
150 +/– PMT	– 150.00	Es erfolgen monatliche Einzahlungen in Höhe von 150 €.
FV	378,356.33	Nach 32 Jahren hat der Fonds ein Vermögen von 378.356,33 € zurückgreifen.

Ergebnis: Bei einer konstanten Wertentwicklung könnte Horst nach 32 Jahren über ein Vermögen von 378.356,33 € verfügen.

b) Wertentwicklung mit Ablaufmanagement:

Eingabe	Display	Erklärung
29 GT N	348.00	In 29 Jahren werden 348 monatliche Zahlungen getätigt.
FV	279,586.74	Nach 29 Jahren hat der Fonds ein Vermögen von 279.586,74 € erwirtschaftet.
+/– PV	– 279,586.74	Übernehmen Sie das Ergebnis als Einmalzahlung für die letzten 3 Jahre.
3 GT N	36.00	In den letzten 3 Jahren werden noch 36 Zahlungen geleistet.

5 GT PV	5.00	Die nun gewählte Anlageform bietet dem Kunden jährliche ein effektive Verzinsung von 5 %.
GT I/YR	4.89	Ermittlung des Nominalzinssatzes.
FV	329,460.00	Nach 32 Jahren kann der Kunde auf ein Vermögen von 329.460 € zurückgreifen.

Ergebnis: Mit Ablaufmanagement kann Horst ein Vermögen von 329.460 € ansparen. Das sind nur 48.496,33 € weniger als bei Alternative a). Dafür hat er im Vergleich ein geringeres Verlustrisiko.

c) Verlust, wenn der Fonds in den letzten beiden Jahren einbricht:

Eingabe	Display	Erklärung
12 GT PMT	12.00	Es erfolgen monatliche Zahlungen.
30 GT N	360.00	In 30 Jahren werden 360 Monatszahlungen getätigt.
10 GT PV	10.00	Der Fonds hat einen durchschnittlichen Effektivzins von 10 % pro Jahr.
GT I/YR	9.57	Ermittlung des Nominalzinssatzes.
0 PV	0.00	Es erfolgt keine Einmalzahlung.
150 +/– PMT	– 150.00	Es erfolgen monatliche Sparleistungen in Höhe von 150 €.
FV	309,426.50	Nach 30 Jahren hat der Fonds ein Vermögen von 309.426,50 € erwirtschaftet.
+/– PV	– 309,426.50	Übernehmen Sie das Ergebnis als Einmalzahlung für die letzten 2 Jahre.
2 GT N	24.00	In den letzten beiden Jahren werden noch 24 Zahlungen geleistet.
10 +/– GT PV	– 10.00	Der Fonds hat eine effektive Verzinsung von –10 % pro Jahr.
GT I/YR	– 10.49	Ermittlung des Nominalzinssatzes.
FV	253,895.73	Nach 32 Jahren beträgt das Vermögen 253.895,73 €.

27. Lösung

Laufzeit bei 6 Prozent:

Eingabe	Display	Erklärung
1 GT PMT	1.00	Es erfolgt eine jährliche Verrechnung der Erträge.
6 I/YR	6.00	Der Nominalzins der Anlage soll 6 % betragen.
20.000 +/– PV	– 20,000.00	Es erfolgt eine Einmalanlage in Höhe von 20.000 €.
0 PMT	0.00	Es erfolgen keine monatlichen Zahlungen.
40000 FV	40,000.00	Am Ende der Laufzeit sollen 40.000 € Vermögen angespart sein.
N	11.90	Nach 11,9 Jahren hat der Anleger die gewünschte Vermögenssumme erreicht.

Ergebnis: Bei 6-prozentiger Verzinsung braucht Herr Pinsel 11,9 Jahre um den Ausbau aus eigener Tasche zu bezahlen.

Berechnung der Laufzeit bei 10 Prozent:

Eingabe	Display	Erklärung
10 I/YR	10.00	Der Nominalzins der Anlage soll 10 % betragen.
N	7.27	Nach 7,27 Jahren hat der Anleger die gewünschte Vermögenssumme erreicht.

Ergebnis: Bei 10-prozentiger Verzinsung würde Herr Pinsel sogar nur 7,27 Jahre brauchen, um den Ausbau zu finanzieren.

a) Berechnung:

Eingabe	Display	Erklärung
12 GT PMT	12.00	Es werden monatliche Raten gezahlt.
7 I/YR	7.00	Der Nominalzins der Anlage soll 7 % betragen.
20000 +/– PV	– 20,000.00	Es erfolgt eine Einmalanlage in Höhe von 20.000 €.
100 +/– PMT	– 100.00	Es erfolgen monatliche Zahlungen in Höhe von 100 €.
40000 FV	40,000.00	Am Ende der Laufzeit sollen 40.000 € Vermögen angespart sein.
N	74.06	Nach 74,06 Monaten hat der Anleger die gewünschte Vermögenssumme erreicht.
RCL GT N	6.17	Abfrage des Jahreswerts.

Ergebnis: Wenn er zusätzlich noch 100 € monatlich spart, hat Herr Pinsel das Geld bereits nach 6,17 Jahren zur Verfügung.

28. Lösung

Eingabe	Display	Erklärung
1 GT PMT	1.00	Es erfolgt eine jährliche Verrechnung der Erträge.
8.5 GT N	8.50	Die Gesamtlaufzeit der Anlage soll 8 Jahre und 6 Monate betragen.
380000 +/- PV	- 380,000.00	Es erfolgt eine Einmaleinzahlung in Höhe von 380.000 €.
- 5000 PMT	- 5,000.00	Es erfolgen jährliche Prämienzahlungen an die Versicherung in Höhe von 5.000 €.
600000 FV	600,000.00	Nach 8 $\frac{1}{2}$ Jahren wird das Gemälde für 600.000 € wieder verkauft.
I/YR	4.44	Der Nominalzins beträgt 4,44 %.
GT PV	4.44	Der Effektivzins der Anlage beträgt ebenfalls 4,44 %.

Ergebnis: Selbst eine Geldanlage die effektiv 5 Prozent pro Jahr eingebracht hätte, wäre eine bessere Alternative gewesen als der Kauf des Gemäldes.

Teil 7:

29. Lösung

a) monatliche Rate:

Eingabe	Display	Erklärung
12 GT PMT	12.00	Es werden monatliche Raten bezahlt.
4 GT N	48.00	Die Laufzeit des Darlehens beträgt 4 Jahre, und es werden 48 monatliche Raten gezahlt.
1.2 GT PV	1.20	Der Effektivzins des Kredits beträgt 1,2 % pro Jahr.
GT I/YR	1.19	Umrechnung des Effektivzins in den Nominalzins.
35000 PV	35,000.00	Die Darlehenssumme beträgt 35.000 €.
0 FV	0.00	Am Ende der Laufzeit soll die Schuld bezahlt sein.
PMT	– 747.07	Zur Tilgung des Darlehens muss der Kunde monatlich 747,07 € zahlen.

Ergebnis: Alternative a) bedeutet für Herrn Schubert eine monatliche Belastung von 747,07 €.

b) Darlehenssumme, die man mit einer monatliche Rate von 747,04 € tilgen kann:

Eingabe	Display	Erklärung
7.96 GT PV	7.96	Der Effektivzins des Kredits beträgt 7,96 % pro Jahr.
GT I/YR	7.68	Umrechnung des Effektivzins in den Nominalzins.
PV	30,788.49	Die Darlehenssumme beträgt 30.788,49 €.

Ergebnis: Trotz des höheren Zinses kann Herr Schubert bei gleichen monatlichen Zahlungen mit Alternative b) etwas günstiger finanzieren. Da er als Barzahler auftritt, muss er nur 30.500 € (35.000 € – 4.500 €) finanzieren. Dies kann er mit geringerem monatlichem Aufwand tun, als es in Alternative a) der Fall ist.

Teil 7:

30. Lösung:

a) Berechnung:

Eingabe	Display	Erklärung
2 GT PMT	2.00	Zweimal jährlich wird eine Annuität gezahlt.
10 GT N	20.00	Die Gesamtlaufzeit beträgt 10 Jahre, es wird 20-mal gezahlt.
6 I/YR	6.00	Die jährliche Verzinsung beträgt 6 %.
70000 PV	70,000.00	70.000 € Zahlungseingang beim Kunden, daher positives Vorzeichen (Zeitraum spielt keine Rolle, Zinsen wurden gezahlt, daher ist der Betrag gleich geblieben).
0 FV	0.00	Am Ende der Laufzeit soll die Schuld bezahlt sein.
PMT	– 4,705.10	Die Annuität beträgt 4.705,10 € halbjährlich.

Ergebnis: Die Schuld muss innerhalb von 10 Jahren mit 4.705,10 € halbjährlich beglichen werden.

b) Berechnung:

Eingabe	Display	Erklärung
1 GT PMT	1.00	Jährlich wird eine Annuität gezahlt.
5 GT N	5.00	5 Jahren lang werden keine Zinsen gezahlt.
6 I/YR	6.00	Die jährliche Verzinsung beträgt 6 %.
70000 PV	70,000.00	70.000 € Zahlungseingang beim Kunden, daher positives Vorzeichen.
0 PMT	0.00	Es werden keine Annuitäten gezahlt.
FV	– 93,675.79	Nach 5 Jahren ist die Schuld inklusive Zinsen auf 93.675,79 € angewachsen.

Jetzt können wir auch diese Annuität berechnen; obige Rechnung wird nur leicht verändert:

Eingabe	Display	Erklärung
2 GT PMT	2.00	Der Kunde zahlt halbjährlich.
10 GT N	20.00	Die Darlehenslaufzeit beträgt 10 Jahre.
6 I/YR	6.00	Der Nominalzins beträgt 6 %.
RCL FV	– 93,675.79	Aufrufen der Restschuld aus dem Speicher
+/– 93675.79 PV	93,675.79	93.675,79 € Zahlungseingang beim Kunden, daher positives Vorzeichen (Zeitraum spielt keine Rolle, Zinsen wurden gezahlt, daher Betrag gleichgeblieben).
0 FV	0.00	Am Ende der Darlehenslaufzeit soll die Schuld getilgt sein.
PMT	– 6,296.48	Die Annuität beträgt 6.296,48 € halbjährlich.

Ergebnis: Die Schuld muss innerhalb von 10 Jahren mit 6.296,48 € halbjährlich beglichen werden. Und sie liegt damit um 1.591,38 € höher als in Beispiel a). *Wichtiger Hinweis:* Zur Übung wenden Sie auch hier den auf Seite 233 beschriebenen Trick an, wie Sie noch genauer und schneller rechnen.

Teil 7:

31. Lösung

a)

Eingabe	Display	Erklärung
12 GT PMT	12.00	Es erfolgen monatliche Zahlungen.
30 GT N	360.00	In 30 Jahren werden 360 Monatszahlungen geleistet.
10 GT PV	10.00	Es wird eine Effektivverzinsung von 10 % pro Jahr unterstellt.
GT I/YR	9.57	Ermittlung des Nominalzinssatzes.
5000 +/– PV	– 5,000.00	Es erfolgt eine Einmalanlage in Höhe von 5.000,00 €.
200 +/– PMT	– 200.00	Monatlich werden 200 € gezahlt.
FV	499,815.67	Nach 30 Jahren hat der Kunde ein Vermögen von 499.815,67 € angespart.

Ergebnis: Nach 30 Jahren hat der Kunde ein Vermögen von 499.815,67 € angespart.

b) monatliche Rente

Eingabe	Display	Erklärung
20 GT N	240.00	In 20 Jahren werden 240 monatliche Rentenzahlungen getätigt.
5 GT PV	5.00	Die Rente soll mit 5 % p. a. effektiv verzinst werden.
GT I/YR	4.89	Ermittlung des Nominalzinssatzes.
RCL FV	499,815.67	Das Vermögen vor Rentenbeginn beträgt 499.815,67 €.
+/– PV	– 499,815.67	Dieser Wert wird als Anfangszahlung angenommen.
0 FV	0.00	Nach 20 Jahren soll das Vermögen aufgebraucht sein.
PMT	3,267.98	Die monatliche Rentenzahlungen betragen 3.267,98 €.

> **Ergebnis:** Mit dem in Aufgabe a) berechneten Vermögen kann sich der Kunde eine monatliche Rente von 3.267,98 € auszahlen lassen.

c) monatliche Belastung bei einer Rente von 1.500 € monatlich
– *ohne Einmalanlage*

Eingabe	Display	Erklärung
1500 PMT	1,500.00	Die monatliche Rente soll 1.500 € betragen.
PV	– 229,415.16	Bis zum 60. Lebensjahr muss der Kunde 229.415,16 € angespart haben um seinen Wunsch zu realisieren.
30 GT N	360.00	In 30 Jahren soll das berechnete Vermögen in 360 Raten aufgebaut werden.
10 GT PV	10.00	Es wird ein Effektivzins von 10 % pro Jahr unterstellt.
GT I/YR	9.57	Ermittlung des Nominalzinssatzes.
RCL PV	– 229,415.16	Das Vermögen vor Rentenbeginn muss 299.415,16 € betragen.
+/– FV	229,415.16	Dieser Wert wird in den Speicher als benötigte Endsumme eingetragen.
0 PV	0.00	Es erfolgt keine Einmaleinzahlung.
PMT	– 111.21	Monatlich müssen 111,21 € eingezahlt werden.

> **Ergebnis:** Ohne Einmalanlage muss der Kunde monatlich 111,21 € einzahlen, um die gewünschte Rente von 1.500 € zu erhalten.

Teil 7:

– mit Einmalanlage von 5.000 €:

Eingabe	Display	Erklärung
5000 +/– PV	– 5,000.00	Es erfolgt eine Einmalzahlung in Höhe von 5.000 €.
PMT	– 68.92	Monatlich müssen 68,92 € eingezahlt werden.

Ergebnis: Mit einer Einmalanlage in Höhe von 5.000 € muss der Kunde monatlich 62,92 € einzahlen, um die gewünschte Rente von 1.500 € zu erhalten.

d) inflationsbedingte Wertveränderung von 1.500 €:

Eingabe	Display	Erklärung
1 GT PMT	1.00	Es erfolgt eine Verrechnung pro Jahr.
30 GT N	30.00	Berechnung der Inflation nach 30 Jahren.
3 I/YR	3.00	Die Inflationsrate beträgt 3 % im Jahr.
1500 +/– PV	– 1,500.00	Betrachten Sie diesen Wert als Einmalanlage.
0 PMT	0.00	Regelmäßige Zahlungen erfolgen nicht.
FV	3,640.89	In 30 Jahren entsprechen 3.640,89 € der heutigen Kaufkraft von 1.500 €.

Ergebnis: In 30 Jahren entsprechen 3.640,89 € der heutigen Kaufkraft von 1.500 €.

Monatliche Belastung des Kunden für die berechnete Rente:

Eingabe	Display	Erklärung
12 GT PMT	12.00	Es erfolgen monatliche Zahlungen.
20 GT N	240.00	In 20 Jahren werden 240 monatliche Rentenzahlungen getätigt.
5 GT PV	5.00	Die Rente soll mit 5 % pro Jahr effektiv verzinst werden.
GT I/YR	4.89	Ermittlung des Nominalzinssatzes.
3640.89 PMT	3,640.89	Die monatliche Rente soll 3.640,89 € betragen.
0 FV	0.00	Nach 20 Jahren soll das Vermögen aufgebraucht sein.
PV	– 556,850.25	Bis zum 60. Lebensjahr muss der Kunde 556.850,25 € angespart haben, um seinen Wunsch zu realisieren.
30 GT N	360.00	In 30 Jahren soll das berechnete Vermögen in 360 Raten aufgebaut werden.
10 GT PV	10.00	Es wird ein Effektivzins von 10 % pro Jahr unterstellt.
GT I/YR	9.57	Ermittlung des Nominalzinssatzes.
RCL PV	– 556,850.25	Das Vermögen vor Rentenbeginn muss 556.850,25 € betragen.
+/– FV	556,850.25	Dieser Wert wird in den Speicher als benötigte Endsumme eingetragen.
0 PV	0.00	Es erfolgt keine Einmaleinzahlung.
PMT	– 269.94	Monatlich müssen 269,94 € eingezahlt werden.

Ergebnis: Unter Berücksichtigung der Inflationsrate von 3 Prozent muss man, um eine monatliche Rente mit der Kaufkraft von „heutigen" 1.500 € zu erzielen, 30 Jahre lang monatlich 269,94 € sparen.

32. Lösung

a) Effektivzins der Immobilienanlage:

Eingabe	Display	Erklärung
1 GT PMT	1.00	Es erfolgt eine jährliche Verrechnung der Erträge.
20 GT N	20.00	Die Gesamtlaufzeit der Anlage soll 20 Jahre betragen.
620000 +/- PV	- 620,000.00	Es erfolgt eine Einmaleinzahlung in Höhe von 620.000 €.
63000 PMT	63,000.00	Es erfolgen jährliche Zahlungen an den Kunden in Höhe von 63.000 € (80.000 € - 17.000 €).
465000 FV	465,000.00	Nach 20 Jahren ist der Wiederverkaufswert des Hauses 465.000 €.
I/YR	9.71	Der Nominalzins beträgt 9,71%.
GT PV	9.71	Der Effektivzins der Anlage beträgt ebenfalls 9,71 %.

Ergebnis: Der Effektivzins der Immobilienanlage kann sich sehen lassen und ist mit 9,71 Prozent effektiv pro Jahr eine ordentliche Geldanlage.

33. Lösung

Berechnung der Gewinnentwicklung in 4 Schritten (Aufteilung des Zahlungsstroms):

Eingabe	Display	Erklärung
1 GT PMT	1.00	Es erfolgt eine jährliche Verrechnung der Erträge.
2 GT N	2.00	Die Laufzeit der Anlage soll zunächst 2 Jahre betragen.
5 I/YR	5.00	Der Nominalzins soll 5 % betragen.
0 PV	0.00	Es erfolgt keine Einmalzahlung.
+/– 4000 PMT	– 4,000.00	Es erfolgen jährliche Einzahlungen der Gewinne in Höhe von 4.000 €.
FV	8,200.00	Nach 2 Jahren besteht ein Guthaben in Höhe von 8.200 €.

Eingabe	Display	Erklärung
2 GT N	2.00	Die Laufzeit der Anlage soll weitere 2 Jahre betragen.
0 PMT	0.00	Es erfolgen keine weiteren periodischen Zahlungen.
RCL FV	8,200.00	Entnehmen sie das Ergebnis der ersten beiden Jahre aus dem Speicher.
+/– PV	– 8,200.00	Schreiben Sie diesen Wert als Einmalzahlung in den Speicher.
FV	9,040.50	Nach 4 Jahren ergibt sich ein Guthaben in Höhe von 9.040,50 €.

Eingabe	Display	Erklärung
2 GT N	2.00	Die Laufzeit der Anlage soll weitere 2 Jahre betragen.
12000 +/– PMT	– 12,000.00	Es erfolgen weitere jährliche Zahlungen in Höhe von 12.000 €.
RCL FV	9,040.40	Entnehmen Sie das Ergebnis der ersten beiden Jahre aus dem Speicher.
+/– PV	– 9,040.40	Schreiben Sie diesen Wert als Einmaleinzahlung in den Speicher.
FV	34,567.15	Nach 6 Jahren besteht ein Guthaben in Höhe von 34.567,15 €.

Teil 7:

4 GT N	4.00	Die Laufzeit der Anlage soll weitere 4 Jahre betragen.
7500 +/- PMT	- 7,500.00	Es erfolgen weitere jährliche Zahlungen in Höhe von 7.500 €.
RCL FV	34,567.15	Entnehmen Sie das Ergebnis der ersten beiden Jahre aus dem Speicher.
+/- PV	- 34,567.15	Schreiben Sie diesen Wert als Einmalzahlung in den Speicher.
FV	74,342.53	Nach 10 Jahren ist ein Guthaben in Höhe von 74.342,53 € entstanden.

Ergebnis: Aus den Gewinnbeteiligungen hat sich ein Guthaben von 74.342,53 € entwickelt.

Berechnung des Gesamtergebnisses:

Nach Auszahlung des eingezahlten Kapitals + Bonuszahlung ergibt sich ein Gesamtvermögen von:

```
    100.000,00 €
+    40.000,00 €
+    74.342,52 €
=   214.342,53 €
```

Berechnung der Aktienfondsanlage:

Eingabe	Display	Erklärung
1 GT PMT	**1.00**	Es erfolgt eine jährliche Verrechnung der Erträge.
10 GT N	**10.00**	Die Gesamtlaufzeit der Anlage soll 10 Jahre betragen.
100000 +/– PV	**– 100,000.00**	Es erfolgt eine Einmaleinzahlung in Höhe von 100.000 €.
0 PMT	**0.00**	Es erfolgen keine periodischen Zahlungen.
8 I/YR	**8.00**	Eingabe der Verzinsung des Aktienfonds
FV	**215,892.50**	Eine Aktienfondsanlage würde unter den angenommenen Voraussetzungen 215.892,50 € erbringen.
– 214342.53 =	**1,549.97**	Die Differenz zur Beteiligungsanlage ohne Berücksichtigung des Steuereffektes beträgt 1.549,97 €.

Ergebnis: Die Anlage steht hinter dem Aktienfonds kaum zurück. Bereits ein geringer Steuereffekt sorgt dafür, dass die gesamte Anlage besser rentiert als die Fondsanlage.

Erfolg kennt einen Namen !

Die **BCA AG** ist mit über 6.800 unabhängigen Maklern der führende Profi für Investmentfonds und Versicherungen. Mit der Online-Verbindung zu allen bedeutenden Investment- und Versicherungsgesellschaften ist sie in Europa einzigartig.

Die **BCA AG** bietet Ihnen neben professioneller Unterstützung Ihres Beratungs- und Vermittlungs-Geschäftes eine breite Palette qualifizierter Software-Produkte, die Ihnen die Beratung Ihrer Kunden vereinfacht:

Broker Pool:
Durch konsequente Automation erhalten Sie höchste Courtagen bei gleichzeitiger Kostenersparnis und optimalem Service. Ausserdem: Zugriff auf über 1.000 verschiedene Investmentfonds und über 100 professionelle Deckungskonzepte.

BCA AG - Verbund
unabhängiger Finanzdienstleister
In der Au 29
61440 Oberursel
Telefon: 06171-915010
Telefax: 06171-915050
e-Mail: Willkommen@bca.de
Internet: www.bca.de

Überzeugen Sie sich selbst und besuchen uns im Internet unter **www.bca.de** oder füllen das untenstehende Coupon aus.

Unabhängigkeit kennt einen Namen !

34. Lösung

a) monatliche Belastung mit Zins und Tilgung:

Eingabe	Display	Erklärung
12 GT PMT	12.00	Es werden monatliche Raten bezahlt.
15 GT N	180.00	Über 15 Jahre bzw. 180 monatliche Raten soll das Darlehen getilgt werden.
7 I/YR	7.00	Der Nominalzins des Darlehens soll 7 % betragen.
GT PV	7.23	Ermittlung des Effektivzinssatzes des Darlehens.
150000 PV	150,000.00	Dem Kunden fließen 150.000 € zu.
0 FV	0.00	Am Ende der Laufzeit soll das Darlehen getilgt sein.
PMT	– 1,348.24	Die monatliche Belastung mit Zins und Tilgung beträgt 1.384,24 €.

Ergebnis: Die monatliche Belastung mit Zins und Tilgung beträgt 1.384,24 €.

b) monatliche Zinsen für die ersten 5 Jahre:

Eingabe	Display	Erklärung
12 GT PMT	12.00	Es werden monatliche Raten bezahlt.
5 GT N	60.00	Über 5 Jahre bzw. 60 monatliche Raten werden Zinsen gezahlt.
7.5 GT PV	7.50	Der Effektivzins beträgt 7,5 %.
GT I/YR	7.25	Ermittlung des Nominalzinssatzes.
150000 PV	150,000.00	Dem Kunden fließen 150.000 € zu.
+/– FV	– 150,000.00	Nach 5 Jahre wurde noch keine Schuld getilgt.
PMT	– 906.74	Die monatliche Zinslast beträgt 906,74 €.

Teil 7:

> **Ergebnis:** 1.348,24 € – 906,74 € = 441,50 € werden daher über 5 Jahre in den Aktienfonds fließen.

Ablaufergebnis des Aktienfonds in zwei Schritten:

Eingabe	Display	Erklärung
12 GT PMT	12.00	Es erfolgen monatliche Zahlungen.
5 GT N	60.00	In 5 Jahre werden 60 monatliche Raten eingezahlt.
9 GT PV	9.00	Der Fonds hat einen effektiven Zinssatz von 9 % pro Jahr.
GT I/YR	8.65	Ermittlung des Nominalzinssatzes.
0 PV	0.00	Es erfolgt keine Einmaleinzahlung.
441.5 +/– PMT	– 441.50	Es erfolgen monatliche Einzahlungen in Höhe von 441,50 €.
FV	32,994.56	Nach 5 Jahren kann der Anleger über 32.994,56 € Vermögen verfügen.

Eingabe	Display	Erklärung
1 GT PMT	1.00	Es erfolgt eine jährliche Verrechnung der Erträge.
10 GT N	10.00	Die Anlage läuft weitere 10 Jahre.
9 GT I/YR	9.00	Ermittlung des Nominalzinssatzes (durch Umstellung auf jährliche Verrechnung der Erträge muss der Nominalzins neu ermittelt werden).
RCL FV	32,994.56	Entnehmen Sie das Ablaufergebnis der vorherigen Berechnung aus dem Speicher.
+/– PV	– 32,994.56	Setzen Sie das Ergebnis als Einmalzahlung in den Speicher.
0 PMT	0.00	Es erfolgen keine weiteren Zahlungen in den Fonds.
FV	78,110.13	Nach 15 Jahren kann der Anleger über 78.110,13 € Vermögen verfügen.

Ergebnis: Herr Schulze kann nach 15 Jahren über ein Vermögen in Höhe von 78.110,13 € verfügen, um damit seine Restschuld zu tilgen.

Berechnung der Restschuld:

Eingabe	Display	Erklärung
12 GT PMT	**12.00**	Es werden monatliche Raten bezahlt.
10 GT N	**120.00**	Es müssen noch 10 Jahre bzw. 120 Monate Zins und Tilgung gezahlt werden.
7.5 GT PV	**7.50**	Der Effektivzins beträgt 7,5 %.
GT I/YR	**7.25**	Ermittlung des Nominalzinssatzes.
150000 PV	**150,000.00**	Nach 5 Jahre beträgt die Schuld immer noch 150.000 €, da bisher nur Zinsen gezahlt wurden.
1350 +/– PMT	**– 1,350.00**	Die monatliche Zins- und Tilgungslast beträgt 1.350 €.
FV	**– 72,196.62**	Die Restschuld beträgt nach 15 Jahren 72.196,62 €.

Ergebnis: Alternative b) beschert Herrn Schulze zwar einen etwas höheren Effektivzins, aber nach 15 Jahren hat er sogar noch 5.913,51 € (= 78.110,13 € – 72.196,62 €) übrig, nachdem er die Restschuld getilgt hat.
Wichtiger Hinweis: Zur Übung wenden Sie auch hier den auf Seite 233 beschriebenen Trick an, wie Sie noch genauer und schneller rechnen.

Teil 7:

35. Lösung

a) monatliche Belastung:

Eingabe	Display	Erklärung
12 GT PMT	12.00	Es werden monatliche Raten bezahlt.
10 GT N	120.00	In 10 Jahren werden 120 monatliche Raten bezahlt.
2.5 I/YR	2.50	Der Nominalzins beträgt 2,5 %.
14000 PV	14,000.00	Dem Kunden fließen 14.000 € als Darlehenssumme zu.
0 FV	0.00	Nach 10 Jahren soll das Darlehen getilgt sein.
PMT	– 131.98	Der Kunde muss 131,98 € monatlich zahlen.

Ergebnis: Die monatliche Belastung für Herbert beträgt 131,98 €, um das Darlehen innerhalb von 10 Jahren zu tilgen.

b) Vermögen in der Ansparphase:

Eingabe	Display	Erklärung
12 GT PMT	12.00	Es werden monatliche Raten bezahlt.
10 GT N	120.00	In 10 Jahren werden 120 monatliche Raten bezahlt.
7 GT PV	7.00	Der Effektivzins der Anlage soll 7 % betragen.
GT I/YR	6.78	Ermittlung des Nominalzins.
0 PV	0.00	Es erfolgt keine Einmaleinzahlung.
100 +/– PMT	– 100.00	Es werden monatlich 100 € eingezahlt.
FV	17,105.17	Nach 10 Jahren hat der Kunde ein Vermögen von 17.105,17 € angespart.

Ergebnis: Die Alternativanlage erwirtschaftet ein Vermögen von 17.105,17 € nach 10 Jahren.

Vergleichszinssatz:

Wir brauchen noch den Differenzbetrag der Anlage zur gesamten Summe von 28.000 €:

28.000 € – 17.105,17 € = 10.894,83 €. Dieser Betrag muss noch finanziert werden:

Eingabe	Display	Erklärung
12 GT PMT	12.00	Es werden monatliche Raten bezahlt.
10 GT N	120.00	In 10 Jahren werden 120 monatliche Raten bezahlt.
10894.83 PV	10,894.83	Dem Kunden fließt eine Darlehenssumme von 10.894,83 € zu.
131.98 +/– PMT	131.98	Der Kunde muss 131,98 € monatlich zahlen.
0 FV	0.00	Nach 10 Jahren soll die Schuld getilgt sein.
I/YR	7.96	Der Nominalzins des Alternativdarlehens darf 7,96 % nicht übersteigen.
GT PV	8.26	Ermittlung des Effektivzins.

Ergebnis: Für eine günstigere Alternative als den Bausparvertrag muss Herbert ein Darlehen finden, dessen Zins 8,26 Prozent effektiv nicht übersteigt.

36. Lösung

Ermittlung der Monatsrate

Restschuld nach den ersten 4 Monaten:

Eingabe	Display	Erklärung
12 GT PMT	12.00	Es werden monatliche Raten bezahlt.
4 N	4.00	Es wird ein Zeitraum von 4 Monaten betrachtet.
6 I/YR	6.00	Zinssatz erfassen.
180000 PV	180,000.00	Dem Kunden fließt eine Darlehenssumme von 180.000 € zu.
1200 +/- PMT	1,200.00	Der Kunde muss 1.200,00 € monatlich zahlen.
FV	- 178,790.97	Nach 4 Monaten ist noch eine Restschuld von 178.790,97 € zu tilgen.

Restschuld nach den folgenden 9 Jahren und 8 Monaten:

Eingabe	Display	Erklärung
	- 178,790.97	Restschuld nach 4 Monaten.
+/- PV	178,790.97	Die Restschuld wird als Anfangsauszahlung erfasst.
116 N	116.00	Die Restlaufzeit beträgt noch 116 Monate.
5 I/YR	5.00	Neuen Zinssatz erfassen.
FV	111,098.53	Nach 10 Jahren ist noch eine Restschuld von 111.098,53 € zu tilgen.

Ergebnis: Nach 10 Jahren besteht noch eine Restschuld von 111.098,53 €.

37. Lösung

In der Fragestellung fehlt die Angabe der Darlehenssumme. Für die Ermittlung der Laufzeit ist dies jedoch unerheblich, da alle anderen Zahlungen sich aus der Darlehenssumme ergeben. Nehmen Sie eine beliebige Darlehenssumme an, beispielsweise 60.000 €.

Ermittlung der Quartalsrate:

Eingabe	Display	Erklärung
4 GT PMT	4.00	Zins- und Tilgungsverrechnung erfolgen quartalsweise.
8 I/YR	8.00	Zinssatz erfassen. 2 % Verzinsung pro Quartal heißt 8 % Verzinsung pro Jahr.
60000 PV	60,000.00	Erfassung der Darlehensauszahlung.
2556 +/– PMT	– 2,556.00	Erfassung der Rate.
0 FV	0.00	Das Darlehen soll vollständig getilgt werden.
N	32.01	Ermittlung der Laufzeit als Quartalsangabe.
RCL GT N	8.00	Abfrage der Tilgungsdauer in Jahren.

Ergebnis: Der Kreditnehmer benötigt 8 Jahre zur vollständigen Darlehenstilgung.

Teil 7:

38. Lösung

Eingabe	Display	Erklärung
2 GT PMT	2.00	Vorgabe von 2 Zinsverrechnungen jährlich.
8 I/YR	8.00	Zinssatz erfassen.
GT PV	8.16	Ermittlung des Effektivzinses.
1 GT PMT	1.00	Umstellung auf die tatsächliche Zahlungsweise.
RCL GT PV	8.16	Abruf des Effektivzinses.
GT I/YR	8.16	Ermittlung des zugehörigen Nominalzinses für die Berechnung.
20 GT N	20.00	Darlehenslaufzeit von 20 Jahren erfassen.
50000 PV	50,000.00	Darlehenssumme erfassen.
0 FV	0.00	Restschuld vorgeben.
PMT	5,153.40	Rate ermitteln.

Ergebnis: Die erforderliche Rate zur vollständigen Darlehenstilgung in 20 Jahren beträgt 5.153,40 €.

Schluss

Das waren nun rund 300 Seiten geballtes Finanz-Know-how. Ich gratuliere Ihnen, dass Sie durchgehalten haben. Sie gehören nun zu den Finanzdienstleistern, auf deren Finanzberatung sich Kunden verlassen können. Wenden Sie den Taschenrechner und das erworbene Wissen jeden Tag aufs Neue an. Genießen Sie den Spaß und die Faszination, ab sofort mit jedem Interessenten locker und leicht über Geld sprechen zu können. Genießen Sie die Faszination, mit den in diesem Buch beschriebenen, einfachen Geldstrategien und Geldrechnungen jeden Interessenten, jeden Kunden zu verblüffen. Doch ich bitte Sie: Missbrauchen Sie das auf diese Weise neu gewonnene Vertrauen Ihrer Interessenten und Kunden nicht. Sie besitzen mit dem Taschenrechner und dem beschriebenen Know- how ein machtvolles Instrument. Setzen Sie dieses Wissen zum Wohle Ihrer Kunden ein. Das A und O jedes Verkäufers besteht nach wie vor darin, möglichst viele Empfehlungen zu erhalten. Sie haben mit den gelernten Methoden die Chance, persönlich (mit Überzeugung Ihrer Kunden) an neue Interessenten empfohlen zu werden. Sie haben die Chance, sich als Berater einen Namen zu machen. Und das ist bekannterweise die sicherste Form für eigenes Vermögen und Wohlstand: sich einen Namen zu machen. Zur Marke zu werden. Wenden Sie dazu das in diesem Buch beschriebene Wissen jeden Tag aufs Neue an. Gewinner handeln. Handeln auch Sie. Ich wünsche Ihnen den bestmöglichen Erfolg auf Ihrem Weg zu mehr Umsatz und Erfolg. Denken Sie daran: Das Prinzip der Gewinner lautet: Tue es jetzt! Und: Ich freue mich in jedem Fall darauf, wenn Sie mir Ihre Erfahrungen berichten, nachdem Sie begonnen haben, die in diesem Buch beschriebenen Geldgespräche in Ihrer täglichen Praxis selbst zu führen. Mailen Sie dann an mail@berndw kloeckner.de. Ich hoffe, wir können die Qualität der Finanzberatung gemeinsam noch steigern. Vielen Dank.

Ihr *Bernd W. Klöckner*

Anhang

Der Cost-Average-Effekt bei Fondssparplänen

Ein Sparer zahlt monatlich in einen Fondssparplan ein. Der ausgewählte Fonds entwickelt sich genau parallel zum Dow Jones. Welche Rendite hätte der Anleger erzielt, wenn er vor dem Börsencrash von 1929 begonnen hätte einzuzahlen und alle Fondsanteile in dem Zeitpunkt verkauft hätte, als der Dow den Höchststand von 1929 wieder erreichte?

Datum	Indexstand	Investitionsbetrag	Gekaufte Anteile
30.09.1929	343,45		
31.10.1929	273,51		
27.11.1929	238,95		
31.12.1929	248,48		
31.01.1930	267,14		
28.02.1930	271,11		
31.03.1930	286,10		
30.04.1930	279,23		
29.05.1930	275,07		
30.06.1930	226,34		
31.07.1930	233,99		
29.08.1930	240,42		
30.09.1930	204,90		
31.10.1930	183,35		

29.11.1930	183,39		
31.12.1930	164,58		
31.01.1931	167,55		
28.02.1931	189,66		
31.03.1931	172,36		
30.04.1931	151,19		
29.05.1931	128,46		
30.06.1931	150,18		
31.07.1931	135,39		
31.08.1931	139,41		
30.09.1931	96,61		
31.10.1931	105,43		
30.11.1931	93,87		
31.12.1931	77,90		
30.01.1932	76,19		
29.02.1932	81,44		
31.03.1932	73,28		
30.04.1932	56,11		
31.05.1932	44,74		
30.06.1932	42,84		
30.07.1932	54,26		
31.08.1932	73,16		
30.09.1932	71,56		
31.10.1932	61,90		
30.11.1932	56,35		
31.12.1932	59,93		
31.01.1933	60,90		

28.02.1933	51,39		
31.03.1933	55,40		
29.04.1933	77,66		
31.05.1933	88,11		
30.06.1933	98,14		
31.07.1933	90,77		
31.08.1933	102,41		
30.09.1933	94,82		
31.10.1933	88,16		
29.11.1933	98,14		
30.12.1933	99,90		
31.01.1934	107,22		
28.02.1934	103,46		
31.03.1934	101,85		
30.04.1934	100,49		
31.05.1934	94,00		
30.06.1934	95,72		
31.07.1934	88,05		
31.08.1934	92,86		
29.09.1934	92,63		
31.10.1934	93,36		
30.11.1934	102,94		
31.12.1934	104,04		
31.01.1935	101,69		
28.02.1935	102,38		
30.03.1935	100,81		
30.04.1935	109,45		

31.05.1935	110,64		
29.06.1935	118,21		
31.07.1935	126,23		
31.08.1935	127,89		
30.09.1935	131,92		
31.10.1935	139,74		
30.11.1935	142,35		
31.12.1935	144,13		
31.01.1936	149,49		
29.02.1936	152,15		
31.03.1936	156,34		
30.04.1936	145,67		
29.05.1936	152,64		
30.06.1936	157,69		
31.07.1936	164,86		
31.08.1936	166,29		
30.09.1936	167,82		
31.10.1936	177,19		
30.11.1936	183,22		
31.12.1936	179,90		
30.01.1937	185,74		
27.02.1937	187,30		
31.03.1937	186,41		
30.04.1937	174,27		
28.05.1937	174,71		
30.06.1937	169,32		
31.07.1937	185,61		

31.08.1937	177,41		
30.09.1937	154,57		
30.10.1937	138,17		
30.11.1937	123,48		
31.12.1937	120,85		
31.01.1938	121,87		
28.02.1938	129,64		
31.03.1938	98,95		
30.04.1938	111,28		
31.05.1938	107,74		
30.06.1938	133,88		
30.07.1938	141,25		
31.08.1938	139,27		
30.09.1938	141,45		
31.10.1938	151,73		
30.11.1938	149,82		
31.12.1938	154,76		
31.01.1939	143,76		
28.02.1939	147,30		
31.03.1939	131,84		
29.04.1939	128,45		
31.05.1939	138,18		
30.06.1939	130,63		
31.07.1939	143,26		
31.08.1939	134,41		
30.09.1939	152,54		
31.10.1939	151,88		

30.11.1939	145,69		
30.12.1939	150,24		
31.01.1940	145,33		
29.02.1940	146,54		
30.03.1940	147,95		
30.04.1940	148,43		
31.05.1940	116,22		
29.06.1940	121,87		
31.07.1940	126,14		
31.08.1940	129,42		
30.09.1940	132,64		
31.10.1940	134,61		
30.11.1940	131,00		
31.12.1940	131,13		
31.01.1941	124,13		
28.02.1941	121,97		
31.03.1941	122,72		
30.04.1941	115,54		
31.05.1941	115,76		
30.06.1941	123,14		
31.07.1941	128,79		
30.08.1941	127,70		
30.09.1941	126,82		
31.10.1941	117,82		
29.11.1941	114,23		
31.12.1941	110,96		
31.01.1942	109,11		

28.02.1942	106,79		
31.03.1942	99,53		
30.04.1942	95,35		
29.05.1942	100,88		
30.06.1942	103,34		
31.07.1942	105,72		
31.08.1942	106,33		
30.09.1942	109,11		
31.10.1942	114,07		
30.11.1942	114,50		
31.12.1942	119,40		
30.01.1943	125,58		
27.02.1943	130,11		
31.03.1943	136,57		
30.04.1943	135,48		
29.05.1943	142,06		
30.06.1943	143,38		
31.07.1943	135,95		
31.08.1943	136,62		
30.09.1943	140,12		
30.10.1943	138,27		
30.11.1943	129,57		
31.12.1943	135,89		
31.01.1944	137,40		
29.02.1944	136,30		
31.03.1944	138,84		
29.04.1944	136,23		

31.05.1944	142,24		
30.06.1944	148,38		
31.07.1944	146,11		
31.08.1944	146,99		
30.09.1944	146,73		
31.10.1944	146,53		
30.11.1944	147,33		
30.12.1944	152,32		
31.01.1945	153,67		
28.02.1945	160,40		
31.03.1945	154,41		
30.04.1945	165,44		
31.05.1945	168,30		
30.06.1945	165,29		
31.07.1945	162,88		
31.08.1945	174,29		
29.09.1945	181,71		
31.10.1945	186,60		
30.11.1945	191,46		
31.12.1945	192,91		
31.01.1946	204,67		
28.02.1946	190,09		
30.03.1946	199,75		
30.04.1946	206,77		
31.05.1946	212,28		
28.06.1946	205,62		
31.07.1946	201,56		

30.08.1946	189,19		
30.09.1946	172,42		
31.10.1946	169,15		
30.11.1946	169,80		
31.12.1946	177,20		
31.01.1947	180,44		
28.02.1947	178,90		
31.03.1947	177,20		
30.04.1947	170,64		
29.05.1947	169,25		
30.06.1947	177,30		
31.07.1947	183,18		
29.08.1947	178,85		
30.09.1947	177,49		
31.10.1947	181,81		
29.11.1947	179,40		
31.12.1947	181,16		
31.01.1948	175,05		
28.02.1948	167,30		
31.03.1948	177,20		
30.04.1948	180,51		
28.05.1948	190,74		
30.06.1948	189,46		
30.07.1948	181,33		
31.08.1948	181,71		
30.09.1948	178,30		
30.10.1948	188,62		

30.11.1948	171,20		
31.12.1948	177,30		
31.01.1949	179,12		
28.02.1949	173,06		
31.03.1949	177,10		
30.04.1949	174,16		
31.05.1949	168,36		
30.06.1949	167,42		
29.07.1949	175,92		
31.08.1949	178,66		
30.09.1949	182,51		
31.10.1949	189,54		
30.11.1949	191,55		
31.12.1949	200,13		
31.01.1950	201,79		
28.02.1950	203,44		
31.03.1950	206,05		
29.04.1950	214,33		
31.05.1950	223,42		
30.06.1950	209,11		
31.07.1950	209,40		
31.08.1950	216,87		
29.09.1950	226,36		
31.10.1950	225,01		
30.11.1950	227,60		
30.12.1950	235,41		
31.01.1951	248,83		

28.02.1951	252,05		
31.03.1951	247,94		
30.04.1951	259,13		
31.05.1951	249,65		
29.06.1951	242,64		
31.07.1951	257,86		
31.08.1951	270,25		
28.09.1951	271,16		
31.10.1951	262,35		
30.11.1951	261,27		
31.12.1951	269,23		
31.01.1952	270,69		
29.02.1952	260,08		
31.03.1952	269,46		
30.04.1952	257,63		
29.05.1952	262,94		
30.06.1952	274,26		
31.07.1952	279,56		
29.08.1952	275,04		
30.09.1952	270,61		
31.10.1952	269,23		
28.11.1952	283,66		
31.12.1952	291,90		
30.01.1953	289,77		
27.02.1953	284,27		
31.03.1953	279,87		
30.04.1953	274,75		

29.05.1953	272,28		
30.06.1953	268,26		
31.07.1953	275,38		
31.08.1953	261,22		
30.09.1953	264,04		
30.10.1953	275,81		
30.11.1953	281,37		
31.12.1953	280,90		
29.01.1954	292,39		
26.02.1954	294,54		
31.03.1954	303,51		
30.04.1954	319,33		
28.05.1954	327,49		
30.06.1954	333,53		
30.07.1954	347,92		
Summen:			
Gesamtwert der gekauften Fondsanteile:			
Rendite:			

Ergebnis: Ein Fondssparplan hätte in dieser Zeit eine Rendite von 6,53 Prozent erzielt.

Dankeschön

In erster Linie gilt mein Dank dem gesamten Team des Gabler-Verlag. Namentlich Bernhard Rudolf, Chefredakteur des Versicherungsmagazin. Ohne dessen Zutun hätte es die Zusammenarbeit mit dem Gabler-Verlag und folglich dieses Buch als Grundlage für Ihre weiter steigenden Erfolge nicht gegeben. Danken Sie es Herrn Rudolf und werden Sie Abonnent des Versicherungsmagazin.

Dann bedanke ich mich bei Jan Peter Kruse, der als Verlagsleiter Management/Finanzleistungen den Mut hatte, einem solchen außergewöhnlichen Buchprojekt zuzustimmen.

Mein Dank gilt ebenso Guido Notthoff, verantwortlicher Lektor dieses Buchprojekts. Er war es, der mit Begeisterung und Initiative den letzten Schliff anbrachte. Herr Notthoff war es auch, der mich durch seine Kommentare anspornte, das Beste zu geben. Als er mir während der Fertigstellung dieses Manuskriptes schrieb, es hätte ihm selbst als Laie in den Fingern gekribbelt, auf der Stelle mitzurechnen, wusste ich, das ich mit diesem Buch auf dem besten Weg war.

Wie immer gilt mein Dankeschön auch meinem Medienagenten Thomas Montasser. Mit der Erfahrung jahrelanger, erfolgreicher Agententätigkeit brachte er auch die Verhandlungen zum vorliegenden Buch in der ihm eigenen Form zu einem für alle Beteiligten sehr erfolgreichen Abschluss.

Ganz besonders gilt mein Dank noch einmal allen Mitwirkenden (siehe Seite 305). Ohne deren Zutun, Unterstützung und Korrektur wäre es um einiges schwerer gefallen, dieses rund 300 Seiten umfassende Buch zum Rechentraining erfolgreich umzusetzen. Insbesondere Stefan Horn hat bei mancher Aufgabe verblüffend einfache, kreative Lösungen entwickelt, wofür ich ihm ausdrücklich danke.

Zum Schluss gilt mein Dank allen Teilnehmern meiner Seminare, die ich seit 1998 in Deutschland, Österreich und der Schweiz durchgeführt habe. Deren Faszination und Zuspruch bei und nach den einzelnen Rechentrainings ließen den Entschluss reifen, einen Teil des Seminar-Know-how in Buchform zu fassen.

Ebenfalls bedanke ich mich in diesem Zusammenhang bei den verantwortlichen Entscheidern und Vorständen der Unternehmen, die seit 1998 regelmäßig das von mir gebotene Rechentraining ihren Mitarbeitern und Mitarbeiterinnen „verschreiben".

Stichwortverzeichnis

Der Autor

Bernd W. Klöckner

Der Finanzinsider und 15-fache Erfolgs- und Bestsellerautor mit über 250.000 Lesern seiner Bücher ist einer der erfolgreichsten Finanztrainer im deutschsprachigen Raum. Seit 1997 erlebten mehrere zehntausend begeisterte Finanzdienstleister seine in diesem Buch beschriebene, erstmals veröffentlichte Verkaufsmethodik. Klöckner ist Initiator und Gründer des einzigartigen Rechentraining für Finanzdienstleister und Verbraucher, auf das bereits zahlreiche namhafte Unternehmen der Finanzbranche vertrauen. Klöckner ist Finanzinsider mit mehr als 14 Jahren Branchenerfahrung und bekannt durch zahlreiche TV-Sendungen (n-tv GELD; mdr Ein Fall für Escher, WISO und RTL). Der über Monate im voraus gefragte Kongress- und Seminarredner ist zudem Chefredakteur diverser Publikationen. Neben seinen Tätigkeiten im Bereich der privaten Finanzen trainiert er als Unternehmensberater mit großem Erfolg Mitarbeiter von Unternehmen auf der Grundlage der in seinem Buch „Die Magie des Erfolges" beschriebenen, verblüffend einfachen und wirkungsvollen Erfolgsgesetze. Weitere Informationen erhalten Sie unter www.berndwkloeckner.de.

Das Buch entstand unter Mitwirkung von (alphabetische Reihenfolge!) Prof. Heinrich Bockholt, Werner Dütting, Janusch Fischer, Werner Kerschgens, Werner Sommerfeld. Die genannten Personen haben durch sorgfältige Korrektur und Lektüre wesentlich zum erfolgreichen Abschluss dieses Buches beigetragen. Ebenfalls maßgeblich beteiligt war Stefan Horn, der bei der Erstellung der rund 300 Seiten entscheidend mitwirkte.

BEWÄHRTE STRATEGIEN ZU
REICHTUM UND ERFOLG

ISBN 3-442-16330

ISBN 3-442-16327

ISBN 3-442-16332

Mosaik bei GOLDMANN